公共图书馆精细化管理与服务

王婷婷 聂加娜 著

中国商业出版社

图书在版编目（CIP）数据

公共图书馆精细化管理与服务 / 王婷婷，聂加娜著
. -- 北京 ：中国商业出版社，2023.1
ISBN 978-7-5208-2063-9

Ⅰ.①公… Ⅱ.①王… ②聂… Ⅲ.①公共图书馆-图书馆服务-研究 Ⅳ.①G258.2

中国版本图书馆 CIP 数据核字（2022）第 099673 号

责任编辑：聂立芳
策划编辑：张　盈

中国商业出版社出版发行
（www.zgsycb.com　100053　北京广安门内报国寺 1 号）
总编室：010-63180647　编辑室：010-63033100
发行部：010-83120835/8286
新华书店经销
武汉市首壹印务有限公司印刷
*
710 毫米×1000 毫米　16 开　15.75 印张　280 千字
2023 年 1 月第 1 版　2023 年 1 月第 1 次印刷
定价：78.00 元
*　*　*　*
（如有印装质量问题可更换）

前言

改革开放以来，我国公共图书馆取得了长足的进步，逐步得到了制度、财政、法律等多个层面的有力保障，公共图书馆从最开始的“藏书阁”慢慢发展到今日的现代化公共服务主阵地。当今社会，公共图书馆已经不只是藏书、看书的场所，更是文化活动中心、文化交流中心，是知识和信息的集散地。公共图书馆是知识的殿堂，是向社会普及文化、传播科技文化知识和交流信息的机构，公共图书馆在提高劳动者科技知识水平中发挥着不可替代的作用。加强公共图书馆精细化管理与服务，对于加快文化知识的普及和传播，加强与读者的交流互动，提高人民群众思想道德和科技文化素质，促进社会主义物质文明和精神文明建设的健康发展等均有十分重要的作用。

本书第一章为公共图书馆的概况，分别介绍了公共图书馆的发展现状、公共图书馆的特征和职能、公共图书馆面临的新挑战三方面内容；本书第二章为公共图书馆的管理改革，分别介绍了公共图书馆管理方式改革、公共图书馆的业务管理改革、公共图书馆的宣传与推广和公共图书馆馆员的素质培养这四方面的内容；本书第三章为公共图书馆的精细化管理，分别介绍了公共图书馆采购精细化管理、公共图书馆流通精细化管理和公共图书馆精细化管理体系建设这三方面内容；本书第四章为公共图书馆的精细化服务，分别介绍了公共图书馆精细化服务、公共图书馆精细化阅读推广、公共图书馆服务优化创新和公共图书馆精细化服务体系的构建这四方面内容；本书第五章为公共图书馆的知识服务实践，分别介绍了公共图书馆知识服务的成果和问题、公共图书馆知识服务能力评价、公共图书馆知识服务的提升策略和面向企业创新发展的知识服务这四方面内容；本书第六章为打造公共图书馆精细化服务品牌，分别介绍了增强品牌意识，找准品牌定位；立足本馆实际，彰显图书馆特色；联合社会力量，提升品牌影响和不断创新发展，维护服务品牌成长这四方面的内容。

在撰写本书的过程中，作者得到了许多专家学者的帮助和指导，参考了大量的学术文献，在此表示真诚的感谢。本书内容系统全面，论述条理清晰、深入浅出，但由于作者水平有限，书中难免会有疏漏之处，希望广大同行及时指正。

作者

2021 年 10 月

目录

第一章

公共图书馆的概况

我国历经五千多年历史的积淀，创造了博大精深的中华文化，而图书馆的产生同文字的创造和书写材料的使用密切相关。随着书籍的增多，便出现了如何保存、收藏和使用这些文献的问题，图书馆由此应运而生。因此，图书馆是社会文明发展到一定阶段的产物。

公共图书馆是搜集、整理和保存文献资料以供人阅览、查询的机构，是社会知识、信息保存与传播的重要机构之一。本章主要论述了公共图书馆概况，从公共图书馆的发展现状、公共图书馆的特征和职能、公共图书馆面临的新挑战这三方面进行详细介绍。

第一节　公共图书馆的发展现状

一、图书馆的发展理念

（一）以人为本，确立服务创新意识

从图书馆角度来讲，面对的服务对象是广大读者，应当以服务读者为工作开展的出发点。但工作开展的前提是树立服务意识，只有在思想上得到充分认识，才能积极将工作开展起来，才能想着怎样开展起来，怎样开展对读者有利，怎样跟上时代步伐，创新便应运而生，如此才是以人为本。否则若只是停留在行动上，久而久之，人的思想就容易麻木，放松警惕，就只剩下口号。

（二）制度与公平，良法与善治

制度的确立能有效防止因思想麻木而导致的问题。以安全工作举例，安全是任何工作的重头，没有安全保障，一切都是空谈。因此，在安全工作中，图书馆制订了诸多制度、预案、方案，还进行常规的安全知识教育。凡事预则立，不预则废。制定制度、做好预案、做好安排，这是各项工作中的首要工作。因为有制度的约束，工作才有章可循。

另外，在制度的确立、方案的执行、日常的工作中，公平必不可少。只有公平大家才毫无怨言，只有做到公平，大家的工作才能做得更加顺心，在工作中不畏首畏尾，这就是制度与公平的作用。

何为良法？在大环境下可执行的，不损伤集体利益、对个体有利、公平的即为良法。良法是制度确立的前提，否则没有执行力的制度是一张废纸。善治是有效的治理。那么如何有效地执行良法，有效地治理呢？适宜必不可少。这里的适宜是指在不违背大原则的情况下（以图书馆为例），对不同的人、不同的读者采取适合的方法，让服务对象懂制度，接受制度，遵守制度。对于读者自身的多样化及读者需求的个性化，虽然我们有了经验，但经验不是固化，完全依靠经验应对容易使人思想麻木，所以，研究读者，开展适宜的读者教育工作就显得很有必要。这对工作人员的专业要求是很高的，也是每个图书馆人需要思考的，因为没有制度不成方圆。

（三）规律与结果

世界上没有两片完全相同的树叶，事物间又都存在着普遍的规则，所以要研究规律。这句话表面看似有矛盾，其实不然，规律为结果提供有力保障。就拿日常工作来说，为什么有的工作经常做，拿起来就很容易开展，因为有了经验和规律可循。但是在其中一定要警惕固化的思维给大家工作带来的麻痹和束缚。我们应该以高度的工作责任感对待日常工作，以发展的眼光研究读者的需求，在读者服务的开展过程中提供精准、精细的服务。只有这样，才能看到更深、更细的规律，也才能知道结果的差异。因此，工作是需要研究的，越研究越有趣，越研究能力在无形中就会有很大提升，这是谁也拿不走、抢不去的。

（四）整体与个体

从整体考虑问题是团队发展的第一要务。俗话说，有大家才有小家，这不是一句空话，也不是一句简单的话，这里包含了很多内容。例如，“勤奋创新、璞玉成器”是学校的校训，“团结勤奋，服务创优”是图书馆的馆训，校训也好，馆训也罢，都是从单位的整体出发进而确立的，更进一步讲，这也是对管理者的要求，这里面包含很多东西（如互助、分享、挖掘、创新、提升，等等）。没有整体的发展，绝不会有个体的发展，整体是个人发展的平台。如果没有整体观念，个人工作的思考方向就会失之偏颇，对其他个体来讲也就没有什么公平可言。

（五）团结与包容

一个单位要想很好地发展，整体性占位必不可少。图书馆内部每个部门都有各自的管辖范围和职责，大家也都各司其职，并不是每个部门都互相了解。所以，我们在工作中难免会有了解不到或是做不到的地方，这需要大家相互包容，有包容就会有余地，有包容就会有温暖，大家的心胸就更开阔，才愿意为图书馆付出，这才是一个家。包容不是放纵，包容是鼓励。图书馆是一个集体，更是一个队伍，集体迸发出来的力量是惊人的，只有大家拧成一股绳，图书馆才能越来越好。所以，必须团结，以大局为出发点，以制度为立足点，灌输包容的理念，这才是细致工作和人性化管理的集体。

（六）长远的眼光

无论是哪个集体，要想长久发展，就要具备长远眼光。要多了解国家相关政策和规划，了解市场需求和导向，二者有机结合，在大方向上不跑偏，才能发展得更长久。如果没有长远的眼光，就像在历史的长河中慢爬的蜗牛，会被远远甩在后面，直至消失。可持续发展不是一句空口号，它有内在的要求和政策导向。现在不是闭门造车的时代，以国家政策为指导，充分发挥职员的主观能动性，这样的发展才有理有据，有价值。全员融入集体发展的长河中，大家齐心协力才能把图书馆办得有声有色。

二、公共图书馆的产生和定义

相对于其他类型的图书馆，公共图书馆起源比较早，最早出现在古罗马时期，而其真正兴起则要追溯到 19 世纪后期的英美等国家。中国图书馆是进入近现代才兴建创办的，是一个社会进步、文明发展的产物。也可以说是民众有这个需求，大批社会有识之士、先贤名士积极倡导促进、达成共识，方才兴建起一个个服务于民的公共图书馆。处于封建半封建社会时期的中国，能掌握知识文化是极奢侈的，知识文化、图书文献，技术资讯信息等都是皇家、士大夫家族、达官贵族所独享独传的。一直到了近代，也就是 20 世纪初，真正的文明之光——知识文化的普惠民众之光才照进了社会民间。一大批先贤名士觉醒，为了民族和国家兴亡，图强求存，才有了倡导兴办设立公办、普惠民众的公共图书馆。他们将一些书院藏书汇集到一起，同时购置收藏各类图书典籍、现代知识文献读物建成图书馆，来提供惠及社会民众的学习、教育服务，发展到今天成为面向广大人民群众服务的各级各类图书馆。

中华人民共和国成立后，公共图书馆得到很好的发展。目前，国内公共图书馆超过三千家。

公共图书馆的馆藏性质基本上以综合性为主，并设置一些地方性的文献信息存储。大中型的公共图书馆还设置分馆，为不同行业、不同年龄和不同文化层次的读者提供信息资源服务，并为当地的用户提供阅读服务。

根据《中华人民共和国图书馆法》，公共图书馆是指向社会公众免费开放，收集、整理、保存文献信息并提供查询、借阅及相关服务，开展社会教育的公共文化设施。公共图书馆承担着为社会大众提供免费供给服务等多项职能。因此，公共图书馆的核心特征包括政府的综合管理和领导、社会的公益性、归属于国有资产、归于事业单位的定义范畴，承担履行社会文化与社会教育功能的综合性社会服务组织。

公共图书馆是由地方行政机构税收支持的、设立和经营具有法律依据，并免费为所有居民服务的图书馆。公共图书馆的服务对象从儿童到老人，从普通居民、工人、农民到专家学者，服务各年龄段、各种不同职业市民需求，提供各种图书、期刊、报纸、数字信息等资源，提供阅览服务、参考咨询、文化活动等服务。公共图书馆是保障公民文化权益的基础阵地，是开展社会教育活动的终身课堂，是城市文明进步的显著标志，是现代公共文化服务体系的重要组成部分。

三、公共图书馆的意义

在很多城市我们都可以看到公共图书馆这种公共的教育资源。无论线上图书馆的使用有多么便利，线下的公共图书馆仍然是普通民众最直接、最简便接触文化的一种方式。

对于一个城市而言，公共图书馆无疑是在人们的心中立起了文化的标杆。人们心中有了文化，就有了道德的约束，就会在日常行为中尊重道德、尊老爱老、和谐友善，保证和谐社会稳定发展。建立公共图书馆，不仅仅是为了人们能够更好地获得教育，更多的是作为一种道德的标杆、文化的传承以及人们心中对知识文化的崇拜而建造的。当去公共图书馆阅读成为人们日常生活当中必不可少的行为习惯时，文化底蕴就深深印在了每个人的身上。在中国这个人口众多的国家，如果每个人能够以道德、才能、学识来约束和提升自己，中国的未来将是文化的未来，也将是人才兴旺、科技强国的未来。中国目前所出的相关图书馆的法律法规，有利于保障了公共图书馆在各地实施文化传播。

中国是个拥有五千年历史文化的国家，优秀的传统文化绵延至今、生生不息。近年来，中国年轻人也逐渐意识到了这些传统文化的宝贵，逐渐意识到了中华传统文化的魅力。那么对于我们民族文化的传承应该有更加普及化的文字来支撑。对于想要了解中国传统文化和想要学习这方面知识的年轻人来说，公共图书馆无疑是最好的选择，我们可以在国家政府机构的支持下，在公共图书馆中更多地引入中华传统文化类的书籍，让年轻人从自己的喜好出发，慢慢地了解到中华文化的魅力。中华文化书籍的引入，能够帮助我们更好地建立起民族文化自信，让当前的民众也深刻感受中华传统文化几千年的浑厚底蕴。公共图书馆免费向社会民众提供书籍，包括文献查询类等服务。通过这类服务帮助民众更好地理解中华文化。

四、公共图书馆的发展阶段

公共图书馆是由政府税收支持的，为社会大众免费提供服务的社会公益性事业单位，能够丰富公民的文化生活、更新公民的生活观念，在一定程度上提升公民的文化水平，促进整个社会的素质提升。我国公共图书馆目前已经有百余年的发展历程，其可划分成三个不同的发展阶段。

第一个阶段是在 19 世纪末到 20 世纪初的公共藏书楼，第二个阶段是 20 世纪初到民国时期所构建起的京师图书馆和其他城市所设计的公共图书馆，第三个发展阶段则是中华人民共和国成立以来所逐步推行的全国性公共图书馆体系范畴。现在公共图书馆的基本特征是：①向所有居民开放；②经费来源于地方行政机构的税收；③其设立和经营必须有法律依据。

五、公共图书馆的研究现状

（一）公共文化服务供给与公众文化需求

从我国公众文化需求角度来看，我国目前经济不断迅猛发展，使得人民对于图书馆所提供的多样化公共文化服务需求标准也在提升。陈元倩（2017）在研究过程当中，围绕公共图书馆相关服务保障法规中对于不同地区读者多元化的实质需求进行了核心探讨与界定，提出公立图书馆具有公共产品性质，应当在社会区域经济发展和文化体系构造中发挥核心支撑作用。任泓一（2017）以我国高校图书馆和地区公立图书馆为研究对象，梳理归纳了在区域图书机构之间的协同与集群效应，提出应当整合区域文化机构，实现社会公共服务效能的协同提升。邹汶利（2017）以遵义市图书馆为研究对象，提出了公共图书馆在现代城市文化服务供给体系中居于核心主导地位，是统领地区文化机构和文化活动的关键节点。吴建中（2017）根据《中华人民共和国公共图书馆法》相关内容探讨了我国现代公共图书馆对于差异化的文化需求满足情况。蒋书红（2018）在研究过程中讨论了群众文化活动建设方法，结合公共文化服务供给体制当中政府部门的资金政策支持特征，提出了多元化、全方位的文化服务供给体系。从实现公共服务供给层面来看，对于公共文化服务供给的研究集中在了职能创新、服务供给机制与评级机制等不同方面。王瑞楠（2017）基于不同地区公共图书馆创新职能发挥和图书馆服务体系建设的具体路径进行了集合研究，提出了基于教学与科研和专业化知识咨询在内的学术性服务体系建设，以及面向本地区居民实质阅读需求和文化活动需求在内的普适性服务体系。曾瑛（2018）在其研究中，探讨了公共图书馆本身所具有的公共文化供给权利的群众赋予基础。以政府、地方文化管理机构和城镇居民公众的三方角度，探讨了公共图书馆服务模式的内在结构和服务供给的职能设计。薛宏珍（2017）基于高校图书馆在区域化公共服务职能供给过程中的重要补充作用，选取柳州高校图书馆和广西科技大学图书馆为研究对象，建立起高校图书馆公共服务职能评价指标模型，提出了基于服务观念的改变、服务范围的扩展与内容的丰富要在专业化图书馆公共文化服务进行补充。

（二）研究公共图书馆职能定位

我国对公共图书馆的研究，涉及职能定位的研究大多集中在了新时代背景下公共图书馆发展规划以及相关职能的界定。胡畔畔、陈锐、冯占英（2018）综合探讨了差异化图书馆基于不同职能定位所构建起的数字化信息服务系统的结构和服务特征。邱王政、毕洪秋（2018）研究了基于区域管控、服务供给协调管理机制，探讨不同类别公共图书馆和其他文化机构在此过程中所扮演的角色与提供的文化供给服务内容。

（三）研究公共图书馆服务均等化

张鹏（2018）对国内公共图书馆体系所提供服务的均等化水平展开了研究分析，指出区域、城乡与群体之间均存在一定的差异，对政府、社会、公共图书馆、公众等因素展开了阐述。李少惠和韩慧（2018）利用可视化工具 Cite Space，选取 2005 年至 2016 年期间公共图书馆相关研究论文数据进行了公共图书馆服务均等化研究领域内的文献结构探究，提出现有研究主要围绕公立图书馆公共服务职能的设计、建设实践以及服务读者的满意度展开。杨玉麟、闫毅（2018）探讨了《中华人民共和国公共图书馆法》体系下基层公共图书馆事业发展和功能架构的具体模式。

（四）公共图书馆创新服务与评价的研究

在创新服务方面，余凯璇（2018）在就留守儿童群体在进行阅读活动中表现出的阅读板块的资源、方法与认知等不同层面上的问题进行了说明，继而提出建立起跨地域城乡数字化信息传递、基础公共服务职能供给线上智慧模式的设想。林天赐（2018）探讨了大数据对现代化图书馆信息服务管理职能的影响机制，以及图书馆创新方面存在的实质问题。图书馆信息技术的发展应当基于自身职能方向和区域公共服务发展战略的核心指引，结合现代化信息技术构建起线上智能图书馆体系，实现对既有图书馆安全服务职能的创新性突破。

在研究公共图书馆绩效评估方面，章迪平等人（2018）综合采用了因素分析和快速聚类的分析工具，建立起公益图书馆经营管理绩效评测指标模型，并选择全国范围内 31 个不同地区图书馆实质建设数据为基础，实现了其投入绩效的总体评定。张霞等人（2018）基于 SERVQUAL 模型，构建图书馆服务质量水平和顾客满意度评价指标模型，基于 AHP 投资中期范式对所选取目标图书馆实质服务效能进行了分析，提出在服务管理、场馆设计、数字化资源等层面存在的问题。田庆礼（2018）基于成本与效益的算式，对公共图书馆阅读活动推广效果进行了评定。

六、公共图书馆的发展成效

（一）公共图书馆政策发展

2015 年我国制定加快构建公共文化服务体系意见出台后，公共图书馆发展增速明显。近年来，随着信息技术的发展，数字图书馆建设进程快速增加，目前已经基本建立起全国范围的数字图书馆网络联通体系。根据《“十三五”时期全国公共图书馆事业发展规划》，我国公共图书馆基础设施建设网络将在现有基础上完善文献保障与总分管综合管理机制，推动公共服务供给标准化与均等化水平。2016 年，文化部、新闻出版广电总局、体育总局、发展改革委、财政部印发了《关于推进县级文化馆图书馆总分馆制建设的指导意见》的通知。

近年来，随着国家对提高公民文化素养、精神文明建设越来越重视，人们对公共图书馆的认知不断加强。2017 年，习近平同志在党的十九大报告中提出，要完善公共文化服务体系建设，实施文化惠民工程，丰富群众性文化活动。强调公共文化服务满足公民基本文化需求，提升公民阅读和文化素养，进一步促进社会和谐发展，促使公共图书馆转型，改善服务意识。2017 年，文化部针对公共图书馆事业制订了十三五时期的发展规划，更加科学、系统地对公共图书馆事业发展做了谋划，有利于构建更健全的现代公共文化服务体系。

2018 年 1 月 1 日起施行《中华人民共和国公共图书馆法》，对加强公共图书馆运行管理、促进公共图书馆发展、保障社会公众文化权益的均等化、标准化等事项做出明确规定，为公共图书馆供给服务效能的提升提供了一定的政策依据和保障，更加彰显了公共图书馆在公共文化服务体系中的重要地位。

《中华人民共和国公共图书馆法》是在公共文化领域，继《中华人民共和国公共文化服务保障法》之后的又一部重要法律，对进一步促进公共图书馆事业的发展起到了里程碑式的作用，对于进一步健全我国文化领域的法律制度，促进公共图书馆事业发展、建设、管理和服务与现代科技融合发展，以及保障人民群众基本文化权益具有重要意义。

（二）公共图书馆规模发展

在中华人民共和国成立之初，公共图书馆的发展较为缓慢，公共图书馆数量相较于其他国家也相差甚远。改革开放后，公共图书馆进入了快速发展的轨道，规模增速明显。从我国图书馆规模发展来看，将近 1/3 图书馆对馆舍进行了建设，整体建筑面积约达 4 万平方米。可见，公共图书馆建设的规模之大，建造速度之快，正处于飞速发展中。目前，全国公共图书馆数量持续增加，2016 年全国已达 3153 家，分布在全国 34 个省级行政区。公共图书馆在资源数量、结构和发展水平方面，存在地区、级别和民族差异。一些经济发达地区，过去或现在处于政治、经济、文化中心城市的公共图书馆，文献馆藏数量和价值备受瞩目，信息沟通便捷，自身投入和得到支持的资金较多，文献的各项管理和服务工作，在资金、人才、专业指导方面的条件更能得到保障，对文献保护计划的参与度也较高，数据普查、登记编目、修复和数字化等工作落实和推进较快。然而一些偏远地区、民族地区的公共图书馆，特别是基层公共图书馆，受制于当地经济文化发展水平，信息接收、资金投入、人才缺乏的问题较为突出，影响了对文献保护计划的参与度。有的基层图书馆有一些文献，但普查登记的基础工作都没有条件开展，更不用谈进一步的开放利用和服务工作。有的公共图书馆文献的基本典藏条件也难以保证，应该引起有关部门的重视。

七、公共图书馆发展存在的问题

改革开放以来，我国公共图书馆事业有了长足的发展，但在发展过程中也存在着一些问题。我国公共图书馆的发展不平衡问题显著，专业化水平普遍较低，服务效能整体不高，尚未充分调动自身资源。

（一）公共图书馆馆员素质有待提高

信息时代的到来，使公共图书馆的管理水平和服务手段发生了天翻地覆的变化，也对馆员素质提出了较高要求。人员素质不高是严重制约公共图书馆发展的重要问题，一方面是管理人员的学历，即受教育的程度普遍不高，另一方面则是管理人员的思想观念僵化，没有很好地树立以“人”为本的观念，还是围着“书”转。因而要提高馆员专业素养和业务水平，改变僵化的思想观念，增强敬业意识。

（二）公共图书馆办馆理念单一

目前，我国主要是由中央政府或地方政府承办公共图书馆。基于这种现状，公共图书馆办馆受当地经济发展水平和行政管理体制的影响很大，造成公共图书馆领导重视不够、办馆观念单一、馆舍配置不足、购书资金有限等问题。

（三）服务人口数不足

公共图书馆建馆立项管理由地方行政机构支持，形成辖区内建立一个公共图书馆的体制。目前城市人口流入呈逐年增加趋势，城市也积极推出诸多人才引进政策，吸引优秀人才落户，公共文化的需求更多元、更迫切。但是很多公共图书馆建设依然没有跟上时代步伐，数量增加有限，服务半径和服务人口数不足。

（四）购书经费严重不足

就现阶段公共图书馆情况来看，购书经费严重制约着公共图书馆的发展。公共图书馆获得的财政拨款虽然也在增长，但赶不上不断增长的读者对图书的需求量和书刊涨价的幅度。有的馆只能维持日常运营，根本没钱购书和开展业务活动。造成这一状况的原因主要有以下几个方面：（1）书刊涨价。近几年，书刊几次涨价，使本来经费就不足的公共图书馆难以承受，不得不逐年压缩书籍报刊数量。购书经费的严重短缺，使图书馆的藏书职能和信息传递职能受到严重削弱。近年来，各公共图书馆也根据自己的实际情况采取了相应的对策。如砍书保刊、减复本保品种等。由于文献数量与种类的减少，馆藏文献逐年陈旧，跟不上时代的发展。书刊的减少，使读者对新知识、新技术的需求得不到满足。(2) 藏书重文学艺术轻自然科学。近几年来，随着市场经济的发展，公共图书馆收藏偏科现象虽然有所改善，但仍然存在一些问题，自然科学书刊的收藏跟不上科技经济的发展。(3) 对改善馆舍条件投入不足。有些地方对公共图书馆馆舍建设不够重视，特别是一些县级馆，馆舍条件较差，馆址偏僻，馆舍面积小，影响了图书馆作用的有效发挥。(4) 重藏轻用，信息传递能力低下。受传统思维方式的束缚，公共图书馆情报工作力量较薄弱，工作人员自身知识不够完善。一项调查结果表明。公共图书管理人员中具备大专以上学历的占 80%左右。但图书情报、信息管理专业的还不到 5%，工程技术、电子计算机、理工专业的更是凤毛麟角。整体知识结构的不合理，造成了对科技、经济和一些新学科的文献信息开发不够深。

（五）选书、购书的途径渠道受制约

随着人们对知识的渴望，人们越来越多地希望能够获得最新的图书动态，但是公共图书馆作为公益事业单位，受财政经费的制约，无法满足广大读者的需求，即能够尽快及时购买到最新的图书资源，而且纸质书籍价格的上涨，使得公共图书馆对于一些经典的但价格昂贵的图书望而却步；图书出版更新换代的速度太快，让公共图书馆无法适应，只能有选择地购买图书，而不能采购到大量的新版图书，从而出现了图书馆读者一般借阅不到最新出版的图书现象。

（六）公共图书馆馆舍条件的制约

图书只能限时存放在书架上供读者借阅，而不能永久保存。新书不断出版，但公共图书馆的馆舍面积有限，图书书架有限，只能每次先将旧书打包下架再把新书上架，而打包下架的图书一般根据年限和阅读量来定夺，这样就存在很大的主观性，而不能更全面地考虑读者需求影响读者读书；同时对于新书上架也存在矛盾，每年的购书经费是固定的，新书价格是不断浮动的，所以只有出现新旧书基本对等的情况下才能有选择地上架新书，从而出现“旧书下不来，新书上不去”或者是“新书使用率不高，但旧书已下架”的尴尬情况，造成必须以图书空间的大小决定藏书量的多少的局面，这样一来就和以读者需要为首要服务的原则相悖，同时也在一定程度上出现图书资源严重浪费现象。

（七）公共图书馆服务模式和读者需求不匹配

随着人们知识水平的提高和求知欲望的增强，人们越来越希望图书馆不仅仅发挥借阅图书的功能，还要提供专业化、个性化、创新性的服务。公共图书馆管理员已经远远不能满足读者的需求。这就要求公共图书馆工作人员从管理员向图书馆人转变上下功夫，为读者提供更加专业化、与时俱进的服务模式。传统公共图书馆存在着年龄结构不合理、知识结构单一的情况，根本无法适应图书馆的长远发展，公共图书馆人员服务和读者需求不配套的现状急需改善。

时代的发展，呼唤着公共图书馆建设由传统型向现代型转轨，上述的问题已成为制约图书馆发展的重要因素，急需解决，刻不容缓。“十四五”规划又一次提到公共文化服务体系及人民精神文化生活，并把其放入我国经济社会发展的主要目标，足见国家对文化建设的重视度及满足人民的精神文化需求和健全公共文化服务体系的重要性。公共图书馆应该把握此次重要机遇，勇于面对外部技术和环境的冲击的挑战，转变思路，解放思想，开辟创新，寻求新方法，探索新路径，加强文化服务功能。

八、公共图书馆未来发展趋势探究

（一）人性化、大众化的服务

人性化、大众化的服务是公共图书馆未来发展的必然趋势。随着时代的发展，公共图书馆面向服务对象的文化层次、文化需求、个性特点也会随之发生改变，年青一代的读者获取图书相关信息的渠道不再是传统广告宣传、口碑宣传，可能会因为看了一部电影、玩了一款游戏就会产生读书兴趣，因此公共图书馆可以通过网络线上平台或手机 App 的开发，针对不同用户的年龄层次、文化水平、性格爱好等进行相关的图书资源推荐，并且还能通过在网络平台中开放图书预约、图书签售会等信息查询服务窗口，以充分满足图书馆用户的多元化需求。此外，公共图书馆也应对自身服务项目进行优化升级，使服务内容能够涵盖所有年龄层的用户，利用智能模糊查询、大数据精准化投放等功能应用来降低读者用户图书查询和选择难度。

（二）建立完善的图书馆管理制度

为了更好地顺应未来发展，公共图书馆还应对内部管理结构体系进行优化完善，引入全新的服务理念和科学化的管理模式。只有在图书馆管理工作的改善提升下才能推动公共图书馆事业向前发展。一方面，在图书馆工作人员的管理上应采取扁平化的管理工作模式，积极收取工作人员的想法意见，使工作人员也能参与到图书馆的建设发展中，在图书馆工作人员的想法得到反馈响应后，工作人员在后续工作中将更具积极性。另一方面，在图书馆管理工作中应合理利用信息化管理设备来提高自身工作效率，以更好应对不同读者用户在图书馆中遇到的问题。随着公共图书馆管理制度的完善化，图书馆的服务质量、整体运营水平将会大大提升。

（三）更具社区文化属性的图书馆建设

新一轮文化体制改革中对公共图书馆的建设发展提出了明确的要求，公共图书馆需要为社区不同层面人群提供图书借阅、信息查询、娱乐休闲等服务。因此，未来的公共图书馆将更具社区文化属性，并能结合人文关怀能够为未成年人提供学习提升、为成年人提供进修学习、为老年人提供消遣娱乐，接纳和服务不同年龄、职业、信仰的人群，使公共图书馆具备综合性服务功能。此外，公共图书馆也应与同一区域下博物馆、艺术馆、文化广场等场所形成关联，形成极具社区文化特色的服务设施和文化项目。这不仅能够改善提高人们的生活质量，还能通过文化宣传，向外吸引更多的人群共同参与到文化事业之中，使社会公民的文化素质水平得到进一步提升。

第二节 公共图书馆的特征和职能

一、公共图书馆的特征

（一）具有社会性

我们通常把社会理解为社会形态，社会形态是由经济基础和上层建筑两部分共同构成的。公共图书馆的社会性就是指公共图书馆是人们创造的社会产物，是一定社会形态的体现。公共图书馆是人们共同使用的一种社会机构和组织，是人类精神价值的集中体现。

（二）具有公益性

公益性文化服务是公共文化服务体系的重要组成部分，公益性文化服务机构的重要成员则是公共图书馆，公共图书馆是国家为满足人民群众的精神文化需求，为其提供多样化的文化服务，是文化知识传播和流通的桥梁。公共图书馆担负着提升国民素质，促进社会文明与进步的重任。随着时代的进步与发展，在我国社会主义文化大发展大繁荣的背景下，社会已进入知识经济和信息经济时代，公共图书馆应该科学认识并充分承担起在新的时代背景下具备的社会责任。

公益性的理论基础主要由以下几方面组成。

1. 公共产品理论

公共产品理论正式形成是在 20 世纪中期，萨缪尔森对公共产品作了定论，他认为，个体消费这种产品不会导致其他个体对该种产品的消耗，只有满足这个条件的产品才能被称为公共产品。公共产品具有三个特点：效用全民化、消费无竞争和受益不排他。因为这些特性与私人产品截然不同，导致政府和公共部门是公共产品的主要提供者，市场及私人部门无法做到无私地提供这种产品及服务。而随着公共产品理论的不断发展，经济学家们对私人供给公共产品进行深刻探索，对其是否可行进行研究。在1974年，科斯结合历史经验，打破了这种由政府主要提供公共产品的理论，提出公共产品的供给可以由多个体提供。德姆塞茨用技术的视角分析私人提供公共产品的可能性。通过消费者对产品的不同喜好，使用不统一的价格标准对待消费者。公共产品理论为政府和私人可以共同供给公共产品提供了理论支持。图书馆在改革与升级中，逐步探索出政府引导、市场化运作、第三方合作等多样化服务供给模式。尤其在公共图书馆建设过程中，物联网、大数据等现代信息技术的应用均需要第三方数据与管理信息机构的合作。公共图书馆文化服务满足公共产品的一般属性。

2. 新公共管理理论

新公共管理的概念在20世纪90年代初最早出现，由英国学者胡德提出。新公共管理是一种用分权结构管理公共部门的新方式，它以行政单位为主，又引进私营单位的管理模式，包括技术和工具等，并且引入市场机制来改善竞争，更加重视确切的责任制和绩效评估，那个时期的政府改革运动被称为新公共管理运动。从那以后，西方国家开始摒弃一些单一、僵硬的管理模式，比如推进了政府职能的转换，政府从一个公共服务的提供者转变为决策者，不再大包大揽，把所有的工作全部承担起来，而是充分发挥私营企业和非营利性机构的功能，他们的专业性和针对性更强，把具体的服务性工作承包给他们效率更高，实现政府向社会还权等。同时，分权使得组织层次减少，防止权力的腐败。新公共管理认为顾客是第一位，政府是提供服务的主体，公民是顾客，提倡政府内部管理可以合理利用私营单位的管理理论，以此达到管理改革，提高政府运行效率。新公共管理理论在西方的政府管理革新中发挥了很大的作用。我国行政改革也深受其影响，政府尽量避免干预微观经济，让市场在资源配置方面充分发挥其作用，由社会组织承担原来的部分职能，并提出了建立服务型政府的目标；社会市场化进度越来越快，公共部门都参与市场竞争，以此来提高公共服务供给的效率和质量；政府的内部管理更多地借鉴企业管理方法，例如绩效评估等。这些科学且有效的管理办法，使得政府管理更加重视效率、更加科学化，也更加注重反馈，有利于提高服务满意度，从而实现了政府内部管理的创新，提高了我国政府运行和管理效能。新公共管理理论虽然在西方政府革新中发挥了很大作用，取得不少成效，但也面临很多质疑，比如混淆公私部门的界限及市场化的管理模式、偏颇的顾客导向等。

3. 新公共服务理论

罗伯特·登哈特（Denhardt. R. B.）和珍妮特·登哈特（Denhardt. J. V.）基于新公共管理理论体系对公共服务的理论进行了阐述。新公共服务理论认为新公共管理将“3E”作为其核心理论基础，在一定程度上忽略了公民对公平的需求，而基于新公共理论为基础的政府公共事务管理和服务供给过程中也无法充分承担起维护民主与公平的职能。这也推动着新公共服务理论对应不同层面核心工作原则的有效明确，即服务供给应当以服务为主，保护公民利益和公共服务需求为主，而非对整体社会的控制或驾驭；政府公共服务供给的责任多元化，包括社会价值、政治行为的准则、服务供给行业的相关标准以及全体公民的核心利益。随着我国图书馆服务供给体系的不断完善和发展，政府在图书馆优化创新领域内的公共服务供给模式和整体能力亟待加强。根据新公共服务理论，政府作为图书馆发展的领导主体应当强调图书馆所承担的公共文化服务供给职能。在公共图书馆建设发展过程中，应当以人为本，构建起基于为公民服务的公共图书馆发展理念，并在建设过程中强调服务型政府职能的转变，并创新图书馆供给模式与管理方法。

4. 服务创新与四维度模型

“创新”最早由国外经济学家熊彼特提出，他指出，创新就是重新组合生产要素，就是要把以前没有的生产要素和条件的“新组合”引入到既有的组合体系中，进而产生一种“新组合”。其共包括五类情形：一是引入新产品，二是使用新方法，三是拓展新市场，四是获取新供应来源，五是实现一种新组织形式。而服务创新就是通过生产要素的变革及生产要素间关系的变化来实现服务对象的动态化的新需求，提高服务质量，创造新的市场价值。公共图书馆作为公共文化服务提供者，满足读者需求是其服务不变的主题。重视服务，也更加重视服务质量，为了满足读者多元化的文化需求，需要对其服务进行创新，让读者享受更高质量的文化服务。

服务创新四维度模型是比尔德贝克（Bilderbeek）等人在1998年共同提出的创新整合模型。四个维度分别是“新服务概念”“新顾客界面”“新传递系统”以及“技术”。“新服务概念”换言之就是新的服务理念，服务团体通过用户需求来发现创新来源，它与其他三个维度都有密切的关联。“新顾客界面”指的是服务方法，与顾客交流的方式。“新传递系统”主要是指提供服务的组织，侧重于组织内部建设和管理。“技术”维度不是服务创新的必要维度，却发挥着重要作用，技术应用能够为服务创新提供支持和保障。

5. 图书馆学五定律

20世纪90年代，图书馆学五定律得到了快速发展，美国学家克劳弗德（Walt Crawfbrd）和迈克·戈尔曼（Michael Gorman）在原定律基础上归纳出新五学定律，将新型通信与信息化技术融入定律中，实现了其内涵定义和外在延伸应用的进一步完善，其中便包括软件图书馆五定律、儿童图书馆五定律、网络五定律、知识五定律等。最早的“阮氏五定律”对图书馆特征及相关管理内容也进行了系统界定，共分成五个定律。第一律为“书籍是为了使用”。该定律打破传统藏书观念，图书馆的核心职责并非收藏和保存书籍，而是面向公众开放，使知识与书籍得以充分传播，该定律也是其他定律的基础。第二律为“每位读者都有他的书”。该定律要求图书馆面向一切公众开放，不能因阶级或其他特权所垄断。第三律为“每本书都有他的读者”。在图书馆实践应用过程中，主要采用了咨询与检索等多元化的模式助力图书馆内部藏书资源整体利用率水平的全面提高。第四律为“节约读者时间”。该定律强调图书馆在经营管理过程中应当采取开架借阅，通过统筹安排书架陈列、目录检索、人员服务咨询、图书馆选址等，节约读者图书选取和搜寻的时间。第五律为“图书馆是不断成长发展的有机体”。公共图书馆是由多方人员共同组成的有机主体，是动态发展并不断完善的，会随不同地域文化需求以及未来科学技术发展形势而发展。

公共图书馆的建设和公共服务供给便是基于图书馆学五定律，是现代化信息技术与数据管理信息服务技术和图书馆传统服务相结合的产物。在图书馆的定位与职能上，依托五定律面向所在城市地区公民文化阅读需求进行合理规划，实现信息资源共享、流程服务简化、设施建设完备与服务供给多元化等目标。

（三）具有公共性

1. 服务的某些特殊性

从公共图书馆服务消费上来看，在某一特定时间，对于一本唯一的特定图书来说，某个读者借阅了，则其他读者在同一时间就不能再借阅了，这个特征在一定的程度上具有竞用性。但是这个竞用性与私人物品的竞用性具有不同的性质，因为私人物品被个人消费之后就不能再重复使用了，但是公共图书馆服务不一样，它只在特定的时候具有竞用性，只要该读者归还了该图书，就不会影响以后的读者使用该图书。

2. 投资收益的特殊性

要建立一个公共图书馆，除了公共图书馆的建筑以及各种电子设备等是固定投资，公共图书馆的服务的持续还需要源源不断地追加投资，如不断地增加各类新书和期刊、电子数据库、书架等。并且这些源源不断的投资追加进去之后，要收回成本这是一个很漫长的过程，甚至是趋于无穷远的过程。公共图书馆作为一个公共的藏书机构，而藏书又是一个持续不断的过程，它需要持续不断地收藏新书进入图书馆。收藏新书就需要不断地追加投资，公共图书馆作为一个社会公益机构，不以营利为目的，公共图书馆的目的是满足读者对文献信息的需求，不断地提高他们的文化素质技能等。近年来，私人投资图书馆逐渐兴起，但国家和社会集资仍是兴办公共图书馆的主力。

（四）具有共享性

公共图书馆是由国家或地方政府管理、资助和支持，免费向社会公众提供服务的图书馆。从经济学角度上讲，公共图书馆是一种准公共物品，其职能是满足国民的公共阅读需求。公共物品即公共产品，与私人物品不同，是具有消费或使用上的非竞争性和受益上的非排他性产品。所谓非竞争性，是指一部分人对某一产品的消费不会影响另一部分人对该产品的消费，这部分人从这一产品中受益不会影响其他人从这一产品中受益，受益对象之间不存在利益冲突。所谓非排他性，是指产品在消费过程中所产生的利益不为某个人或某些人所专有，不会将其他人排斥在消费过程之外，大家都能享受这一产品的利益。由于公共图书馆不完全具备公共产品的上述两种特性，故被称为“准公共产品”。公共图书馆作为一种“准公共产品”，决定了其全民共享的必然性。

二、公共图书馆的社会职能

（一）引导阅读

读书可以提高个人品德修养、促进社会发展进步，公共图书馆有责任通过形式多样的阅读推广活动来倡导全民阅读。公共图书馆应该想方设法满足公众的公共文化需求，调动公众的阅读热情。公共图书馆可以通过微信、微博、网站等线上方式大力推广数字资源服务，让广大读者足不出户仍能享受到丰富的文化大餐。公共图书馆也可以开展线上打卡阅读的活动，充分调动读者的阅读兴趣。

（二）信息咨询

信息繁杂的当下，公众时刻都被包围在信息网中，各类信息监管较为困难，社会上、网络上充斥着各种不真实信息，甚至是谣言。许多人都存在对信息真假难辨、被负面信息困扰的问题，很容易出现各种心理问题，公众迫切需要可靠权威的信息来源。而公共图书馆作为信息咨询中心，可借助专业的知识协助公众认清本质、缓解压力。

（三）文化保存

公共图书馆承担着保存人类精神财富的职责，在社会系统中占据着其他文化机构所不能代替的重要地位。公共图书馆具有保存传统文化的功能，对于保护保存历史文献、古书文集和延续人类文明发挥了极大的作用，同时也兼具文化传播的功能。公共图书馆拥有收集、整理、保存文献信息的职能，是城市记忆的存储器，是人民历史的保存者。各公共图书馆都应当收集、整理、保存和开发利用本地区的地方文献，形成地区记忆，更好地为社会服务。

（四）智库参考

公共图书馆拥有海量的信息资源和各领域成果显著的专家学者，应当建立智库服务，加强与政府部门的合作，为政府决策提供参考依据。各级公共图书馆应当利用自身的专业信息资源为政府制定相关政策提供信息保障；应当加强与所在政府的合作，通过专业的情报收集手段，为政府制订应急预案提供专业建议。

（五）社会教育

公共图书馆是民众进行终身自我教育的绝佳场所。公共图书馆应当依据当前社会教育现状及发展，不断调整、完善自身功能，将服务中心逐渐从提供资料转变到为民众提供素质教育及终身教育中来。公共图书馆应从自身的社会教育职能出发，把关不良观念的读物，给公众提供一个健康向上的阅读环境。图书馆工作人员有义务帮助公众挑选、指导大众读书，为公众提供符合社会发展需求的精神食粮。

1. 提高全民教育质量

公共图书馆是提高全民教育质量的重要工具，这是因为公共图书馆的知识资源较为丰富，并且是公民获得知识信息的主要社会服务机构，具备显著的社会教育职能，能够切实提高全民知识水平和综合素质，进而起到推动全民素质教育内容体系建设的作用。由此可见，提高全民教育质量为公共图书馆的社会教育职能之一，需要意识到公共图书馆在全民教育中的重要价值，这样才能充分应用公共图书馆的社会教育职能，公共图书馆深化创新工作才能够获得显著效果。基于此，公共图书馆需要不断进行深化创新，以此来满足不断增多的社会知识需求，以此来推动全民教育的进行。

2. 提供免费阅读服务

公共图书馆是知识经济时代的重要产物，其主要职能是为读者提供免费阅读服务和文献信息查阅及下载服务，其建设与发展是社会发展的必然趋势，也体现了社会服务体系的完善程度。由此可见，提供免费阅读服务为公共图书馆的社会教育职能之一，需要确保读者能够通过公共图书馆获得准确的知识内容和完善的阅读服务，以此来帮助读者提高知识水平及获得所需信息。

3. 推动知识经济时代发展

我国目前已经进入了知识经济时代，提高全民素质成为社会发展的重要需求。公共图书馆是公共文化服务体系的重要组成部分，是社会知识保障体系的支柱之一，是知识管理的中心和人力资源开发的加速器。公共图书馆通过知识服务发挥社会教育功能，能够极大地促进知识经济的发展。基于此，公共图书馆需要通过深化创新社会教育职能来满足不断增多的知识经济时代发展要求，充分发挥在知识经济时代中的应用价值，提升城市和地区的文化软实力及竞争。

（六）创新思维

民众的文化需求随着社会的发展不断变化，这也就要求公共图书馆紧跟需求的变化不断创新变革自身服务。公众对公共图书馆的服务内容及方式提出新的需求。构建新的服务项目，产生新的服务模式，是公共图书馆创新的途径。伴随着5G时代的到来，网络将变得唾手可得，图书馆提供云服务变得越来越容易实现。如通过虚拟现实的手段，让读者足不出户就能身临其境体验图书馆服务；各地区共享对接数字资源数据库，建立共享平台，为公众提供海量电子资源。

（七）扩大知识范围

公共图书馆的社会教育职能有非常明显的优势，它具有公益性、免费性、大众性等特点。公共图书馆能够提升自身修养，增强知识文化水平，它以全民教育为根本出发点，不限制人民群众的职业、性别、年龄等，实现人人都有书可读。图书馆陈列的书籍种类多、范围广，人们可以有多种选择来满足自身的文化需求。公共图书馆的服务包括文献外借、阅览服务、参考咨询、文献展览、报告会以及为老人和儿童提供专门服务等。公共图书馆可以弥补在学校学习过程中的不足，比学校更具有优势，种类齐全，可选择性高，获取的知识比在学校更为广泛。

（八）增强文化道德修养

公共图书馆的社会职能能够增强公民的文化道德修养，公民利用丰富的图书资源和知识信息，可以增加自身文化知识，提高自身文化素养，提高自身价值。公共图书馆的性质是对公众全面普及书籍，因此要重视边远地区的书籍普及，让边远地区也能感受到精神文化的熏陶，提供平等的学习知识的平台，提升他们的知识文化水平，构建和谐、平等、互助的社会。公共图书馆同时也是城市景点，在闲暇时期，可以去图书馆里面阅读书籍，丰富精神世界，图书馆环境清幽、学习氛围浓郁，还有各种各样的知识讲座和文化鉴赏等服务，向人民群众传播新知识、新思想以及积极的文化。

（九）提供公共文化服务

鲁宾（Richard E. Rubin）提出，公共图书馆的价值和意义就是满足社会大众的基本需求，为人们提供文化服务，人们可以通过公共图书馆获取各种社会信息资源。不管外界环境怎样改变，公共图书馆的最终目标和存在意义就是为公民提供公共文化服务，是绝对的非营利性公益组织。随着科技的进步与时代的发展，新兴媒体占据了大量的文化市场，公共图书馆可以从以下三点改变其功能模式：一是知识模式，即不再仅仅依靠馆藏资源，而是提供多种形式的知识资源；二是信息构建模式，图书馆为用户搜集整理信息，起到一个信息媒介的作用；三是多元模式，借助网络信息资源，提供多元文化服务。

许多学者创新提出公共图书馆的个性化服务，比如，兰姆（Lamb A.）等认为，公共图书馆的网站是展示形象的重要载体，可以利用 HTML5 和 CSS3 来增强公共图书馆网站的内容管理系统，运用社交技术和移动工具来满足读者更多的文化需求；格雷姆（Grayburn J.）等人提出公共图书馆可以使用三维（3D）和虚拟现实（VR）技术吸引读者，为其提供更优质的文化服务；在特殊群体服务方面，弗吉尼亚·A. 沃尔特（SVirginia A. Walter）针对面向青少年的公共图书馆服务，提出建立实施国家性的研究计划，以此来提高青少年对公共图书馆的利用率，推动公共图书馆能为更偏远的农村地区人民服务。受新公共管理及公共服务市场化理论的影响，美国的图书馆学专家罗伯特·D. 斯图亚特（Robert D. Stueart）和约翰·泰勒·伊斯特利克（John Tayor Eastlick）在 1977 年出版的《图书馆管理》中指出，公共图书馆可以借鉴管理科学及其他行业管理的理论与方法，利用市场化工具实现对图书馆的治理。安杰利斯库（Anghelescu），赫尔米娜·B.（Herminag. B.）和基亚布鲁（Chiaburu），埃琳娜（Elena）指出，社会基金的大量财政援助能够使公共图书馆为社区提供更加多样化的公共文化服务。

（十）人类文化知识集藏地

图书馆作为知识和文明的宝库，人类社会几千年的文明结晶都藏于其中，更是各国文化知识信息的集藏地。公共图书馆担负着在民众中传播知识的重要职责，特别是以经济建设为中心的中国，“精神缺钙”和“文化自卑”是中国社会面临的一大问题。公共图书馆起到一个在文化上充实心灵、丰富精神、提升民众生活品质的作用，这正是公共图书馆存在的社会价值。

（十一）民众知识更新的重要基地

公共图书馆是为民众传播知识的场所，更新民众的知识层次和文化素质是公共图书馆必须要完成的任务。人类的知识是不断更新发展的，所以人类的知识并不只是停留在学校所学的一点知识上，而是要终身去学习，才能应对这个知识不断更新的时代。公共图书馆保存着全人类丰富的知识成果，是巨大的知识集藏地，是民众提升文化素质的最佳场所。公共图书馆紧贴民众建设的特点，为民众的知识更新提供了方便条件，使民众能就近了解知识的更新变化。通过公共图书馆这一民众知识更新的基地，把准先进文化前进的脉搏。

（十二）终身教育的重要场所

学习无止境，国家经济发展的速度使民众的知识更新迫在眉睫。公共图书馆不受时间和空间的限制，没有年龄、性别的要求，不受资格、学历、学科等限制。公共图书馆是培育民众知识成长的第二学校，在这里民众能得到全方位的学习，是继续教育和终身教育的最佳场所。

（十三）提升和丰富民众文化修养的作用

知识需要不断补充。社会的进步和经济的发展，在不断要求民众提升各自的文化修养。公共图书馆多学科的信息收藏，为民众提升各自的文化水平和知识提供了方便途径。民众中的读者成分多样，各自的职业也各有不同。公共图书馆丰富的图书收藏能满足各个层次不同文化人的需要，使民众通过图书馆提供的各种服务，更好地提升自己的学识和生活应用能力。公共图书馆这种和民众紧密结合的藏书特点和多样的服务活动，为民众提高生活情趣，培养健康的生活习惯起到了良好的引导作用，从整体上提升了民众的文化修养能力和生活质量。

三、公共图书馆职能与选址的关系

公共图书馆的选址正确与否，直接关系到公共图书馆的读者服务能力和整体服务水平。真正从民众的文化知识需求考虑，从提升民众文化修养来考虑选择合适的地址，才能发挥公共图书馆为读者提供优质服务的功能。公共图书馆的选址和功能是密切相关、互为影响的。

公共图书馆的选址还应当考虑到所处的地理环境和交通环境，因为读者人口数量是决定图书馆规划与布局的主要因素和规模，人口的区域分布决定着图书馆的布局。要以节省时间方便读者阅读为标准进行合理的规划布局，以便最大限度地方便居民阅读。图书馆选址，除了环境安静、交通方便外，还应为今后图书馆发展留有扩充的余地。因为图书馆是个“成长的有机体”。图书馆的藏书每年都在不断增长，建筑面积必须要有扩展性。

（一）公共图书馆选址存在的问题

1. 选址不当

公共图书馆首先是为民众提供服务的，方便快捷才能发挥公共图书馆的服务优势。选址过于偏离城市，就会造成交通不方便，严重影响其功能的发挥，导致民众阅读量下降。比如包头市（内蒙古自治区下辖地级市）九原区图书馆新馆，选址不当就严重影响了其功能的发挥，导致民众的阅读量日益下降。包头市图书馆新馆（已建成但还没有投入使用）建在黄河大街上，地理位置比较偏，基本上处于包头市昆区的边缘地带，势必造成读者稀少，不能更好地发挥作用的后果。

2. 华而不实

公共图书馆首先是为广大民众提供服务的，如何更好地利用图书馆为广大读者提供服务，发挥公共图书馆的文化传播功能，才是图书馆选址建馆要考虑的。公共图书馆建筑风格切忌追求时髦、追求时尚，切忌追求外在形式而忽视内在的功能。以包头市九原区图书馆新馆为例，偌大的图书馆里没有几个工作人员，看上去很豪华、很气派的一个图书馆却因为内部结构不甚合理而使用率不高。包头市九原区图书馆是和包头市九原区文化馆、九原区文物管理所、九原区文化体育馆合建的，总面积 2 万多平方米，其中图书馆占 4500 多平方米，但真正可利用的面积只有 2000 多平方米。

（二）选址不当影响职能发挥

1. 轻视图书馆传播文化的功能

知识创造的财富不是短期的，不能即刻见到收益，这是一些城市不重视公共图书馆的一大原因。公共图书馆远离民众居住地，就是地方政府轻视公共图书馆的表现。特别是在城市地价不断上涨的情况下，城市公共图书馆远离民众成为一种常态。有的公共图书馆虽然占地面积过大，但建在地广人稀的地方，作用也就无法发挥出来。环境虽然优雅但读者寥寥无几，而且图书采购经费经常短缺，与其说是知识的提供场地，不如说是囤积货物的临时仓库。现在的公共图书馆一般都由市政府筹建，政府大多是考虑树立城市形象和完成计划任务，图书馆工作人员只参与前期建筑设计和平面布局设计等，发挥的作用有限。如何使政府领导重视图书馆的功能，是摆在图书馆人面前的难题。

2. 对公共图书馆的“长远社会效益”认识不足

公共图书馆是为广大民众提供知识的地方，并不会在短期内产生任何的经济效益，而且资金的投入也很难在短期内见到实效。同时，在我国经济以“经济建设为中心”和追求 GDP 增长率为政府政绩考核唯一标准的宏观背景下，政府对具有很大社会效益的民生性公共产品如文教科卫投入严重不足。追求经济效益成为地方政府的总体认识，也成为看待公共图书馆建设的出发点。由于一切都从短期的经济利益出发，地方政府一年来的政绩成为唯一的关注目标，这就造成我国总体上重经济利益而不重视文化的心态。公共图书馆提升民众知识能力和文化素质的功用自然无法正常发挥。

3. 我国公共图书馆赖以建立的经济基础薄弱

我国公共图书馆经费投入过少是影响其选址及功能发挥的一大因素。多方位筹集资金和有效利用资金，对于公共图书馆的发展、发挥公共图书馆的功能至关重要。但从我国目前对公共图书馆的资助来看，正是资金来源的单一性限制了公共图书馆功能的发挥，表现为资金主要依赖国家、地方财政拨款或所依附的行政企事业部门拨款。国家对公共图书馆的投资是有一定的保障的，每年都有递增。但是物价的上涨速度远远超越国家对公共图书馆经费的投入程度，使图书馆经费入不敷出。由此可见，公共图书馆无法靠国家增加拨款来解决现实中的困境。

4. 改变我国公共图书馆依靠政府拨款的现状

轻视公共图书馆的作用是图书馆选址偏离居民的主要原因，而且政府拨款又受多方面的影响。如一年中的政府财政预算，一年中经济发展主要投资方向，需要集中财力解决的问题等，都会影响政府对公共图书馆经费的划拨数量。可以说，公共图书馆虽然是由政府出资兴建，但是政府每一年对公共图书馆的财政支出少之又少，购书经费的短缺使读者群无法及时看到最新的文化发展成果，这就造成公共图书馆无法发挥其功能，直接的后果就是读者日渐减少，公共图书馆无法起到提升民众知识水平、文化素质的作用。

5. 依靠立法来保障公共图书馆功能的发挥

要从根本上改变图书馆选址不当的问题，保障公共图书馆资金，能充分发挥公共图书馆的功能和作用，唯有通过立法来解决其经费来源的稳定性。联合国教科文组织对公共图书馆做了以下表述：“只有立法才能明确公共图书馆的功能并创造条件完成这些功能，保证其发展。”可以说，提供立法解决公共图书馆经费的来源，是世界各国普遍常用的方法。对公共图书馆的立法通过后，政府对公共图书馆的支出就不是随意性的，而是成为一个具有法律效力的指标，立法的作用就是要保障公共图书馆发挥正常的功能和作用，建议立法后成立相应的司法和民意机关对之严格监督。

四、公共图书馆社会职能实现的策略

（一）推广优质书籍

向人民群众推广优质书籍，提倡公民多读书、读好书，丰富自身精神世界，增强推广书籍的力度，使图书馆更具有社会地位和社会影响力。公共图书馆应该充分利用信息技术，利用网络进行图书推广工作，推广优质、高质量的书籍，促进人们对书籍的学习，了解公共图书馆的现有资源有哪些，加大宣传力度，使图书能够被读者广泛阅读。通过宣传向读者介绍更多优质的书籍，供日常学习、研究等。

另外，在推行的过程中，要为读者提供高质量服务。过去的公共图书馆为读者提供的服务还不够优化，读者与日俱增的文化需求，需要公共图书馆构建完善的服务体系，了解读者的实际需要，做好图书服务，比如，在优质图书或者有代表性的图书上贴标签，引起作者关注。图书的推广工作需要长久持续下去，制订合理的图书推广工作计划，有方法、有侧重点地推广图书活动，体现出图书推广的效果。

（二）扩展图书资源

增加图书的资源，公共图书馆应该清楚公众对图书馆的书籍需求情况，优化工作方法，开会研究讨论，制定出合理可行的办法。增加和各部门之间的沟通合作，使图书管理工作更好地开展，得到提升。处理好图书资源管理的不及时性，提高图书资源的可利用性，使图书资源更好地发挥价值。对图书资源进行有效整合，提高图书资源的使用效率。互联网也能拓宽图书的资源，设置公共图书馆公众号，加大网上阅读书籍力度，拓展网上读书平台，制定网上图书推荐功能，根据读者的读书偏好、读书种类的需要，做好推荐工作，使读者学习到更多的知识。

（三）政府要加大资金投入

公共图书馆是由国家和地方政府管理、资助和支持、免费为社会公众进行服务的图书馆，它的经费来源于地方行政机构的税收支持。公共图书馆的发展离不开政府的资金支持，有了政府的资金支持，图书馆才会持续稳定发展。因为图书馆具有承载社会公共教育职能的特点，它的良好发展能够促进我国公民知识水平的提高，促进社会的持续稳定发展。想使公共图书馆的社会教育职能更好地发展，就需要政府加大对公共图书馆的资金支持，增强公共图书馆的基础设施建设，加大图书投入力度，扩大公民读书的范围。在政府给予的有限经费中，如何合理有效地使用也是我们要思考的问题。图书馆在购进图书的时候，可以向公众发放读书意向小问卷，里面包括读书倾向、读书目的、读书种类等选项，充分了解公众需求，从而购进符合公众读书需要的书籍。

（四）强化社会职能的创新理念

公共图书馆作为我国一种特殊的公共设施，除了要根据公共图书馆发展的具体情况进行改革和创新外，还需要依据读者的服务需求来进行主动创新，让图书馆的发展能够不断升级。但从目前公共图书馆职能的内容来看，许多创新都是被迫进行的，其原因在于许多管理人员没有更新自己的创新理念，依旧采用传统的方式来实现某项服务内容，这种创新无法达到国家的需求，无法跟上时代变化，更无法满足读者的需求，从而降低图书馆的使用效率。因此，针对这种情况，首先就要改善相关人员的意识行为，从多个角度来提高人员对职能的认识度和认同度，使其能够主动参与到实际的创新工作中。

例如：要改变当前公共图书馆的发展现状，就需要基于当前公共图书馆存在的公共服务职能理念滞后的情况，从提升图书馆整体的服务意识方面入手。其一，需要能够准确认识当前的国家发展情况，把握准确的信息化条件，从而为图书馆的公共服务职能创新奠定良好基础。其二，要能够强化相关人员的服务意识，使其能够明确当前的图书馆发展情况，根据存在的问题，来厘清读者与图书馆之间的联系，从而满足读者的个性化需求。通过这样的方式来强化图书馆公共服务职能的创新理念，对公共图书馆未来的发展有着深远影响。

（五）建立社会职能的创新手段

公共图书馆的职能作为图书馆管理和发展的一种重要形式，首先需要有明确的发展方向，针对图书馆的实际情况，建立对应的创新手段，从而有效地实现图书馆的应用价值。但从实际的发展情况而言，许多地方的公共服务职能并没有完全实现，甚至许多图书馆依旧采用传统的管理形式，停留在馆藏资源的形式上，从而降低读者的阅读质量。除此之外，虽然有些图书馆能够以“读者”为主的理念来建设相关服务设施，但对必要的资源却缺乏一定的思考，导致图书馆拥有大量的图书资源，却难以让读者进行查阅。因此，在实际的图书馆公共服务职能创新和建设中，就需要制定相关的目标和方向，即围绕读者真正需要的服务内容入手，通过有效的形式来进行创新，从而保障公共图书馆职能创新的实效性。

例如：图书馆在建设的过程中，首先，要遵循以“读者为主”的理念和目标，围绕读者需要的服务内容和方式进行创新。其次，要以一种有效的形式来改变传统的管理理念，通过合理的借阅模式来加强和满足读者的需求。最后，图书馆在服务职能创新上还可以引入现代化的技术手段，利用网络信息服务对馆藏的文献资料、书籍等资源进行深层次的价值开发，为读者提供有效的网络服务，建立公众号和信息交流平台，使读者在网络中就能够查阅各种各样的信息资源，提高读者阅读效率的同时还能够跟上时代的步伐。

（六）培养服务创新的人才

实现我国公共图书馆的服务创新，需要一批高素质的人才。但从日常的图书馆管理中能够发现，多数工作人员的思想和行为依旧存在旧俗的情况，不仅无法认识到创新的必要性，还会阻碍职能创新工作的开展。甚至有些员工的业务水平并没有达到基本的管理要求，在实际的图书馆管理中常常会因为基础知识掌握不充分而难以满足读者的需求。因此，针对图书馆当前的员工现状，首先就需要引入一批外部的高素质人才。其次，还需要通过培养图书馆内部人才，来实现两部分的有效结合，从而在一定程度上提高图书馆公共服务的创新。例如：图书馆可以从人才需求的方面进行入手，以不同的形式来培养大批的人才。其一，可以通过公开招聘的形式来充实和打造一支专业的人才队伍，来增强图书馆公共服务的创新和建立。其二，可以加强对内部员工的培训工作，通过每周不定时的培训来开展相关的讲座活动，从而帮助工作人员提高自身的技术水平，并加强相关的图书馆专业知识，从而更好地创新和建设图书馆公共服务，满足读者的个性化需求。除此之外，还可以建立相关的微信公众号，通过实时内容的推送，来帮助员工了解更多的图书馆管理技能，掌握更多的公共服务理论知识与技能，更好地为图书馆的发展贡献自己的一份力量。

第三节　公共图书馆面临的新挑战

一、知识创新的要求

公共图书馆作为搜集、整理、储存、传播信息和知识的基地，在图书馆工作中，最重要的环节之一就是知识创新。为了实现公共图书馆可持续发展，让公共图书馆的发展紧跟时代步伐，就必须大力推动知识创新。公共图书馆知识创新程度和水平也是评价公共图书馆知识管理水平的重要指标和依据。世界各地的图书馆联盟将知识管理目标定位在全社会知识资源的共享与合作上。

（一）定义

公共图书馆知识创新体系包含的内容应该是内外部相结合的，不仅包括公共图书馆知识创新原理、新知识，也包括对已有的图书知识进行组织管理，挖掘已有知识中未被充分了解、认识的内容。公共图书馆知识组织本身是知识创新的前提和基础条件。原始的图书信息知识本身无法产生价值，分散、无序的信息知识也不能构成有效的知识资源。只有将信息知识有序化融合、组织，把具有必然内在联系的知识、信息相连接，形成一个有关联的知识系统，通过系统运作，产生相关效益。要以资源性知识为基础，用户知识需求为依据，将知识进行重组、转化、再造，形成用户所需要的知识。这一过程，就是公共图书馆进行知识创新的过程。

在特定目标的指引下，公共图书馆将进行知识重组，既要发现知识之间的内部联系，又要精确地预测知识发展的方向，构建动态化知识体系。知识转化指的是隐性知识和显性知识之间的相互转化。知识再造是以知识转化为基础，公共图书馆管理人员通过智力劳动，在知识资源、知识水平、知识联系以及对未来知识预测的基础上形成新知识的过程。这些知识活动，需要智力的参与，即知识挖掘活动。知识挖掘是将分散在各种图书文献中的相关知识、概念、观点、数据、理论、方法提取出来，按照不同的学科体系，分门别类地加以分析、鉴别、综合、归纳并重新组合，编制成以知识单元为基础的专题综述、专题文摘、文献研究报告等二次文献以及手册、文献指南等三次文献（包括网络形态）。知识挖掘是根据图书馆实际需要，设置知识库或数据库，进行信息知识的再加工，生产出知识产品。它虽然不属于发现与发明，却可能产生新知识、萌发新见解，是间接的知识创新。

知识只有在不断的交流中，才能更好地实现知识的学习、利用、创新和升值。公共图书馆知识创新活动可以分为三类。第一类是馆员直接参与相关的图书馆科研活动，创造出新的图书馆理论、技术和方法；第二类是图书馆作为文献咨询与交流的中心，帮助有相应需求的读者获得所需要的科技文化知识，提供最前沿的科技信息，并能预测科技发展趋势，成为知识创新成果形成、转化和实现产业化的桥梁；第三类是以前人的研究成果为基础，对图书馆知识进行重组、分析、挖掘，让图书馆成为知识创新的前沿阵地。

综上所述，图书馆不仅是知识信息的文献咨询中心、读者创新的重要资源库，还是各种新产品、新技术的展示中心。通过鼓励馆员多参加各种学术组织和学术会议，给予馆员与更多业界人士交流的机会，加快公共图书馆知识流动，加大显性和隐性知识的相互碰撞、交融机会。此外，努力将分散、静态的知识挖掘出来，转移给需要它们的读者用户，刺激新想法、新思路的产生。同时，公共图书馆通过有力的知识创新成果宣传，使成果被市场所认可和接受，最终转化为生产力，并反过来进一步促进知识创新，形成知识创新的良性循环。

（二）内容

公共图书馆知识创新是图书馆相关机构和组织所构成的知识系统网络，促进知识的传播应用。它包括三个方面：知识理论创新、技术创新和知识组织创新。知识理论创新是指公共图书馆管理人员时时关注科技的最新动态的前沿理论，利用计算机等科技手段，结合图书馆现有理论，吸收和借鉴其他社会科学理论、方法，不断发展和创新图书馆学知识，充实、更新、提升理论建设；技术创新是指相关技术在图书馆知识创新中的应用，开展创新活动，具体体现为对图书馆自动化、网络化、数字化发展方面的创新，还体现在图书馆工作技术的创新；知识组织创新是建立一套有效知识管理体系，能优化图书馆的各知识职能部门与知识工作流程，加强知识管理项目。这些创新项目可以是参考咨询、知识导航、个性化服务、网上阅读、远程教育等各类创新活动。

（三）特点

公共图书馆知识创新不仅内涵丰富，并且具有特点和优势，这些优势主要体现在以下几个方面。

1. 共享与转移

公共图书馆知识创新的一个重要目标是促进内部馆员之间的知识交流、转移和共享。它要求所有馆员主动共享他们拥有的各类知识，提升图书馆知识创新能力。公共图书馆针对知识信息的收集、储存、整理、分析和传递等过程，既是知识创新过程，也伴随着知识转移和共享活动，它不是机械性的管理活动或过程，而是把握知识之间、知识与用户之间的关联关系，创造出新知识，以满足人类社会发展和用户对图书信息知识的需要。

2. 人力资源为核心

随着信息时代和信息技术的发展，未来的公共图书馆发展模式将在更大程度上依赖于图书馆对知识与信息的把握和创新。人力资源的应用对促进知识创新至关重要。公共图书馆知识管理和知识创新要求公共图书馆馆员既是知识中介、信息提供者，又是知识创造者和应用者。公共图书馆必须对馆员的专业技术培训提起重视，要对馆员进行终身教育，要不断提高馆员的知识文化水平，加强馆员收集、获取、创新知识的能力。在充分尊重馆员个人价值实现的基础上，激励馆员将其隐性知识和智慧应用于图书馆知识服务之中，实现图书馆集体价值最大化目标。

公共图书馆知识创新文化会影响和制约馆员的创新意识、创新精神的培养。良好的知识创新文化能使馆员与馆员之间直言不讳，充分交流、发表自己的知识见解，鼓励馆员对各种知识管理存在的问题质疑，这有利于打破图书馆中一些束缚馆员创造性思维的条条框框，能够主动寻求更好的解决方法。馆员可以提出冒险性的创新思维，表达自己的见解。良好的知识创新文化能加强馆员与领导之间的信任，形成互相尊重、信任、理解的良好氛围。馆员在日常相处中要互相信任、坦诚以待，这有助于在潜移默化中形成和谐友好的工作氛围。由此可见，在人力资源管理方面，公共图书馆知识创新起到重要作用。

二、跨界合作带来的挑战

（一）地域限制

我国各地域之间发展不平衡，发达地区和欠发达地区的公共图书馆发展也不平衡，在跨界合作时会受发达程度限制，如资源、资金、设备、读者层次、馆员素质等。甚至对于部分特殊资源，欠发达地区的公共图书馆无法利用，也无法提供给读者，故而对于发达地区和欠发达地区，公共图书馆本身的管理理念和对资源的利用率是不相同的。

（二）观念滞后

我国的公共图书馆发展历史相对于国外来说并不长。对于先进的管理和服务理念，并非所有公共图书馆都能接受和利用，甚至本身的借鉴、吸收和转化、引用也需要一个过程。在管理和服务能力欠缺的情况下，跨界合作的操作难免会遇到问题。

（三）馆员素质良莠不齐

根据有关分析结果显示：衡量一个公共图书馆的水平高低，公共图书馆建筑占5%，公共信息资源占20%，公共图书馆馆员占75%。作为公共图书馆的主要工作人员，馆员要执行上级的决策，是跨界合作项目的主要实施人，所以馆员的业务素质对跨界合作的成功操作有着重要的作用。现今公共图书馆馆员因各种原因，业务素质、道德素质等良莠不齐、高低不一，这将严重影响跨界合作的开展，影响跨界合作视域下公共图书馆服务水平的提高。

（四）创新能力有待加强

传统图书馆单一的咨询、查询、检索、借阅、归还等服务已经较多地被互联网取代，读者对利用图书馆获取信息的手段和方式，不断提出新的要求，而公共图书馆“为读者提供个性化服务，分类筛选读者感兴趣的阅读内容方面还有所欠缺”，这对于跨界合作视域下的公共图书馆服务提出了挑战。

三、“互联网+”带来的挑战

现阶段，计算机和网络的不断发展为人们的生活带来了极大的便利，同时也促进了各行各业的发展。“互联网+图书馆”，极大提高了阅读者的阅读便捷性，并且方便图书管理者对工作的完成。互联网发展是大势所趋，在一定程度上弥补了传统图书馆管理制度的不足，但是在迎来发展机会的同时，不可避免地要面对更多的挑战。了解当前互联网时代下的公共图书馆发展，在积极发现和解决问题的实践过程中总结宝贵经验，是现在应当要做的。

互联网的出现大大提高了民众在生活和工作中的办事效率，在图书管理行业，互联网的出现带动了其发展。由于信息时代的普及，在借助高科技技术的前提下，虽然有效提高了图书资料的管理效率，但是对管理者也有一定的挑战。利用互联网技术来提高自身的创新发展，配合新模式新结构的管理理念，实现传统图书资料管理对于现代化图书资料管理的转化，力求将有限资源的利用最大化，同时利用“互联网+”理念，为民众打造更加专业化的服务，以此来推动现代化图书馆的可持续发展。

（一）“互联网+”的概念和特征

1. 概念

“互联网+”概念最早在互联网的博览会上提出，是互联网理念与传统理念的深度融合。作为新型经济形态的代表，在大数据时代中，“互联网+”是工业时代转化为信息时代中催生的新型产物，将各传统行业与互联网利用信息技术进行融合，从而为行业提供新的创新发展机会，全面提升资源利用度。“互联网+”分为两个内容，其一是将二者分开，在互联网后面添加或者联合任意事物，这也正体现了互联网和传统行业的融合；其二是将“互联网+”看作一个整体，是传统文化转变形式的完成，表现了互联网公平开放的内涵。

2. 特征

自互联网博览会提出“互联网+”以来，其概念的含义一直被不断解读和界定，“+”意味着跨界，连接一切，开放变革实现重塑融合。以互联网为核心内容所展开的一系列信息化发展与有关工商业、金融业等行业的结合，充分体现了“互联网+”的特征：跨界融合、创新驱动、重塑结构、以人为本、开放生态、连接一切。

（二）“互联网+”给公共图书馆带来的挑战

1. 馆员综合素质面临挑战

数字化平台的使用与维护对图书管理人员的综合素质要求较高，公共图书馆工作人员要不断学习计算机技术，提高自己使用电脑的熟练度，更好地在数字化平台上为广大读者服务。公共图书馆的工作人员要定期参加培训，在突发事件发生时，做到不慌不忙，迅速找出起因并解决。

2. 数字化平台宣传工作竞争激烈

对图书馆的数字化建设并不是一劳永逸，在人们日常生活中充斥着大量网络信息，这些信息随时都会吸引人的眼球，如果不重视宣传，数字化平台很可能在同行竞争中淘汰。公共图书馆管理者要加大宣传，采用线上和线下结合的方式，将图书馆的优势体现出来，积极让会员注册，会员使用后及时跟踪，并对系统进行优化。图书馆要留住老客户，发展新客户，不断更新书库，持续进行宣传，才能实现公共图书馆的可持续发展。

3. 纸质信息服务不能满足大众的需求

在互联网高速发展的背景下，人们在网络上获取信息更加方便，且获取信息的速度更快，内容也更加全面，这无疑对以纸质信息服务为主的公共图书馆造成了巨大的冲击。暂且不谈纸质阅读与电子阅读的优劣之分，在互联网时代下，当人们想要查找或获取某些信息时，首先想到的方法是打开移动设备通过互联网的搜索引擎进行搜索，而不是到图书馆去查阅相关资料，这无关纸质阅读方式与电子阅读方式的优劣，而是人们更加偏向于信息获取速度更快、信息内容更加全面、信息获取更加简单的方式。因此，过去当人们遇到问题到公共图书馆进行资料查阅的方式已经彻底被转变，人们到公共图书馆进行阅读、信息查找的次数更少，这就对公共图书馆的信息服务造成了很大的冲击，因此公共图书馆需要转变信息服务模式，如建立数字图书馆等方式，通过提高公共图书馆的现代化、信息化服务水平，提高信息服务能力，是公共图书馆应对新形势所带来的挑战的有效应对策略。

4. 信息服务节奏不能满足群众的需求

在信息化高度发达的今天，人们的生活越来越快节奏化，群众更加偏向于省时、省力的信息获取方式，虽然通过网络获取的信息和阅读内容相对而言具有碎片化的特点，但是碎片化的阅读方式正是当今时代的阅读特点之一。而公共图书馆的信息服务节奏偏慢，而且公共图书馆更加注重纸质化的阅读信息服务，相比于快捷的网络而言优势较小，对于已经适应快节奏生活的现代人，公共图书馆的信息服务能力显然不足，虽然部分公共图书馆建立了数字化、信息化信息服务系统，但是相比于网络中功能、信息较为完备的搜索引擎，公共图书馆的信息化服务能力显得过于落后，对群众吸引力较小，人们对于到公共图书馆获取信息服务的意愿得不到满足，因此，这是当前公共图书馆信息服务所面临的重要挑战之一。

5. 信息服务市场需求不匹配

随着生活水平的不断提高，人们更加注重精神消费，因此我国的信息服务消费市场情况也出现了很大的变化，信息服务方式变得更加主动。公共图书馆的信息服务较为被动，与当前的信息服务市场环境需求极为不匹配。因此，公共图书馆需要对群众的信息需求进行分析，准确找到群众的信息服务缺口，并结合公共图书馆自身的优势，如专业化等特点，转变被动的服务方式，用更加主动的姿态开展信息服务，跟随当前信息服务的主要发展趋势，满足群众的多元化、个性化阅读需求，从而提高公共图书馆的服务水平。即便在信息高度发达的当今社会，公共图书馆对于社会的作用也是独一无二、无法取代的，因此公共图书馆在开展信息服务时，要注重发挥自身优势，提高公共图书馆的信息服务质量和水平，改变当前公共图书馆的发展形势，逐步向市场化发展，为读者提供更高效的信息服务。

（三）互联网环境下公共图书馆运行新模式

《中华人民共和国公共图书馆法》第二十七条指出“公共图书馆应当按照国家公布的标准、规范对馆藏文献信息进行整理，建立馆藏文献信息目录，并依法通过其网站或者其他方式向社会公开”。

图书的采选和购买是图书馆馆藏资源建设的重要组成部分，在互联网时代背景下，图书采购模式也要适应时代的改变。随着技术的普及、大数据技术的运用、数字阅读平台的建设，使得图书馆采编工作人员从传统的书目编辑，走向了需要与大数据网络技术交互协作的道路。因此，图书馆采编业务工作要与时代结合，尽快跟上大数据网络技术发展步伐。

在图书馆资源建设方面，图书馆要引入现代化电子设备，使采编工作实现电子化运行，利用互联网技术，建立大数据平台，建立新的管理模式，按照一定的规范系统化管理采编图书工作。大数据环境下，图书馆采编操作流程更为复杂，采编人员除了要掌握专业的采编知识，还要与时俱进，通过培训与学习，掌握现代信息技术，提升信息技术处理和信息评价能力，做好图书馆采编信息化建设工作。

1. 基于互联网的互动模式，建立线上图书馆

为搭建与读者的互动平台，昆明市公共图书馆构建了基于互联网的“图书馆—读者”的互动模式，包括《“悦”读让学习更快乐》未成年人公益讲座、“4. 23 世界读书日”系列活动，图书馆与读者的精彩互动都在线上进行。

昆明市图书馆电子书借阅机内置 3000 册精心制作的 epub 格式电子图书，内容涵盖经典名著、历史军事、政治经济等十一个热门分类，并每月更新不少于 150 种，供市民免费下载数字图书资源，及时为市民的移动阅读需求提供便利。同时还推出了很有特色的“书香昆明，你选书我买单”活动。

图书馆利用微信公众平台进行阅读推广，是实施全面阅读活动的重要传播渠道。用户登录微信除了可以用计算机设备，还可以用移动电子设备。现如今，移动工具越来越智能化，为用户的生活和工作提供了许多便利。微信公众平台就借助了这种便利的渠道，使用户可以随时随地地使用移动设备来查看公众号的更新情况，达到阅读推广的目的，也可以在公众号上查阅自己所需的图书或者借阅书延期，等等。

2. 建立“互联网+公共图书馆”的思维

如今，互联网与各行各业深入融合，公共图书馆也应该顺应潮流，通过“互联网+”这一手段提高图书馆的服务质量，满足读者的个性需求。

（1）建立用户思维

公共图书馆应基于以人为本的原则，从单一的服务理念中挣脱出来，注重在服务形式、内容上考虑不同用户的差异化需求，为用户提供深入、个性、细致的服务。例如，宁波市图书馆为了解决用户能随时随地阅读这一要求，在 2015 年便建立电视图书馆、手机图书馆，推动“移动端智慧阅读”发展，这种做法延展了图书馆的服务范围，使阅读不再受图书馆的局限。

（2）建立大数据思维

目前，大数据在各行各业使用甚嚣尘上，公共图书馆也可以利用数据搜集、整理，分析用户的行为，预测用户的需求，以提高图书馆服务用户的质量。如图书馆可以借助于二维码链接为读者量身打造适合的教育培训项目。再如目前电视

剧改编小说的事例层出不穷，这导致一部分人在看到电视剧后回头阅读相关小说。基于此，公众图书馆可以通过电视剧收视率，评估分析读者的潜在阅读需求，再购进相关的书籍，服务于读者。

（3）建立跨界思维

公共图书馆应挣脱行业的限制，在互联网信息技术的支持下跨专业、跨学科，创新图书推荐、阅读推广等服务项目。例如，在2014年，内蒙古图书馆基于互联网技术，推出图书馆与书店结合的“彩云服务”，这个服务要求读者持图书馆读者证，通过到馆率、点击率反馈自身书籍阅读量，图书馆再据此为读者在书店的部分购书需求买单。该活动推出后，大批读者闻风而来，内蒙古图书馆借此提高了自己的知名度。

（4）建立平台思维

在互联网视域下，公共图书馆并不是简单的“借阅”场所，而是读者交流学习、资源共享、互通有无的场所。通过互联网平台，公共图书馆和读者的联系会越发紧密，并达到“双赢”的生态圈。例如，国家图书馆2015年在慕课平台（MOOC）上发布了一系列“国图公开课”，为读者提供了诸多的精品视频课，也为读者与专家学者的交流提供了平台，深受读者的好评。

四、资源和服务面临的挑战

公共图书馆是为人民服务的，它的建立可以实现信息和知识资源的共享，从而满足人们的求知欲，促进社会和经济的全面发展。但在实际中，诸多问题的存在制约了资源共享的有效实行，其中最关键的便是制度机制的建设。与国外图书馆的总分馆制有所不同，我国公共图书馆的运营模式过于落后，难以体现公共资源的公共效益，因而也无法真正实现资源的共享。在这种模式下，各个图书馆之间缺乏信息的交流和资源的共享，无法提高资源的利用率，因而无法实现社会资源的社会共享，对图书馆的生存带来了极大的挑战。

五、来自社会公平目标的挑战

自由、平等、公正、法治是我国社会的发展目标，也是维护社会群众利益的基本要求。图书馆的任务就是防止知识分化、维护知识的公平性，这对社会公平目标的实现有着非常重要的意义。然而在目前，我国公共图书馆事业有着很大的地域差别和城乡差别，难以实现资源和服务的有效共享。

六、设备老化，读者人数下降

在数字信息化的网络时代下，对大多数公共图书馆来说，读者借阅书籍、查阅资料并没有实现现代化，大部分公共图书馆很少使用电子资源检索系统，而对于文献的收集、整理和组织仍有工作人员手动完成。我国一些偏远地区，公共图书馆不仅设备陈旧，而且图书的数量不足、资源不够完善。这些都严重地影响到读者的信息获得率和资源使用率。

现代生活日新月异，信息技术的进步，让人们的生活丰富多彩，人们可以利用新媒体技术来看电影、看电视剧、玩游戏等，这些娱乐性质的活动成功代替了原来人们在闲余时期去图书馆看看书，翻翻资料的生活方式，并且由于公共图书馆的设备不全，让读者不愿再到公共图书馆学习。

第二章 公共图书馆的管理改革

本章主要论述公共图书馆的管理改革，分别从公共图书馆管理方式改革、公共图书馆的业务管理改革、公共图书馆的宣传与推广和公共图书馆馆员的素质培养这四方面进行详细介绍。

第一节 公共图书馆管理方式改革

任何事业的发展、实践都表明一靠科学，二靠管理。管理要达到目的，必须通过运用科学的计划、组织、协调、控制和创造，才能达到最佳效果和预定目标。公共管理理念的快速发展，对公共图书馆的管理有着积极的影响。公共图书馆作为公共知识中心，是社会的公共知识设施与知识保障体系的实体表现，其馆藏内容是人类的公共知识资源，其管理活动的实质是公共资源的管理，最大的特点是服务性和非强制性。

21世纪是高科技发展的信息时代，这一时代的突出特征是知识倍增、信息爆炸、书刊数量急剧增长。生活在信息时代的人们常把获得科学知识的宝库、信息的传播站——公共图书馆，誉为“没有围墙的大学”，作为图书馆工作人员如何紧扣时代的脉搏，与时俱进，改革公共图书馆的管理方式，以一个高素质的良好形象出现在读者面前，是办好这所特殊“大学”的重要前提。

一、公共图书馆管理方式改革的必要性

公共图书馆发展面临新形势，为公共图书馆管理带来了现实挑战。公共图书馆作为图书馆的重要组成部分，肩负着以高质量、高水平的姿态服务社会公众的重担。在新形势下，公共图书馆必须调整管理结构，创新管理途径，不断创新以

形成适合公共图书馆发展的新型管理模式，更好地发挥自身作用。从这个层面讲，公共图书馆管理创新是从图书馆的新要求出发，是为了更好地适应新形势的现实需要。

（一）现实需要

公共图书馆管理创新是为了更好地适应图书馆发展战略的现实需要。把公共图书馆做强，要注重服务质量提升和人才质量提升。公共图书馆在面临图书馆新发展战略的现实背景下，必须加快创新管理进程，以更好地适应新的时代要求，应对新的知识信息时代公共图书馆提出的新要求和新挑战，为用户提供更高质量、更高水平的服务，否则公共图书馆必将落后于知识经济时代的发展步伐，被时代所淘汰。

（二）经济环境需要

公共图书馆管理创新适应外部经济环境需要，是由公共图书馆经费投入相对不足的现状决定的。尽管近年来国家每年向图书馆建设方面投入的经费呈现稳定递增的趋势，但是从全国公共图书馆整体水平来看，经费投入依然显得力不从心。我国加入世界贸易组织之后，更加加剧了公共图书馆经费紧张的态势。因为入世之后，按照国际通行的知识版权规定，我国在购置国外文献资源，尤其是一些核心期刊、必备期刊等质量较高的信息资源，价格较入世前增长了 10—15 倍。在经费投入不足的状况下，一些公共图书馆迫于经费压力不得不推迟或取消国外部分期刊的购置计划。

经济的发展和知识需求的增长也给公共图书馆带来新挑战、提出新要求。在我国经济飞速、稳定发展的同时，受图书市场价值增长和经费短缺等因素的影响，公共图书馆在发展过程中也面临重重困难。因此，公共图书馆必须从更好地适应知识经济时代发展角度，不断克服诸多不利因素，尤其要加大管理创新，更好地推动自身又好又快发展。

（三）科技环境需要

公共图书馆管理创新是为了更好地适应外部科学技术环境的需要，伴随着科学技术的飞速发展，公共图书馆在管理过程中大量运用了现代计算机信息技术、存储处理技术和信息通信技术。大量先进科学技术手段在管理中的使用，让公共图书馆在发展道路上产生质的飞跃。网络化、移动端、数字化等高科技手段的飞速发展，很大程度上改变了公共图书馆在文献资源分类、存储、传递和利用信息的方式。科学技术的突飞猛进，使得公共图书馆在网络信息技术条件下呈现新特征：首先是公共图书馆馆藏的多元化，既注重实体馆藏，又注重虚拟馆藏，过去传统的片面注重实体资源变成现在的实体资源和网络虚拟资源并重；其次是公共图书馆在业务管理中全面实行自动化，公共图书馆无论是采访、采购、审阅、登记、储藏，还是分类、咨询、查阅等各个流程和环节，无不体现着高度自动化的趋势；最后是公共图书馆管理的技术环境标准化和规范化程度日益加深，尤其体现在文献资源的收藏方面，在现代化技术支持下，公共图书馆全面实现了文献资源存储的数字化。

二、公共图书馆管理方式改革的时代性

公共图书馆是一个社会的文献信息中心，与信息技术联系最为密切，对信息技术的变化的反应速度也最快。在数字化、信息化、网络化进程不断加速的背景下，公共图书馆的规则、职能、要素都要因时而变。如果公共图书馆依然因循守旧，不能从自身找出信息化时代条件下与之相背离的环节，依然我行我素、因循守旧，而不是采取积极主动的态度去探索和创新，那么公共图书馆的作用和职能也就无从谈起，也必将成为影响图书馆发展的重要障碍因素。公共图书馆实施管理创新、更好实现自身内部要素整合，是由以下几方面因素决定的。

（1）公共图书馆传统文献管理模式很长时间以来，受公共图书馆管理特有体制因素制约和影响，在管理思想中一直延续着相对分散的文献管理模式；尤其是现在一些体制内公共图书馆的思想意识仍十分陈旧，没有跟上时代发展的步伐。公共图书馆现有的文献资源管理模式在一定时期、一定条件下对科学研究以及阅读活动起到积极推动作用，但是伴随着信息技术时代的到来，公共图书馆文献资源管理模式已经不能适应社会发展需求、不能适应广大读者的信息需求；尤其是在信息网络化推动下，虚拟图书馆、数字图书馆方兴未艾，在文献资源管理模式上再不实施创新，那么公共图书馆的生存问题也就成为一个巨大的问题，渐渐就会失去存在的必要性。公共图书馆要改变管理模式、创新文献资源管理模式，必须要紧跟经济社会发展的新形势，按照信息时代的具体要求不断变革，逐步摒弃传统条件下“重藏轻用”的管理思维，站在推动公共图书馆信息资源共建共享的高度，努力实现文献信息资源的基础性建设，强化信息整合力度，转变服务观念，实现文献资源管理的社会化和信息化。

（2）馆藏资源是公共图书馆最核心、最重要的一环，馆藏资源为公共图书馆的生产发展提供了支持、奠定了基础。馆藏资源建设在任何时期、任何时间都被视为公共图书馆发展工作的重中之重。现代技术的飞速发展，在向公共图书馆提供种类繁多和数量巨大的信息资源的同时，也实现了公共图书馆信息来源多元化的格局。在现代化信息技术的影响下，同一内容的文献资源，由于所采取的出版形式和所利用的技术手段不同，在呈现方式上体现多样化的趋势。

面对信息时代下公共图书馆馆藏资源发生的深刻变化，公共图书馆必须要敢于创新、积极主动创新，不能故步自封，不能依然享受体制内的“温床”，公共图书馆基于自身在社会发展中的重要职能和特殊地位，需要实施全面化和多元化的馆藏资源收集和储藏方式，不断根据时代和读者要求更新文献资源，自身不断

整合先进的工作手段，更好地提高工作效率，更好地发挥自身职能担当。

（3）当前公共图书馆人力资源管理发生了变化，知识经济时代条件下，人才资源是第一资源，任何行业、任何领域的发展都离不开人才。同样，知识经济为公共图书馆发展带来难得历史机遇的同时，也为其深入发展带来了巨大挑战；其中挑战的最主要、最直接的来源之一就是人才。当前各个公共图书馆均不同程度地存在专业技术人才缺乏、现代化高水平的网络信息技术人才难以引进、图书馆馆员整体素质有待于进一步提高的现象。纵观当前公共图书馆管理层，真正具有科班出身的具有工商管理硕士或公共管理硕士学位的专门管理人才凤毛麟角；除此之外，一些公共图书馆整个人力资源队伍中仍然存在丝毫没有与图书馆管理专业有关的工作人员，不少图书馆工作人员或者管理人员缺乏专业的职业素养，对图书馆管理知识知之甚少。

三、公共图书馆管理思想演变

国内关于公共图书馆管理思想演变的相关文章主要对20世纪以来国内公共图书馆思想演变进行分析。通过公共图书馆管理的概念我们可以看出，实现管理效率与效益最大化原则是公共图书馆管理思想的基础与核心。由于知识经济和信息社会的到来的影响，为实现从效率和效用两方面实现管理目标，必须做出全方位调整，着重在观念和结构两方面。20世纪成为我国公共图书馆事业的黄金发展期，在管理思想方面经历了两次重要的变革，第一次是以封闭藏书楼向开放图书馆转变为标志，公共图书馆管理思想从传统条件下的封闭与半封闭向对外开放转变；第二次是以现代信息技术和互联网技术为标志，公共图书馆管理思想和管理职能发生重大变化，就此奠定了公共图书馆管理制度的基础。

20世纪以来我国国内公共图书馆管理思想主要体现在以下几方面。

（一）从封闭到开放

20世纪，“开放”成为公共图书馆管理的主导思想，20世纪初期，伴随着公共图书馆由传统意义上的藏书楼向现代图书馆的过渡，真正迈开了公共图书馆对外开放的步伐。但是这一时期的开放思想还具有一定的局限性，其开放的意义还仅仅局限在只是公共图书馆大门的开放。进入20世纪80年代，公共图书馆开始向具有现代意义的图书馆过渡，这个时候的开放才逐步具有全面性的意义：此时的公共图书馆不仅实现了馆藏资源的对外开放，几乎所有文献资源都可以面向读者，读者进入图书馆之后，可以走入书库、走近书架，与藏书直接面对面。20世纪90年代以来，在互联网技术和现代信息技术广泛应用的条件下，公共图书馆的开放又被赋予了新的内涵。此时的公共图书馆开放的范围，不仅在实体文献资源向所有读者开放，而且依托互联网技术和信息技术建立的虚拟馆藏资源也实现了全面开放，读者运用图书馆强大的信息库资源可以在图书馆任何地方、任何时间方便快捷地享用图书馆提供的文献信息。我国公共图书馆开放思想经历了封闭、半封闭向有限开放、完全开放的演变。在这里需要指出的是，受20世纪我国国家体制的影响，公共图书馆从传统意义上的藏书楼到完全意义上的开放，其间经历了艰难的历程，伴随着开放与封闭的挣扎；藏书楼式的管理思想的封闭性根深蒂固，即使到了现代真正意义上开放的公共图书馆管理思想中还能够依稀看到这种思想的残存。

（二）以书为本到以人为本

我国公共图书馆管理的思想核心由以书为本向以人为本的思想演变。我国公共图书馆长时间以来在管理核心上始终坚持以书为本，并且该种管理思想长时间统治着公共图书馆管理模式，在这种思想影响下，公共图书馆在管理方法、管理模式中无不体现着始终以"书"为核心的身影。近代以来，伴随着西方先进教育思想步入，受近代民族资产阶级革命和新文化运动影响，公共藏书楼从传统上的贵族化走向面对普通读者开放，是对以书为本管理思想的一次猛烈冲击。这一历史时期藏书楼服务对象由贵族阶层向普通读者的开放，仅仅是有限的开放，虽然脱下了贵族的外衣，但是图书在20世纪初期毕竟还属于珍稀资源，以书为本的公共图书馆管理核心思想并没有发生根本改变。进入20世纪中期，尤其是中华人民共和国成立以来，党和国家实施的"百花齐放，百家争鸣"的文化发展方针，在很大程度上刺激了图书馆事业的发展，公共图书馆藏书量有所增加。这一时期，公共管理依然采取的是高度集中的管理体制，在图书管理方面也采用了较为严格的保障制度。图书馆保管好图书，不让图书馆受损，是为了让更多的人能分享书中的内容。这样的行为是无可指摘的。然而将爱护书籍当作"以书籍为本"，而不是以"读者为本"，这种做法就本末倒置了。中国几千年来的传统思想，使公共图书馆管理思想中以书为本的思想几乎延续到20世纪80年代。伴随着我国改革开放政策的逐步实施，公共图书馆管理模式逐步实现开放化，"以书为本"的思想才渐渐转变为以读书场所和先进化设备为核心的思想，实现了由过去以书为本向以电脑为本的转变。伴随着社会主义现代化进程的加快，以人为本的理念逐步深入人心，公共图书馆管理思想中也逐步认识到在管理过程中坚持人文科学精神的重要性，在管理思想上演变到尊重读者、尊重图书馆馆员、尊重人文精神和首创精神。

（三）管理模式转变

公共图书馆在人员管理模式方面的思想逐渐转变。公共图书馆以推动加强自身专业化建设为目标，在管理模式上突出人才战略，强化图书馆专业人才队伍建设，严格按照国家相关规定，在人才结构上逐步实现向多元综合性人才队伍转变，专业从业人员严格落实《图书馆管理规程》中的要求。当前我国公共图书馆从业人员的学历层次逐步提高、专业覆盖更加全面，推动了人员管理模式的进一步规范化。

四、公共图书馆管理中存在的问题

（一）管理思想落后

公共图书馆的管理思想一直停留在传统的观念上，落后于现代社会的发展。传统管理思想主要注重财、物两方面，忽视了文献资源的开发利用，忽视了公共图书馆管理的关键是调动人的积极性、创造性，忽视了开展农村公共图书馆流通服务工作与本地科研生产部门配合开展科技兴农活动。例如，大理州 13 个县（市）图书馆在管理水平、项目上，机构设置合理完善的仅有两个县，开展地区性业务工作协调活动的有 3 个县，建立健全各种规章制度的有 5 个县。多数县图书馆管理思想还停留在四五十年代图书馆借书、购书的水平上，还没有树立与现代社会相适应的管理观念。

（二）现行管理体制不合理

目前我国整个图书馆管理体制处在条块分割的局面中，特别是公共图书馆没有一个统一的管理职能部门，对各类型图书馆有效地控制、协调、管理。现行的管理体制往往造成上级与下级图书馆之间没有很好的合作，各类型图书馆各自为政，馆与馆之间不能相互制约。其突出反映在业务管理与行政管理的不协调，工作中碰到具体问题无人管。多数县级图书馆反映，“图书馆事业是没有婆婆的小媳妇，在整个文化系统中排到最后，经费、人员得不到重视，没有人为图书馆说话”。例如，大理州各级文化局专门设立机构分管图书馆工作的仅有大理市和祥云县。图书馆管理工作未引起各级领导的重视，有一位文化局领导调到图书馆工作后深有感触地说：“过去多年对图书馆各项工作不了解，虽然分管图书馆，其实是没有管。”公共图书馆在干部配备上，也不重视干部队伍的建设，个别县级馆几年内领导更换了多次，有的县还未配备馆长或副馆长。许多馆的工作人员达不到基数要求，更谈不上配套，主管部门给图书馆分配人员带有照顾和安排性质，图书馆领导、工作人员的文化素质较差，适应不了工作又占了编制。这种条块分割、各自为政的管理体制，不利于各类型图书馆之间的联系，不利于干部队伍的建设，不利于整个图书馆事业的发展，不能充分体现统一管理，也不符合图书馆事业的发展规律。

（三）计算机系统不够完善

公共图书馆最大的特征就是图书资源较多，内容丰富，管理人员管理压力与管理难度较大。为了能够有效提高图书管理效率，方便人民群众完成借读活动，快速检索图书馆相关资料，管理人员必须借助计算机技术开展多样化办公活动，但是大部分公共图书馆存在两个问题：其一，计算机设备较为老化，无法满足数字图书馆管理算力，使得线上数字化图书馆经常会出现 BUG 问题，严重降低了线上图书馆的使用效率；其二，部分公共图书馆管理人员信息素养较差，对于信息技术的使用并不了解，即使拥有较强功能的计算机设备，还是会采用传统工作方式，限制线上数字图书馆建设，无法达到理想的公共图书馆管理改革的最终目的。

（四）管理制度相对落后

在信息化时代，部分图书馆管理人员仍然沿用传统管理办法，限制了线上数字图书馆的发展，致使大数据技术与人工智能 AI 技术的应用效率较低，无法帮助借阅人员快速寻找到具有较高价值的信息，降低了公共图书馆的管理效率。在信息技术的加持下，图书馆管理工作发生翻天覆地的改变，传统的管理工作与管理制度已经无法满足时代发展的实际需求，为此，图书馆管理人员应该正视制度优化问题，否则将会使得传统制度与全新管理技术发生冲突，导致大数据图书管理工作发生冲突或是不兼容的问题。

（五）人才管理机制不合理

无论何种行业和单位，发展都离不开人才，人才队伍建设是公共图书馆文化服务体系建设的根本保障。工作人员积极性低，缺乏工作热情，正是由于人才管理不到位。公共图书馆没能营造尊重人才、尊重知识的环境，考核机制不够完善，没能打造一个“能者上，庸者下”的环境，以致馆员没有做事热情，不能激发馆员创新服务的动力。以山东省公共图书馆为例，在与山东省图书馆组织人事部工作人员的访谈中了解到，截至 2020 年底，山东省图书馆在编员工 224 人，专业技术岗 219 个，有 26%的工作人员拥有高级职称，74%的员工是中级及以下职称。“我们馆近几年每年都要新进 5—7 名员工，但编制有限，很多年轻馆员长期保持初级职称，且公共图书馆属于全额拨款事业单位，工资水平相对较低。自 2015 年以来，已有 5 人主动离职，4 人进入其他行业单位，1 人继续学习深造。”与离职员工的交流中，大都表示，图书馆工作职称晋升压力大、待遇低、工作单一是员工想离开的重要原因。人员积压较严重，员工职称晋升较难，人才激励机制不完善，也影响员工工作积极性，使得许多专业人才另寻他路。

在人才队伍建设中，公共文化事业单位用人体制比较死板，人员经费低导致工作人员工资少、待遇差，职称职务晋升渠道受阻导致工作人员工作积极性差；重学术研究，轻工作业绩的理念以及人员晋升渠道的不合理导致人人都注重学术研究，忽略与读者间的互动服务；再加上公共图书馆没有相对合理的绩效考评与激励机制，没有为职工提供广阔的价值体现空间，职工的职业发展没有得到重视，导致职工工作热情不足。

（六）缺乏定期培训人才的观念

公共图书馆的人员管理有待于进一步加强。在图书馆工作的诸种因素中，人是核心的因素、决定的因素。为了保证每个工作人员按自己的职责有秩序、高效率地进行工作，必须充分调动员工的积极性，激发员工在工作中持久的、内在的活动，发挥员工的聪明才智，除了做到管理有序外，更重要的是应该重视人员素质的提高，抓好人员的培训工作。

五、公共图书馆管理方式改革路径

（一）建立健全管理机制

公共图书馆要建立健全管理机制，为管理方式改革创新提供制度保障。通过问卷调查或者征求专家学者的意见，把握时代发展的潮流，明确发展方向；与国务院管理部门沟通，增加财政拨款，或者与公益组织、企业沟通，获取资金支持，通过这些方式减轻财政负担，并根据实际工作需要开展基础设施建设，积极引入信息化技术，购买相关软件及信息系统，建立图书管理信息平台，实现数字化发展；根据实际情况，制订文旅融合发展规划，然后分解为阶段性目标，按照公共图书馆各部门的职能分配工作任务，明确工作职责，提高执行力；进行文献资料搜集活动，丰富馆藏资源，并组织专业人才进行整理、研究工作，挖掘文化内涵，整理成册后由专人看管，避免文献资料散页、遗失，同时，利用信息技术，将纸质文献资料数字化，方便图书管理工作；建立健全奖励机制，收集工作人员及社会大众的意见和建议，及时完善管理流程。这一过程中，图书馆管理层要坚持实事求是原则和社会主义民主制度，减少决策失误。

公共图书馆管理制度需要结合信息技术的特点，建立完善的图书馆管理制度，对于相关技术工作进行适当的引导，避免工作人员由于自身原因导致线上数字图书馆资源浪费。管理人员需要根据信息技术以及实际情况制定“线上线下一体化管理方法”，制定出具有较强实施性的优化意见，改变传统管理制度与优化方式，加大对于信息技术的应用力度，同时结合人民群众的实际需求，形成一套切实的管理优化方案。

（二）培训管理人员

为了促使公共图书馆管理人员重视信息技术，提高管理人员信息素养，使得图书馆管理人员能够认识到线上服务的优势，图书馆负责人需要定期对管理人员开展教育培训工作，帮助工作人员解决工作问题与困难。在培训过程中，组织培训人员加强与工作人员进行交流沟通，了解公共图书馆管理人员实际工作内容与线上数字化图书馆服务标准，寻找出管理人员在工作过程中存在的不足，并寻找出相关问题，制定具有实践意义的教育培训内容。让管理人员在接受培训过程中，能够清楚地了解自身存在的不足，同时获得更加专业的指导意见，从而提高对图书馆管理工作改革的认识，促使管理人员能够更加积极、主动地融入工作之中。

（三）与时俱进，提高管理水平

公共图书馆功能随着时代的发展而发展，作为公共图书馆管理人员，要跟上时代发展。时代的发展对公共图书馆的管理人员提出了新的、更高的要求，其对现代公共图书馆管理人员的要求，具体表现在技术领先、管理智能化、工作网络化、通信自动化。图书馆的管理人员要加强自我教育，本着“干什么学什么、缺什么补什么”的原则，主动参加各种业务培训班，如图书情报专业、计算机专业、心理学、教育学等诸方面，拓宽知识面，充实理论，提高公共图书馆的管理水平和服务质量。此外，还要重视学术研究，因为学术研究能力和业务水平的提高是相辅相成的，一定的学术研究水平反映了管理水平和服务水平。

（四）创新管理模式

1. 深化体制改革

公共图书馆作为社会公益事业单位，其体制改革关系到整个公共文化服务体系的整体性。现阶段，文化工作得到中央的高度重视，文化体制改革也进入快车道，我国正在不断深化公共文化事业单位改革，加快公共文化服务体制机制的创新。首先，应该继续推进政事分开、管办分离，区分图书馆服务与管理，厘清政府、图书馆、市场以及社会力量间的关系。其次，要建立健全内部监管与外部监管合力的监督机制，严格控制内部相关人员的权力寻租行为，同时引入并加强社会监管。最后，要打造科学规范的绩效考核体系，根据实际制定绩效考核标准，引入第三方绩效评价机构实施绩效考核，进一步提升文化服务效能。为了让管理更加科学化、制度化，图书馆应该厘清其管理职能，明确馆员岗位职责和日常行为准则等，打造科学的图书馆管理制度体系，对工作流程、程序等制定既详细又科学的标准。

2. 寻求政策支持

我国公共文化服务体系建设呈现以政府主导，政策推动的特点，政府在公共文化服务体系中占据主导地位，包括制定法规制度、财政支持、文化事业发展规划等。党和国家高度重视公共文化建设，在制度、人力和财力等方面给予大量支持。

在党和国家大力推进公共文化服务体系建设的基础上，各地公共图书馆应加强与政府的合作与交流，比如为其提供参考咨询等服务，成为政府的“智库”，为社会公共事业尽力。寻求政府支持，加大公共文化服务的保障力度。在制度体系建设上，积极推进地方图书馆法的出台与实施，把公共文化服务建设列入政府发展重要日程；在财政投入上，加大对公共文化服务方面的资金支持，鼓励基础文化设施的建设，建立文化发展专项资金，并积极引导社会资金参与，形成公共文化服务的稳定投入增长机制；在人才队伍上，加大对文化服务专业人才的引进，重视文化人才培养，为高层次人才提供更多的晋升机会。

3. 引入社会力量

公共图书馆属于公共文化事业单位，绝大部分资金来源于政府公共财政支出，用以保障公共文化服务的供给，这就导致公共图书馆的发展过于依赖政府。随着社会的不断发展，用户需求的不断变化，仅仅依靠财政支持已经难以满足当今社会读者的需求。从 2015 开始，在政策层面上国家就逐步推进社会力量参与公共文化服务，相继出台的此类政策法规为社会力量参与公共文化服务建设提供了保障，也为图书馆的公共文化服务提供了新思路。

《中华人民共和国公共图书馆法》明确指出国家鼓励公民、法人和其他组织通过自筹资金设立公共图书馆。《中华人民共和国公共文化服务保障法》明确公共文化服务由政府主导，社会力量参与。政府应建立以政府提供为主，引导社会、市场提供相结合的供给体制，整合政府与社会的力量，引导社会力量参与公共文化服务。我国现阶段社会力量参与公共文化服务的形式非常多样，有捐赠、企业投资、引入文化志愿者队伍等，温州“城市书房”的政府购买模式、广州市公共图书馆分馆的 PPP 模式等也取得了一定的成绩。但社会力量参与公共文化服务仍缺乏系统化、制度化的实施策略，社会参与不足。所以，针对用户多层次、多样化的公共文化需求，在公共文化产品的各个阶段，不论是生产还是供给，到最终的服务都要进一步引入市场机制，在法律法规、政策制度、融资渠道、鼓励措施等方面吸引和规范社会力量参与提供公共文化服务，进一步优化资源配置，拓宽文化事业建设的途径，形成灵活有效的文化服务模式。

2017 年，国家给出了公共文化机构法人治理结构改革的阶段目标，到 2020 年，市（地）级以上规模较大的公共图书馆，基本建立以理事会为主的法人治理结构。推行法人治理结构与理事会制度，是完善公共图书馆运行机制并提高效率增强活力的重要措施，有利于引入社会力量，提升专业化管理水平，并优化公共图书馆的监管。在法人治理结构建设中，社会大众以利益相关主体身份加入公共图书馆理事会，通过行使理事权增强对图书馆运行的监督与控制。随着法人治理改革的推行，公共图书馆的管理已初显成效，但是各地改革步伐不一，宣传不够充分，导致法人治理不够彻底，政府与理事会间职责冲突，理事会职能发挥有限。因此，在进一步推动公共图书馆法人治理改革的基础上，应加大宣传力度，除了出台强有力的法律规章制度，明确政府与法人的关系，还应该从公共图书馆内部着手，构建和完善权力制衡和法人评价机制，推动公共图书馆向社会化和规范化发展，为业界专家等社会力量参与公共文化事务创造更多机会并提高他们的参与深度，提高公益性文化单位的服务水平。

4. 和谐人际关系，注意工作方法

公共图书馆在业务工作中有一套完整的行之有效的规章制度，在图书馆的各项工作中，一定要有条不紊地照章办事。可是如果过分而机械地照搬条条框框，也不会达到应有的理想效果。因此，在操作过程中，每个工作人员一定要讲究工作方法的艺术性，要把冷冰冰的制度恰如其分地融入缕缕的情感之中，形成和谐的人际关系、愉快的工作氛围，在落实制度的合理、合法、全面的同时，又能获得最大限度的工作效益。人的感情、人的行动往往受情感支配，如果运用好情感管理艺术，就会产生持久的情感效应，能加深馆员对图书馆的感情，从而热爱图书馆工作，自觉自感，同心协力，自立自强，努力工作，把聪明和智慧无私奉献给图书馆事业。

（五）提高素质，更新观念，迎接挑战

公共图书馆工作人员的业务工作是十分辛苦的，工作人员长期从事一些单调的，甚至枯燥乏味的重复劳动，这种毫无怨言的奉献精神，却被一部分人看成查查资料、借借还还的低层次的、简单的重复劳动。导致一部分图书馆的工作人员在思想上对自己的工作感到厌烦，产生压抑、苦闷、怨恨、忧郁等情绪，无形中对工作失去了应有的兴趣和热情。面对种种偏见，公共图书馆的工作人员要坦然乐观，不断提高自身的水平和素质，以读者需求为服务中心，不断更新自我，从而消除人们对图书馆工作人员的种种偏见。

随着知识经济的到来，社会对知识信息需求是瞬息万变的，作为知识信息加工的主渠道——图书馆，必须有一支新观念、高素质、思想创新、技术过硬的跨世纪管理人才的队伍。多年来，公共图书馆服务一直是被动的，尤其是公共图书馆工作者思想僵化、墨守成规，认为图书馆工作无非是买买放放、借借还还，这种思想使一些人有的另谋高就，有的下海经商，加之一些领导对图书馆重视不够，将一些业务能力差的人安排进图书馆，不利于公共图书馆的长远健康发展。新的形势和社会环境要求公共图书馆管理人员要有创新意识，具有加工、整理、开发、研究与利用文献的能力，要真正做到：有效地学习，培养文献信息产品生产和经营的能力；高效率地工作，在工作中勤于思考，不断进取；发扬“甘当人梯，默默奉献，服务第一，读者至上”的敬业精神，充分利用现有文献资源，全心全意地服务于读者、服务于社会。

第二节　公共图书馆的业务管理改革

一、公共图书馆业务管理改革的目标

公共图书馆是推动社会发展和文化进步的一股强大力量，这股力量的作用不容忽视，更不能忽略。公共图书馆业务管理改革创新的目标就是通过改革后的优质服务为更多的人带去福音，强化全民阅读的意识，提升受众的知识储备，并且能够加强图书馆自身的服务理念。因此，重视公共图书馆业务管理工作的改革与

创新必须从社会发展形势要求、受众的心理愿望等因素出发。如此，公共图书馆的发展目标才能满足社会发展的客观要求，才能真正满足受众的愿望，让受众受益，这也在很大程度上保证了公共图书馆正确的发展方向。图书馆业务实现创新化管理，图书馆的发展才能加快发展步伐，进而从原有的僵化局面转入顺利局面。可见，重视公共图书馆业务改革创新，才能为其发展目标的实现搭建有效的平台。总之，公共图书馆的发展目标要逐步实现，并在推进过程中尊重社会发展规律，以受众广泛参与认同为基本条件，实现图书馆事业整体水平的显著提升。最终，公共图书馆才能实现不断飞跃和自我完善，保持持续性健康发展。

二、公共图书馆业务管理改革的积极价值

无论从受众受益、全民阅读意识，还是公共图书馆自身发展等方面进行考量，公共图书馆都在社会发展进程中发挥着非常重要的作用，其自身的价值十分明显，这也是在原有基础上实现业务改革创新的必然选择。

（一）是强化全民阅读意识的有效途径

阅读是提升个人学识、强化个人综合素质的有效手段。因此，提升全民个人的阅读意识就显得非常必要，否则，公共图书馆的预期目标必然无法全面实现。公共图书馆业务管理实现改革创新就是以提升全面阅读意识作为主要目标之一。一旦全民阅读意识被有效激发，图书馆阅读才能具备获得推广的可能性，从而促使读者从内心去认同图书馆阅读，并积极参与到图书馆阅读推广进程中。可见，公共图书馆业务管理改革，必然会充分调动全民的阅读意识，这就为推广阅读提供了可靠的保障。

（二）是提升图书馆工作质量的强大动力

公共图书馆业务管理与工作质量直接挂钩。若想切实保障图书馆工作质量，必须对业务管理进行改革创新，以此促使公共图书馆对自身进行重新定位，包括服务理念、管理方法、工作核心、管理效果及发展目标等方面的革新与落实。只有充分重视图书馆业务的改革与创新，才能真正为管理工作打好基础，从而保证图书工作的实效性，确保工作质量按照图书馆发展目标快速迈进。可见，公共图书馆业务管理改革无疑是提升图书馆工作质量的强大动力。

（三）是加强受众之间交流的绿色通道

很多时候，公共图书馆不仅仅为受众提供了阅读平台，提供了丰富的知识储备机会，同时，在公共图书馆阅读过程中，也为受众之间提供了互相交流的机会。读者之间的交流可能包含业务方面的沟通，也可能对图书馆管理方面进行交流。因此，无论交流的内容如何，公共图书馆的桥梁作用实现了充分发挥，对图书馆的管理及未来前景都具有积极的意义。不难看出，公共图书馆业务管理改革为读者之间的交流沟通开通了绿色通道。

三、公共图书馆业务管理改革的必要性

（一）时代要求

借助网络技术、计算机信息技术，实现多个公共图书馆文献资源信息共享，大大节约了成本，提高了利用效率。科学技术的飞速发展为公共图书馆实现跨越式发展奠定了坚实的基础，科学技术中的数字网络化技术、信息通信技术推动了公共图书馆在文献资源储藏、工作流程和服务方式等方面的革命性变化。然而科学技术日新月异，公共图书馆业务管理必须要适应科学技术迅速发展的步伐，不断推陈出新，实现业务管理的全面创新，更好地运用科学技术，深入、全面地为实现自身发展服务。

在文化市场发展、繁荣的同时，文化图书市场也存在诸多不良现象，例如图书市场竞争无序状态、图书文化市场执法监督缺位、市场混乱等现象层出不穷；与此同时，文化出版市场的出版物质量也呈现下滑趋势，各种假冒伪劣产品、盗版产品屡禁不止。

公共图书馆面临的文化环境发生了很大变化，这给公共图书馆的业务管理带来了很大的挑战。公共图书馆在发展过程中既要看到在国家文化大发展、大繁荣政策刺激下文化市场出现的良好一面，积极利用优势，不断为“我”所用，努力丰富馆藏资源、优化服务质量、提升管理效益，实现在馆藏语种、品种、类别、数量的多元化，同时，还要明辨文化市场中鱼目混珠的现象，避免文化市场的不良因素侵入公共图书馆，尤其是防止引入一些侵权产品、假冒伪劣产品等，切实保护好读者的合法权益，维护读者尊严和现实利益。在这样的文化环境下，公共图书馆必须要加快业务管理改革，更好地适应文化环境的改变，利用文化环境的优势因素为自身的发展提供助力。

（二）读者需求

公共图书馆业务管理改革是为了更好地满足读者需求。公共图书馆作为社会的文献信息资源中心，直接的服务对象就是广大读者，更好地为社会公民提供便捷、高效、全面的文献资源服务。信息技术的飞速发展以及现代化网络技术的广泛应用，使广大读者对图书馆文献资源服务提出了新要求，公共图书馆传统的被动的业务管理模式已经不能满足新时期读者对信息的需求变化，读者对图书馆提出了更高层次的要求，所以公共图书馆业务管理改革是为了更好地满足读者需求。

公共图书馆读者结构发生了深刻变化。作为公共图书馆来讲，面对读者群体发生的结构性变化，要做出全面衡量，针对不同读者结构，必须提供更加具有针对性的服务。各个层次的读者群体都出现了上升的态势，公共图书馆面对读者群体数量上发生的变化，须要加快管理改革，既要满足用户群体对文献资料数量上

的需要，又要满足其质量上的需求。公共图书馆实行业务管理改革主要是为了适应外部环境的变化，是更好地与经济社会发展步伐相一致。同时，公共图书馆业务改革同时也是为了推动自身更好地发展，不断实现自身管理形态、经营理念和工作内容、工作方法、管理手段的改造升级，更好地迎合计算技术、现代网络通信技术为核心的新时代发展的需要。

四、公共图书馆业务管理改革的有效策略

公共图书馆是提升公众素质、丰富公众生活的重要手段。因此，在坚持科学有效的改革原则前提下，公共图书馆业务管理的改革创新势在必行。可见，管理改革必须采取有效可靠的策略，才能大力推动公共图书馆的管理改革的步伐。

（一）构建顺畅的网络机制

顺畅的网络机制可以确保公共图书馆价值的及时呈现。随着社会的不断发展，网络平台的数量逐渐提升，进一步充实和丰富了我们的生活。从这个层面来讲，公共图书馆业务管理改革要想取得成效，必然要重视社会化媒体的作用。构建顺畅的社会化媒体，必须依靠顺畅的网络平台机制，这样，才能使社会化媒体具备及时亮相的机会。否则，社会化媒体必然不被公众所及时发现。比如，在网络平台的构建上，要简化一些管理程序，使更多的图书馆资料被公众所查询和利用。

（二）强化管理人员的自身素质

社会化媒体作为一种网络平台，不能缺少相应的工作人员进行管理。否则，社会化媒体必然处于僵硬混乱的局面。可见，社会化媒体若想真正发挥作用，实现公共图书馆的价值，就必须配备较高素质的管理人员。管理人员是社会化媒体与全民的沟通桥梁。如此，社会化媒体的运行才能更加规范、更加高效。当然，提升素质的手段也要合理、合规，不能与社会发展规律相悖，而是要与社会发展同步，以实现图书馆有效的推广。当然，管理人员也要具备较高的文化素养，如此，才能将更好的阅读资料传达给读者。

第三节　公共图书馆的宣传与推广

近年来，国家和政府十分重视社会文化事业的发展，尤其加大了公共文化服务体系建设方面的投入。自 2011 年起，全国的公共图书馆相继免费开放，公共图书馆也开始被社会大众关注。随着新媒体技术的飞速发展，便携移动终端的普及，越来越多的人开始关注和使用公共图书馆的服务。但是新媒体技术环境下，

社会大众获取信息的渠道和阅读的方式也越来越多样化，这对公共图书馆宣传推广工作提出了更高的要求。目前一些公共图书馆的发展状况十分堪忧，读者的持证率、到馆率和利用率都比较低。究其原因还是图书馆的宣传工作不到位，只有加强公共图书馆的宣传推广，才能加深社会大众对公共图书馆的认识，才能实现公共图书馆社会教育的目标，提高社会大众的文化素质。

一、公共图书馆宣传推广工作

（一）公共图书馆宣传推广概念理解

我们该如何理解公共图书馆宣传推广的概念呢？简单来说，公共图书馆宣传推广就是一项让广大读者了解公共图书馆，让公共图书馆能够完成使命的宣传工作。其具体内容是指通过一定的宣传推广形式，让公共图书馆的形象深入人们的脑海，对公共图书馆有一个立体全面的认知。了解公共图书馆该做什么、拥有什么、能做什么，以此吸引更多读者进入图书馆，将图书馆“用”起来，从而提升图书馆的资源利用率，扩大知识的传播范围，充实人们的生活内容。

（二）公共图书馆宣传推广现状

中国互联网中心公布的数据显示，截至 2020 年 3 月，我国的网络用户为 9.04 亿，较 2018 年底增长了 7508 万，网络普及率达 64.5%，且呈稳定增长状态。该数据表明，利用互联网进行信息资源获取已逐渐成为主流。在此种形势下，公共图书馆的媒介宣传推广工作滞后，且公共图书馆之间的相互差异也较大。主要问题在于，相关人员没有意识到加强宣传的重要性，宣传方式缺乏多样性，互动性不强，没有吸引新人群，宣传效率不高、效果不好，公共图书馆的现有资源无法满足人民日益增长的信息需求。

调查得知，现在许多公共图书馆的宣传推广工作并未得到应有的重视，许多馆内相关宣传人员对待宣传推广工作常抱着敷衍了事的态度，宣传难见成效。另外，许多公共图书馆没有跟上时代的步伐，依旧局限于传统的宣传方式，如印发传单、实地展台等，宣传效果较差，范围较小。此外，仍有公共图书馆开放时间多为工作日的白天，受众局限于闲散人群，如老人、小孩，而难以满足白天需要工作的群体。要想推动公共图书馆的宣传推广工作，必须结合新媒体进行宣传方式的创新，才能改变公共图书馆的现状。

（三）公共图书馆宣传推广目标和内容

公共图书馆的宣传推广工作主要有两个目标：一是让社会大众对公共图书馆的功能和价值有个清晰的认识；二是促进公共图书馆事业的发展，让图书馆更好地服务于文化和民生。

公共图书馆宣传推广的内容要包括图书馆功能与作用的宣传和推广、图书馆资源与服务的宣传和推广、图书馆各种活动的宣传和推广，以及图书馆形象的宣传和推广等，要积极地扩大公共图书馆的影响力，提升公共图书馆的社会地位。而目前公共图书馆在宣传推广方面还存在很多问题，尤其是新媒体技术环境下，对图书馆的宣传推广工作提出了更高的要求。

二、公共图书馆宣传与推广的意义

做好公共图书馆宣传推广工作具有十分重要的意义。在网络时代下，人们对于图书馆馆藏资源的使用也出现了新的变化。为了满足新时期发展需求，图书馆也开通了免费无线网络，在这种情况下，有很多读者进入图书馆并不是为了看书，而是利用图书馆的无线网络上网。在实际中，依然有很多读者认为图书馆只有传统的纸质图书资源，并不知道公共图书馆还有数字资源。在这种情况下，全面加强公共图书馆的宣传推广，可以让更多的群众熟悉公共图书馆的现实情况，能推动全民阅读良好氛围的形成，这不仅能最大限度地发挥出公共图书馆的作用，同时还能有效促进公共图书馆的良好发展。

（一）引导舆论

众所周知，媒体是舆论引导者，公共图书馆应合理利用各新媒体进行公关，为图书馆发展营造良好的外部舆论环境，让广大公众与社会组织加强对公共图书馆发展的支持与关注，还能利用媒体宣传与解读公共图书馆工作内容和服务，促进公共图书馆社会职能的发挥。

（二）塑造社会形象

公共图书馆不能只追求影响力的提高，还应当保证自身正面社会形象，获得公众的赞许与认同，才是图书馆努力的目标。而此过程中，图书馆可借助媒体宣传营造良好社会形象，扩大自身影响力，这需要图书馆为读者提供长期专业的、高效的优质服务，以建立良好的图书馆形象。图书馆自身也需要长期努力，对媒体也需要长期依存，方能达到良好效果。

（三）增强公众影响力

现阶段，媒体融合成为一种发展趋势，为提高公共图书馆影响力，必须做好媒体公关推广工作。而媒体作为传播信息的媒介，拥有塑造品牌的效用，尤其是在融媒时代，此功能被进一步放大，通过媒体有效塑造图书馆服务品牌。在媒体传播下，可凸显图书馆服务创新的效果，加深其品牌影响力，扩大图书馆的社会效应，从而提高图书馆的竞争力。

（四）做好公共图书馆公关工作

1. 设置公关机构

公共图书馆管理中，公关活动已经成为重点内容，受到了图书馆的重视。所以，需要设置媒体公关机构及新闻发言人，构建新闻发言人则是公关活动的重要策略，可借鉴政府机构模式设置此制度，构建图书馆、公众与媒体之间的互动平台，避免危机事件损害图书馆声誉，同时保证公众知情权。

2. 强化与媒体互动

公共图书馆应当采取请进来、走出去的方式。在请进来中，定期邀请记者、总编等召开座谈会，在每年春节前，举行联谊会、茶话会等，总结媒体宣传经验，明确下一年对外宣传重点；在走出去中，则邀请媒体座谈、参观，以加强两者之间的互动交流。

3. 善于捕捉新闻

公共图书馆应当具备善于发现和捕捉新闻的能力，方能有声有色地做好图书馆宣传工作，否则将失去媒体公关的意义。在此种情况下，要借助媒体影响力，加强图书馆宣传。在捕捉新闻的过程中，不仅是等待宣传机会，也要做到主动创造机会，注意捕捉新闻并不是无中生有，而是捕捉有亮点、真实的人与事，以吸引、打动公众，引导社会舆论。如：成都图书馆在服务创新中，与《成都日报》联系，宣传成都图书馆新建设的“阅读空间”“24 小时街区自助图书馆”“身份证一卡通”“承办国学经典诵读”等活动，获得了广大市民的认可，活动中主动策划和安排了媒体公关，有效提高了宣传效果。

4. 做好危机管理准备

公共图书馆相关的报道一直以来都以“正面形象”为主要内容，但其属于公共场所，面向广大群众，不可避免会遇到危机事件或突发事件等情况，尤其是信息时代下，信息传播更加迅速，如若处理不当将会对图书馆社会形象造成严重影响。所以公共图书馆应当提高自身危机事件意识，做好危机管理的准备，提升应对危机公关的能力。事后要及时做好补救措施，认真总结经验教训，妥善处理负面报道，避免再次发生类似事件。

三、公共图书馆宣传推广工作薄弱的原因

（一）宣传意识薄弱

公共图书馆是非营利性质的机构，缺乏竞争意识，没有感受到自己正在与时代脱轨，与新时代渐行渐远。对于宣传推广工作，常被当作“不需要”“没必要”的工作，抱着只需要完成图书馆分内工作就万事大吉的想法，以致宣传推广工作成为可有可无的存在，因此公共图书馆的宣传推广滞后，难以开展，即便存在一定的宣传，也是小范围的走形式，效果不理想。

（二）没有明确目标和宣传推广策划

因为缺乏对公共图书馆宣传推广工作的重要性认知，在进行宣传推广工作时没有明确的目标，只是跟着要求走，没有找准自身的定位，也没有制定系统的宣传策划。“无脑式”的宣传推广方式，只是机械地给受众罗列出图书馆的资源、服务情况，没有将自身特色充分展示，宣传缺乏吸引力与影响力；另

外，“漫无目的”式的宣传推广只是单纯地将图书馆所拥有的资源展示出来，没有契合受众需求，也无法激发读者的兴趣，缺乏参与感的宣传推广对读者来说是毫无吸引力的。此外，在进行宣传推广时，缺乏系统的计划，“想到什么做什么”式的宣传很难形成连锁效应，且多数是进行重复无用的工作，达不到良好的宣传效果。

（三）宣传推广的手段和内容没有亮点

据资料显示，多数公共图书馆平台所使用的宣传手段为公益性讲座、阅读活动、征稿启事等老旧方式，缺乏创新，难以吸引读者眼球，读者参与度较低。在众多公共图书馆中，很难见到使用新媒体手段的，通过广播、电视、网络等平台进行宣传的更是少之又少。在宣传内容的选择上，多停留在表面，缺乏深入度，欠缺故事性，缺乏吸引力。此外，许多宣传推广相关人员专业性不足，同样限制了公共图书馆宣传推广工作的推行，读者无法从宣传内容中找出贴合自身需要的内容，难以在社会上产生反响。

（四）未与读者建立联系，缺乏互动性

要想吸引并留住读者，必须要与读者进行互动，维系读者的参与热情。但现实中的公共图书馆宣传推广工作多是程序式服务，没有主动去发掘读者需求，更不要说对读者的需求进行分门别类。在这个过程中，读者只能够被动接受，难以参与其中。针对性与互动性是现有公共图书馆普遍存在的问题，“坐等”读者进入图书馆的时代已经过去了，要进入将图书馆“搬到”读者身边的时代。

（五）活动推广局限性大且参与率低

公共图书馆能够提供的公共服务主要可以拆分成两部分：一是借助图书馆实现用户的自助查询以及借阅还书等相关服务，二是借助现代化信息管理系统为用户提供的深度针对性的人文服务。目前公共图书馆相关活动存在较大局限性，并且从实际调研结果也可以看出，公民整体参与程度较低。以四川省公共图书馆为例来分析，由于四川省公共图书馆所构建的学科馆员制度仍不够完善，因此未能实现专业化的管理和针对性的对接。据四川省图书馆 2019 年阅读报告，四川省图书馆注册借阅读者总人数为 245755 人，较 2018 年新增注册借阅读者 97910 人。自 2019 年以来，四川省图书馆优化升级了图书馆官方网站、微信公众号、微博等平台，围绕着图书馆馆藏资源综合调度与宣传、读者线上服务以及定期活动推荐进行了相关设计，在一定程度上方便了公众。但现有官方平台和公众号所实现的资源整合，仅是将相关入口整合到单一界面，网络公共服务内容较为单一，将线下馆内的图书借阅活动、电子阅览室阅览活动、文体活动报名等内容整合到线上平台，未能提供个性化、全面化、创新服务内容，对文创产品也未实现有效开发。根据调查问卷对象了解的情况可以得知，四川省图书馆官方公众号使用人员中有 94%的用户表示并未有收到过图书馆与其检索记录和个人喜好相关的推介活动，宣传推广还需进一步加强。

（六）宣传推广的形式单调、不够新颖

新媒体技术用于公共图书馆宣传推广的形式比较单调、不够新颖，无法发挥出新媒体技术的优势，也不能加深居民对公共图书馆的认识。比如国家图书馆、上海图书馆、深圳图书馆等公共图书馆基本建立了官方宣传网站，但是网站的设计内容和设计形式都是千篇一律的，毫无创新可言，无法给用户留下深刻的印象，也不能够通过网站了解图书馆的服务项目，如图书馆的藏书情况、如何借阅和归还图书等，有的小县城的居民甚至不知道当地有公共图书馆，对于公共图书馆的性质也不够了解，很大一部分人都不知道公共图书馆是免费提供服务的。

（七）宣传推广的应用不够深入、浮于表面

新媒体技术在公共图书馆服务中的应用不够深入、浮于表面，不能促进公共图书馆更好地服务于群众。目前，新媒体技术在图书馆服务中的应用主要集中在三个方面：一是数据库刊物检索；二是读秀、超星等电子资料的阅读；三是移动图书馆和多媒体的应用。虽然大多数公共图书馆的服务都运用了以上技术，但是很多功能只是形同虚设，用户对于相关服务的具体操作以及使用流程都知之甚少，并不能真正地体验到这些技术的功能优势。以图书馆微信公众号为例，大多数图书馆都开通了微信公众号，用户可以在公众号进行书目检索和查询借阅信息，也可以接受图书馆推送的相关新闻动态，这样的设置可以提升手机客户端的使用率。但是在实际操作过程中，大多数图书馆公众号推送的文章更新速度过于缓慢、推送的文章也缺乏新意，并且与用户的交流过少，工作人员对于用户的疑问回复不及时甚至不回复，长此以往用户就会减少对图书馆公众号的关注，造成资源的浪费。

（八）宣传工作缺乏连续性

随着“全民阅读”浪潮的兴起，我国各地区公共图书馆都开展了如火如荼的推广宣传工作，然而许多公共图书馆在活动开展的初期投入了大量的人力物力，却没有树立长远的战略目标，导致许多活动推行了一段时间之后就陷入停滞的工作状态，广大人民群众得不到良好的阅读体验，公共图书馆推广阅读宣传工作半途而废，无法取得实际的文化传播效果。

（九）资源整合利用水平较低

现阶段我国公共图书馆在开展阅读宣传推广工作过程中缺乏大局意识，主要是结合图书馆现有馆藏资源和基础公共服务推行相关阅读活动，社会力量参与程度低，仅凭图书馆资金力量和工作人员的参与无法实现推广阅读宣传活动的统筹组织实施。

四、做好公共图书馆宣传推广工作的对策

（一）转变思维，提升意识

现阶段，要推动公共图书馆事业发展，必须进行思维转变，不能继续做“无欲无求”的公益人，要加强宣传推广意识，形成竞争意识。公共图书馆要想提高自身影响力，必须要以内容实力做基础，宣传推广为助力。若是没有做好自身的宣传推广工作，为群众服务也只是无稽之谈。因此，提升公共图书馆宣传推广意识至关重要，这是使公共图书馆重新散发魅力的关键。

提升宣传推广意识的同时要明确宣传对象。在公共图书馆宣传推广活动中，为了提高其有效性，就需要进一步明确宣传推广的主要对象，以此减少该项工作的盲目性，促进公共图书馆宣传推广效果的提升。具体来说，公共图书馆的宣传推广对象主要分为两种情况，一种是社会民众，另一种则是政府部门工作人员。对于社会民众宣传，其主要目的是让社会民众意识到公共图书馆的改变，可以积极地到图书馆进行阅读，以此强化公共图书馆的社会服务功能。在宣传推广内容上，要着重推广图书馆的馆藏资源、空间陈列、服务方式等。公共图书馆对政府部门进行宣传推广的主要目的是让政府部门能更加全面地了解当前公共图书馆的发展状况，把握公共图书馆的实际需求，以此获取政府部门的支持。此外，政府部门也可以因此了解到公共图书馆的服务内容、服务方式，能更加合理地应用公共图书馆资源。

（二）制定宣传推广战略

公共图书馆开展宣传推广工作的首要任务是认清自身发展的战略定位，公共图书馆应通过调查研究等方式深入了解广大人民群众的文化需求，结合群众的年龄结构和兴趣爱好制订科学合理的推广宣传方案，并在现实推广过程中根据国情民意不断进行调整，以服务群众需求、改善社会阅读风气为目标，进一步增强开展推广宣传工作的实效。

1. 借助宣传片实现公共图书馆宣传

在互联网时代下，公共图书馆可以根据自身的现实情况，制作相应的宣传短片，对其进行宣传推广活动。图书馆可以通过 LED 显示屏，播放宣传短片，对图书馆的服务内容、空间布局等进行宣传推广，打造“阅读丰富生活、智慧推动发展”的文化氛围，以此提升公共图书馆在社会的影响力。例如，成都市双流区图书馆加强与当地公交公司、汽运公司的合作，在公交汽车、客运汽车的电视上播放公共图书馆的宣传短片，以此增强其推广宣传效果。

2. 借助电视平台进行宣传推广

对于公共图书馆在进行宣传推广时，利用公益广告、特别节目等方式，会在很大程度上加深人们的认知。在实际中，公共图书馆还可以加强与电视台的合

作，一方面可以与电视台共同打造关于图书类的特别节目，借助电视节目来提升群众对于图书馆的认知，另一方面公共图书馆还可以通过公益广告的形式，在电视台播放出来，这样可以在很大程度上提高公共图书馆的宣传范围，提高其宣传推广效果。

3. 通过报纸杂志及户外媒介进行宣传

在实际中，报纸、杂志等虽然在对公共图书馆的宣传上没有电视宣传那么形象、生动，但是公共图书馆却可以在报纸、杂志上刊登一些与公共图书馆服务相关的内容，如公益讲座、图书沙龙等。公共图书馆可以通过当地的一些报刊进行宣传活动，让更多的人群了解到公共图书馆状况，满足公共图书馆发展需求。

在实践中公共图书馆还可以通过户外媒介进行宣传推广，借助公共场所的广告牌开展宣传推广活动，能在很大程度上提高受众对于公共图书馆的了解。在现代城市中，经常可以看到各种霓虹灯广告、巨幅路牌等。可以在地段比较好、人口比较密集的区域，通过路牌广告开展宣传推广活动，如在地铁站的排队候车区域，设置相应的广告牌进行公共图书馆宣传推广。在地铁内部也可以进行宣传推广，甚至可以在地铁中陈列相应的书籍，以此提高宣传推广效果。

4. 通过互联网进行宣传推广

在网络时代下，公共图书馆还应该积极地利用互联网手段开展宣传推广活动，借助图书馆官网、微博、微信等平台实现宣传推广。在图书馆的官方网站中，可以设置图书资源、图书馆服务、读者互动、图书专题等栏目，让读者可以更加全面地了解图书馆信息。同时在图书馆服务栏目中，还可以设置多元文化、图书咨询、创意服务、在线阅读等各种栏目，满足读者的个性化阅读需求。通过网络宣传推广，能让读者不受时间、地点等因素限制，了解到图书馆的信息，而图书馆工作人员也可以更快地回答读者的问题。图书馆借助微信、微博等平台，可以发布宣传图书馆的特色服务、节假日开放情况、品牌活动等，极大地提高了图书馆的宣传推广效果，促进了社会大众对于公共图书馆的了解，这对于公共图书馆的良好发展有很大帮助。

（三）加大宣传推广力度

针对当前部分群众对于公共图书馆地理位置及功能了解程度较低的现状，公共图书馆可以通过分发宣传手册、刊登广告等方式向群众普及公共图书馆丰富的馆藏资源与便捷的图书借阅程序，提高当地居民对于公共图书馆的使用兴趣。同时可以结合新型媒介的应用进一步加大宣传的频次和力度，通过建立公共图书馆官方网站和微信公众号的形式，定期向广大使用者更新馆藏图书信息，方便当地居民掌握公共图书馆的最新消息与活动开展情况，从而起到调动普通群众参与推广阅读宣传工作的兴趣。

（四）塑造特色形象

当今社会，图书馆已不再稀有，人们想获取资源的途径也不再单一。在此种形势下，公共图书馆想要被读者选择，就必须使自己独具特色，要有特殊魅力。例如，馆内风格设计别具一格，吸引读者来“打卡拍照”；另外，个性化服务也是吸引读者的好方式。在全媒体时代下，利用传统的方式进行图书馆介绍依旧不可抛弃，但在此基础上，公共图书馆要形成自身的核心文化，如塑造文化品牌、打造馆内故事等。拥有丰满、立体形象的公共图书馆才能够让读者感兴趣。近年来，“图书馆微电影”“图书馆故事”等活动都得到了较好的反馈，可以成为众多图书馆宣传推广工作的参考。

（五）媒体融合，宣传创新

处于全媒体时代，不能一味守旧，选择单一的宣传方式，要将多种媒体形式结合起来，融合发展，使宣传推广的途径更加多样化，从而扩大宣传推广的范围，让公共图书馆焕发新生。网络是现今社会的潮流，其具有互动性强、能够实时交流、传播迅速等优点，若是能够将传统媒体与之结合来宣传推广公共图书馆，则能使公共图书馆快速重回大众视野。例如，可以进行图书馆内情况实时直播，让读者能直观地感受图书馆的建筑魅力。另外，还可以开展线上读书活动，让被时间束缚的人群也能参与其中。

在宣传推广过程中，公共图书馆应当利用媒体时代下的各种技术平台，与电视台、报社等新闻媒体保持联系，充分利用图书馆阵地，在橱窗、服务窗口等地方张贴宣传海报、放置宣传资料，通过为读者热心讲解让其对图书馆有所了解。同时，还应当利用图书馆网站平台，在栏目设置中考虑读者需求，凸显图书馆特色，包含概况介绍、用户服务、馆藏书目、最新动态、读者指南、电子服务、网络导航、特色馆藏等，添加用户定制功能，利用智能软件或电子邮件实现信息推送。用户则可依据自身需求选择页面风格、特色资源及内容组合，构成定制图书馆网页。另外，公共图书馆还应当借助微信平台、公益广告等拓宽宣传渠道，制作小视频投放到互联网上，以营造书香氛围，契合读者需求，从而易于传播推广。

（六）注重互动性和体验性

在全媒体时代，互动性和体验性是用户关注的重点，也是媒介宣传推广工作的趋势。公共图书馆在进行宣传推广工作时，要加入互动性设计体验，使读者产生兴趣。增强互动性与体验性可以从以下两个方面入手：其一，要建立更多与读者沟通的途径，了解读者需求，加强针对性，制定个性化服务，吸引读者目光；其二，在服务方式上，要进行创新，改变“馆内专有宣传推广人员”的想法，邀请读者参与到公共图书馆的宣传推广活动中来，使读者在获取体验感的同时，了解图书馆的情况，从而提升图书馆资源利用率。

在新的时代，移动媒体盛行，智能化设备眼花缭乱的功能吸引了大众的目光，但纸质化图书是无法被替代的，只是现阶段人们对“网络新世界”充满了好奇，以至于忽略了公共图书馆的存在。为了重回大众视野，公共图书馆要提升宣传意识，打造自身特色，加大宣传推广力度，利用新媒体创新宣传手段，以重新找回公共图书馆的社会影响力。

（七）培养高素质团队

公共图书馆为了加强宣传推广，应当培养复合型高素质宣传团队，团队人员不仅要掌握多方面推广知识，拥有较高表达能力，还应熟练应用图片处理软件、网页编辑软件等，全面了解图书馆特色与职能，拥有较高业务水平。在全媒体时代，推广人员应善于应用自媒体，拓宽推广渠道。当前自媒体主要包含百度贴吧、微信、抖音等网络社区，存在互动性强、门槛低、个性化、易操作的特点。图书馆在宣传推广中，应当注意标题制作，其具有内容导读作用，在选择标题时需要揣摩读者内心，利用当前关键词与热词，保证标题凝练鲜明、准确到位，以吸引更多读者眼球。如：成都图书馆的宣传使用“家边就是图书馆”这一标题，让人不禁好奇家边图书馆的位置与环境。

（八）创新推广内容

在推广过程中，公共图书馆一方面应当加强数字资源推广，包含数字化处理的馆藏文献信息及特色资源库。在图书馆中建设多样化数据库，组织、加工并处理各类电子出版物网络信息，以构成虚拟信息资源库。此种数据资源拥有易于传播、节省空间、适用范围广、信息存储量大的优点。如“成都图书馆·阅创”，打造了全市创业平台、团队、机构的知识信息库，能够为创客提供文献信息智力支撑，解决创客信息补偿问题，发挥馆藏检索优势，集信息检索、创意想法、竞争性情报、信息发布交流等于一体，包含实体空间、虚拟网上空间，成为创客交流平台。在平台上能够为读者提供菜单式服务，以点菜方式选择自身所需信息，充分利用数字技术，让用户仅通过网络即可利用图书馆资源，提高资源的利用率。另一方面则加强服务创新的推广。公共图书馆与互联网思维相融合，推动了图书馆服务创新。如成都图书馆在五楼创建了实体空间，配套沙发、电脑、投影仪、圆桌等，在数字媒体区配置了无线网络、3D 打印机等，且实现了身份证一卡通，使用身份证轻轻一扫即可借书还书，让读者享受了海量图书资源，从而赞不绝口。对于此种服务创新，图书馆应当加强推广，有助于用户明确图书馆资源使用方法。

（九）规范网络平台设置

规范公共图书馆网络服务平台的设置，并加大服务平台的宣传推广力度。目前，还有部分地方的公共图书馆没有全面开通网络服务平台，有的开通了微信公众号和新浪微博，但是平台的设置不够规范，包括名字的设置和头像的设置。比如大部分图书馆的微信公众号名称和新浪微博名称都是以图书馆原来的名字做用户名的，极个别的图书馆会添加或者删除“××省”等字样；图书馆一般都会以馆徽或者是馆舍照片作为微信或者微博的头像，但是仍然会有头像不规范或者空缺的情况；还有部分图书馆没有进行官方认证，容易使用户对平台的官方性质和发布的信息产生怀疑。

第一，图书馆需要加强规范网络服务平台的设置。首先，网络服务平台的命名要规范，微信公众号和新浪微博的命名可以是图书馆的本名，比如“××图书馆”，也可以在此基础上添加或者删除省份，比如“××省××图书馆”，还可以添加“官微”二字，比如“××图书馆官微”。其次，网络服务平台的头像设置要有图书馆的馆徽或者馆舍的照片，同时需要做好网络服务平台的认证工作，增强用户对图书馆的信任度。

第二，公共图书馆需要加大网络服务平台的宣传推广力度。首先，图书馆的官方网站可以对其他服务平台的开通进行通知，主要是指微信公众号和新浪微博，可以将它们的二维码放在网站显眼的位置；其次，在图书馆的大门口、电梯内、桌子上都可以摆放微平台的二维码，借书证和读者证上面也可以印上微平台二维码；最后，微平台推送的每一篇文章最后都要加上微信公众号和新浪微博的官网二维码，还可以定期开展一些奖励活动，加强微信和微博平台的宣传推广。

第三，提高图书馆微平台信息推送的数量和质量，重视挖掘微平台的特色功能。目前，大多数公共图书馆微平台的信息推送频率较低，发布的文章质量也不高，导致阅读量较低，难以维持用户的关注度。因此，图书馆需要提高微平台信息推送的数量和质量。首先，要在保证推送信息真实性和准确性的前提下，注重发展特色内容，比如当地的一些地方特色内容，包括发展历史、风俗习惯、文化遗产等，皆可以丰富用户的见闻，还可以形成图书馆特色。其次，公共图书馆新浪微博平台应该注重原创微博推送，坚持以原创为主、转发为辅，重视推送内容的创新，以吸引更多的用户。同时，图书馆还需要重视挖掘微平台的特殊功能，以增强与用户的互动性，如微信的语音和视频功能，微博的微访谈、微直播功能等。

第四，定期维护公共图书馆网络服务平台，提升读者对图书馆的体验感，图书馆开通了网络平台服务，就需要定期对这些平台进行检查和维护，一旦发现问题就要及时处理，避免影响用户的体验感，要保证图书馆官网、微信公众号、微博等平台提供的服务能够正常使用。以新浪微博为例，公共图书馆的微博要保证发布和推送信息，能够正常回复用户的提问和评论。只有定期对这些网络平台进行维护，才能给用户良好的体验，才能长期留住客户。

（十）积极开展文化宣传活动

以网络、媒体等为传播媒介扩大影响力，让更多人了解当地特色文化，推动反映新时代发展进步、休闲生活的文艺精品、文化成果走向全球。以成都图书馆为例分析，成都图书馆连续两年，在“世界读书日”之际推出了第一批和第二批“天府文化主题书单”。该书单中包括和介绍了成都历史上重要人物和事件的书，讲述成都文化名胜、文物古迹、历史遗存的书，全面辨析研究巴蜀文化史的著述的书。第一批涉及巴蜀文明的渊源、天府文化的演变发展等内容，体裁形式多样，有研究、论文、记事、诗歌、小说等，如《天府文化研究》《巴蜀文化志》《成都简史》《成都诗览》等；第二批书单包含了当代巴蜀名家的佳作，如袁庭栋的《天府的记忆》、谭继和的《巴蜀文脉》，及老一辈历史学家如徐中舒先生的《论巴蜀文化》等著作。武侯区图书馆通过开展多渠道、多方位、多形式的天府文化宣传工作，大力推动天府文化走出去，通过互动交流把彰显天府文化的城市形象、城市特质展示出来，吸引社会大众的注意力和参与力，提高天府文化影响力。

五、公共图书馆宣传推广的形式

（一）传统媒体多样化推广

传统媒体的推广形式在人们的生活中依旧占据着重要的地位，并且在数字化全媒体时代下已经发展出许多新的模式。虽然目前引导人们进行阅读的主要载体是计算机、移动设备，形式主要为电子书，但是传统纸质书籍依旧受到很多人的喜爱，传统媒体的多样化推广也是基于纸质书籍来进行的。

第一，公共图书馆可以采用开办线上公益讲座、线上展览、读书分享会等形式，提高公共图书馆的影响力和人们的关注度；第二，公共图书馆可以通过书籍宣传、海报宣传、图书推荐等形式，提高人们的阅读兴趣；第三，公共图书馆可以采取和其他社会群体联动的策略，与各大网红书店的合作等方式，提高图书馆自身的网络关注度，促进公共图书馆在数字化全媒体时代的发展。例如，成都图书馆建立了自己的公益讲座视频库及网上专属页面，让读者随时随地通过移动设备就能观看在图书馆举办的各类公益讲座和线上展览。

（二）全媒体模式的推广

现今，各种媒体平台和应用工具有着发展速度快、影响范围广、影响力大等特点，公共图书馆的推广也可有效地利用这一点。首先公共图书馆可以采取在官方网站、微博、微信以及其他社交网站和信息网站上发布公共图书馆公益讲座、新书推荐、阅读活动等信息，提高公共图书馆的受关注度，同时通过在互联网上进行优秀图片展览、书籍信息资讯发布等，促进人们的阅读意识、阅读能力和阅读兴趣的提高；另外，公共图书馆可以通过建立自己的微信公众号以及其他的官方平台、读者群等方式，定期推送相关阅读活动信息，加强与读者间的交流，掌握最新的读者需求和群众阅读动态，加强公共图书馆的重要性和引导能力，促进人们养成良好的阅读习惯，提高人们的阅读能力和水平。图书馆可以建立自己的微信公众号，定期向广大读者推送相关阅读及活动信息，第一时间向广大读者分享图书馆的阅读推广活动信息。

（三）移动图书馆模式的推广

在数字化时代下，网络科学技术的广泛应用不仅体现在浏览器和网址网站方面，更多的是体现在 App 应用的研究、开发和使用方面。公共图书馆开展移动图书馆推广模式，可以通过建立一个能够让读者借助移动设备快捷登录的应用软件，从而有效地提升读者的使用体验和阅读效率，使人们在寻找相关信息时更加方便快捷，促进大众养成良好的阅读习惯；公共图书馆要注意对数字化资源的整合和利用，收集不同平台的优秀资源和信息，剔除不良的信息和错误、杂乱的资源，提高人们寻找资源的效率，促进人们阅读水平的推升和社会正能量的推广，充分发挥公共图书馆的正面引导作用，提高人们的素质，满足人们的阅读需求；还可以通过软件系统建设，开发图书到期归还提醒、优秀作品目录、好书新书推荐和活动举办、短信通知等功能，提升人们的移动设备使用体验，满足人们对服务的便捷性和高效性的需求，促进公共图书馆在数字化全媒体时代的发展。如成都图书馆建立了较为完善的微信公众号，呈现 App 门户界面，替代图书馆 App，目前平台功能分为三大板块：“微服务大厅”利用组件把图书馆基本应用功能整合到一块，可实现绑定借阅证、借阅查询、精品讲座欣赏、书目检索、个性化推荐等功能。“掌上数图”集合图书馆购买的数字资源，让读者随时随地体验智能、便捷的数字资源。“成图服务”汇集馆内重要信息公告，让读者可通过此版块获取图书馆微信活动的最新资讯。

（四）数字图书馆模式的推广

1. 数字图书馆概述

数字图书馆是信息数据化的产物，虽然目前已经有许多人有了使用数字图书馆的经历，但人们对其的理解仍然存在不同之处。有的人认为数字图书馆更偏向于对信息的获取和整理，有的人则认为数字图书馆的功能更偏向为用户提供数据化的信息。但严格来说，数字图书馆介于两者之间，将图书馆的信息通过信息数字技术进行整理、加工、存储，然后再呈现给读者，实际上是一个具有特殊功能的信息服务平台。而数字图书馆的用户能够随时、随地查询馆藏资源的数据信息，让信息的获取更加便捷、更加快速。

2. 数字图书馆宣传推广的策略

（1）优化馆藏资源

馆藏资源是数字图书馆中最重要的组成部分，数字图书馆如果想要长久、稳定的发展，那么就需要注重最基本的馆藏资源，不断丰富、扩增自身的馆藏资源，并且根据读者的需求合理地配置资源。首先，数字图书馆的馆藏内容要“全”，也就是要全面，馆藏资源应对文艺、科普、古籍经典等各个方面都有所涉及，保证馆藏资源的全面性，让读者能够找到自己想要阅读的馆藏类型。其次，数字图书馆的馆藏资源还要“精”，馆藏资源需要注重内容的质量，不可令其“鱼目混珠”，质量参差不齐。一方面，要对现有的馆藏资源进行整理，将一些内容质量较差的书籍清理掉；另一方面，在扩展馆藏资源时，要选择内容质量较好的书籍资料，从而让读者享受更优质、更高效的阅读，提高读者对数字图书馆馆藏资源的认可度。再次，数字图书馆馆藏资源的优化还要考虑读者的阅读喜好，对于读者查询、阅览较多的书籍资料类别，需要进行保留并适当扩充，而对于鲜有人查看的、过时的馆藏资源则需要将其下架，避免占用不必要的资源。最后，还要对数字图书馆全部的馆藏资源进行清点和整理，将其分门别类，构建完善的、系统化的资源数据库，从而让读者的馆藏资源查询更便捷。

（2）完善服务模式

传统的数字图书馆服务模式已经不适应社会的发展，也逐渐难以满足读者的需求。因此，数字图书馆需要借助大数据时代的便利，改善自身的服务模式，从而提高自身的服务质量，满足读者当下的服务需求，促进自身的发展。一方面，数字图书馆需要运用大数据去统计、了解读者在数字图书馆中想要获得哪些服务，然后根据需求量逐一改进自身的服务，从而满足大部分读者的个性化需求。另一方面，数字图书馆也要自主学习、引进先进的服务模式。可以对读者的阅读信息进行统计和分析，根据其个人阅读喜好精准化地推荐一些其可能感兴趣的内容，从而提高数字图书馆阅读推广的精准性。

（3）划分读者类型

数字图书馆想要提高阅读推广的精准性，还需要对现有读者的类型进行划分，然后才能给予读者个性化的、精准化的服务。并且，读者类型的划分指标也不能是一成不变的，必须是包含多个方面的。例如，可以对读者的阅读喜好给予标签化的调查，了解读者最喜爱阅读的前三种书籍类型，是文学类还是科普类，是生活类还是历史类，等等。也可以对读者的学历类型进行划分，是本科生还是专科生，是初中生还是高中生，等等，或者对读者的专业研究方向进行划分，教育类、旅游类、医学类以及计算机类等。此外，还有许多读者类型划分的标准，数字图书馆可以在具体的实践中不断创新、学习，从而对读者有更加清晰的分类和定位。了解了读者个性化的特征属性，才能根据读者的个性化需求提供更加精准化的服务。

（4）提高馆员素质

值得注意的是，数字图书馆与传统图书馆有着诸多不同。传统图书馆是由图书管理人员对馆藏资源及其他方面进行管理的，而数字图书馆相较于传统图书馆在管理方面更加简便，利用了大数据技术对馆藏资源等进行管理。这就意味着数字图书馆的管理工作有着较高的能力要求，图书管理人员需要较好地掌握、适应数据化的管理模式，必须要兼具图书管理的基础理论知识和数据化管理、信息技术相关方面的能力，才能够对数字图书馆及其馆藏资源进行良好的管理。所以，数字图书馆在图书管理人员、图书馆馆员的选聘环节，就要注重图书管理和信息化技术两方面的知识与能力的考虑，从而选聘综合素质更高、更全面的馆员。其次，在数字图书馆馆员的工作过程中，也要对其进行定期培训和考核，使其能力不断提高。最后，在数字图书馆引进新的数据化管理技术时，也要组织全体馆员学习，让图书馆馆员能够独立地对读者的相关信息进行整理、统计和分析，并且能够根据分析的结果提出个性化的服务方案，从而为读者提供更精准化的阅读推广服务。

第四节　公共图书馆馆员的素质培养

公共图书馆馆员作为知识服务者，其服务能力的提升有赖于自身的信息素养和知识水准。图书馆馆员是图书馆的灵魂，是用户与情报之间的桥梁和纽带，只有具备与现代化图书馆相匹配的现代化素质，才能促进图书馆发展的现代化。

一、公共图书馆馆员必备的素质

（一）思想素质

公共图书馆馆员需要具备良好的思想素质，这主要体现在以下几个方面。首先，需要具有极强的责任心，能够认真、细致地为读者解答疑问，并且要实事求是，保证自己的回答是正确的，符合读者的需要。其次，需要具有良好的工作态度，对待所有读者都能够热情服务，为读者提供更加舒适的学习条件。例如，当读者遇到问题时，公共图书馆馆员可以为读者推荐相关书籍进行阅读，让读者更快地解决问题，提高学习效率。最后，需要注意自己的言谈举止，在为读者服务的同时，需要管理好自己，这样可以使图书馆馆员的管理过程更加具有说服力，保证图书馆管理工作能够顺利进行。

（二）心理素质

公共图书馆馆员是一项非常枯燥的工作，其绝大多数时间与图书和读者打交道，极易产生烦躁的情绪。因而，公共图书馆馆员需要具备过硬的心理素质，主要体现在以下几个方面。首先，需要具有极强的意志力，能够克服图书馆管理工作的枯燥性，更好地为读者服务，避免影响读者的服务质量体验。其次，需要具备攻克难关的能力。长期与读者打交道必然会遇到一些难题，图书馆馆员需要及时地解决问题，与读者更好地相处。最后，图书馆馆员需要做好心态方面的调整，这也是身为一名图书馆馆员需要克服的难题，只有这样，才能够全心全意地投入到公共图书馆的管理中，避免将不良情绪带给读者。

（三）专业素质

公共图书馆馆员需要具备扎实的专业技能，熟悉图书馆管理的各种流程，通过丰富的管理知识对图书资源进行管理，从而科学合理地对图书进行分类。公共图书馆馆员需要具备的专业素质主要体现在以下两个方面。一方面，需要具有良好的信息化管理水平，能够对图书进行有效的整理与分类，这样更加有利于图书资源的管理，便于对图书资源进行查找。例如，当读者想要阅读教育方面的书籍时，图书馆馆员可以按照图书分类快速地确定教育类书籍的位置，从而为读者提供正确的指引，快速地找到想要阅读的书籍。另一方面，需要懂得文献学、目录学等多方面的知识，为图书资源的管理提供重要依据，进而为读者进行更好的服务。

二、公共图书馆馆员素质现状分析

公共图书馆馆员素质建设存在着素质较低的情况，根据公共图书馆馆员学历调查数据可以得知，其本科及以下的员工占比超过了75%。科研队伍建设滞后，且许多员工仍采用传统图书馆编制工作模式，无法适应现代信息化技术要求下的公共图书馆发展要求和工作标准。

同时，在调查过程中得知，公共图书馆基层馆员结构存在着较大的差异性。现代化信息技术引领下的公共图书馆服务体系建设过程中，学习与认知掌握程度较低，无法充分适应现代化信息技术和万物互联条件下的公共图书馆未来发展设计和服务内容，无法满足越发年轻的图书馆使用人群。从专业层次技术来看，图书馆管理人员结构缺乏较高层次学历和专业信息技术，尤其是涉及软件开发维护、数据库运维、物联网智能化设备管理等方面的人才较为匮乏。现有工作人员以图书馆管理专业为主，专业技能和知识体系是以传统图书馆为原本，在公共图书馆建设进程中面临着较大的知识储备和专业技能上的不足，并且部分编制内员工缺乏服务人员应有的专业素养和服务礼仪，有待进一步地优化培训和提升。

三、从哪些方面提高馆员素质

在变化的知识环境中，公共图书馆也正面临着新的挑战。而图书馆馆员作为公共图书馆的灵魂，就需要发挥自身的主观能动性，不断提高自身素质，在公共图书馆的变革中把握好方向。

（一）提高基本的业务能力

为了适应知识经济时代的发展要求，公共图书馆馆员要有过硬的专业知识。图书馆的工作主要是为使用信息的查询者提供服务，馆内工作人员一定要把与图书相关的知识学习透彻，熟悉馆藏分布情况，熟练掌握各个学科之间的基本关联和基本内容。

（二）提高思想素质

公共图书馆是文化发展的前沿阵地，作为人类文化的社会传承机构，对于提高图书馆馆员的思想政治素质提出了更高的要求，图书馆馆员要时刻将“读者第一、服务至上”的理念作为工作的宗旨。公共图书馆目前存在工作人员少、一人多岗的问题，所以每个图书馆馆员都要有一个正确的心态，要热爱本职工作，全身心地投入到图书馆工作中去。只有思想认识提高了，才能在图书馆的工作中发挥出最大作用。

（三）加强职业道德素质

良好的职业道德素质直接关系到能不能全心全意为广大读者服务。图书馆馆员必须清楚地认识到公共图书馆工作是一项意义深远的工作，要从心底热爱这项工作。公共图书馆应需要将原有的管理模式更加贴近读者，强化对工作人员的职业道德教育，树立爱岗敬业、团结协作的职业精神，将《中国图书馆馆员职业道德守则》中的相关要求落到实处。建立起与时俱进的职业观念，履行社会责任；全心全意为读者服务，高效热情；诚实守信，做事公平，为图书馆的发展贡献出自己的一份力量。

（四）提高创新精神

公共图书馆的管理模式要创新，图书馆的管理人员也要有创新精神。作为文化的传播工作者，要头脑灵活，思想政治过关，立场坚定，具有高尚的职业道德和积极向上的进取心。要清楚读者的需求，熟悉自己的工作目标和能力。要不断地学习和创新，不断地进步和提高。

（五）拓展相关学科知识的学习

随着数字化技术的发展，公共图书馆馆员必须掌握一定的计算机技术、外语知识、信息技术等。公共图书馆作为文化教育机构、国民精神食粮的主要提供场所，也是文化弘扬与交流的重要基地，那么就要求馆员对各学科专业有一定程度的了解，能够把握这些学科的发展趋势，特别是一些前沿学科、交叉学科等新兴学科间的联系。

（六）加强对图书馆馆员专业素质的提升

馆员要在工作中不断学习新技术、新知识，调整知识结构。公共图书馆要有一个系统提升馆员专业素质的规划，定期对馆员进行培训。馆员的继续教育能促进公共图书馆馆员知识更新，拓宽馆员的视野、调整馆员知识结构、提高创新能力。继续教育要分层次采取不同形式进行。对新转岗到图书馆的馆员应该进行岗前培训，因为他们在转岗前完全没有图书馆专业技能，可以通过短期的岗前培训，让他们学习掌握图书馆工作基础知识，包括图书馆图书分类体系、图书排架方法、读者工作等理论，了解图书馆各业务部门的工作性质、工作内容，熟悉自己所在岗位图书馆计算机管理系统操作方法，并能在较短的时间内初步掌握。

四、公共图书馆馆员的素质培养路径

（一）重视提高馆员的信息素养

当今社会，新媒体技术渗透到各行各业中，新媒体技术环境下馆员首先需要善于搜索和发掘网络上有价值的信息，并且能够对信息进行快速加工，保证发布内容的及时性和准确性；其次，要重视提升馆员与用户沟通的技巧，对于用户的咨询和评论要提供合理的答复和建议，要维护公共图书馆的良好形象，还要做好工作时间的衔接（主要是网络平台的工作时间，在图书馆闭馆以后，网络平台需要保证有馆员随时在线回复用户的提问）。在提高馆员业务水平的同时，图书馆要重视利用新媒体技术进行宣传推广，如微信公众号可以通过语音、视频、超链接等功能来推送相关信息，运作的成本低廉、操作简单快捷、推送信息精准优质；新浪微博则可以通过在线直播讲座进行推广，信息传播迅速，发布信息的门槛较低。公共图书馆要充分利用各种网络平台的优势，创新宣传推广的渠道和方式，这就需要公共图书馆馆员拥有良好的信息素养，才能促进图书馆网络平台的健康发展。

（二）加强对馆员职业道德教育

从事图书馆工作必须具有工作责任心和职业道德，提高图书馆服务和业务水平的前提就是提高图书馆馆员的职业道德素质。通过对馆员进行系统的职业道德教育，使其对自身有全面的认识，清楚自身存在的不足，并树立崇高的职业责任感和荣誉感，具有甘于奉献的精神，热爱自己的工作，从而全心全意地为广大读者提供更优质的服务。

（三）实行岗位轮换制度

在网络环境下，公共图书馆的阅览、典藏、采访、咨询和流通等工作之间是存在紧密联系的。要使得网络环境下图书馆工作能够顺利开展，应在图书馆各项工作中实行岗位轮换制度，从而建设一批综合素质过硬的复合型人才。图书馆馆员通过不同工作岗位的交流学习和轮换，不仅对图书馆各项工作的业务流程更加熟悉，而且也学习到了更多的服务技能，更利于图书馆各岗位工作间的协调和沟通，从而促进图书馆馆员之间经验交流、互相学习，有效地增加了图书馆馆员之间的凝聚力，在网络环境下有效地提高图书馆馆员的整体素质和服务水平。

（四）加大岗位培训和继续教育力度

在我国图书馆事业的发展过程中，管理者应具有发展的眼光，为其图书馆的发展制订长期的发展计划。在图书馆建设中坚持学用结合和按需施教的原则，建立岗位培训和继续教育体系，并将其贯穿在图书馆馆员的工作过程中。基于此，首先可以选择进修教育方式，在图书馆馆员中选择业务能力出众的馆员，为其提供进修的机会，学习目前图书馆领域中的新方法和新理论；其次鼓励图书馆馆员积极主动地参加或自学各类培训教育，不断地完善自身的知识结构；最后根据馆员工作岗位和知识结构的不同，组织其参加相应的岗位培训，使其掌握更多的先进专业知识和先进技术。

（五）引入竞争激励机制

利用鲇鱼效应，引入竞争机制。任何一项工作如果脱离了竞争就是一潭死水，适当的竞争与压力可以保证工作有效地开展。在过去的 30 年里，公共图书馆经历了三次大的冲击。第一次冲击由于计算机和通信技术的结合推动了互联网的发展，人们认为公共图书馆将走向消亡，结果却出现了空前的新馆建设热潮；第二次冲击在世纪交替之间，由于互联网的大量普及，人们认为互联网会替代公共图书馆的功能，成为人们获取信息的主要途径；第三次冲击在今天，从纸质型为主体向全媒体图书馆过渡。作为图书馆馆员我们要树立大局意识，提高自身的竞争意识，坚持与时俱进。公共图书馆也要引入竞争激励机制，公共图书馆各项技术岗位都实行双岗并行制度，筛选真正适合的工作人员，有效提高馆员的工作效率，改变安于现状的工作状态。引入竞争机制，可以在公共图书馆向全媒体图书馆过渡转型的过程中，真正实现图书馆的转型。

（六）创新队伍建设

当今的时代是知识经济时代，学科之间相互交叉，新技术不断渗透，使新形势下公共图书馆的服务内涵不断扩大，馆藏文献资源已不是衡量图书馆文化服务的唯一标准，信息的传递越来越受到重视。多层次与多样化的文化需求，决定了图书馆馆员知识结构的复合化、学科知识的交叉化，加强复合型知识人才队伍建设是提升公共图书馆创新能力的必然要求，也是提高创新能力的重要保障。第一，应该做好人力资源规划，创新人才引进机制。为满足用户群体更加多样化的文化需求，吸引有图书情报、档案学等相关专业背景的高层次人才以及跨专业的学科交叉性人才，并给予一定鼓励措施，留住人才，壮大图书馆人才队伍；第二，优化人才成长环境，提倡员工实现个人价值。重视宣传个人价值体现，为员工提供更多展示才能的平台。优化员工考核评价体系，构建合理的员工竞争机制；第三，创新人才培养管理方式，注重职工业务培训，构建合理的人才培养体系。图书馆内业务工作较繁杂，分类较细，采编、阅读推广、缩微、参考咨询等业务专业性较强，图书馆应摸清职工技能、专业背景等，建立人才数据库，全面掌握人才队伍信息，根据专业和技能动态分配、调整人才，将人力资源利用率提升到最大。根据本馆实际系统地、有针对性地制订职工业务培训计划，结合工作职责、专业背景等开展业务培训，让职工能及时掌握最新业界动向，提升职工业务水平。此外，鼓励在职职工提升学历和综合素质，与其他图书馆合作，提供人才流动学习机会，增强图书馆人才队伍建设。

（七）拓展文化志愿者队伍

公共文化事业快速发展，但专业人才缺失问题较严重，再加上公共文化事业单位人员编制有限，文化人才的吸纳就非常有必要。文化志愿者既有专业知识，又有综合素养，能够有效缓解公共文化事业单位的工作压力，解决人才不足、服务不专业、不到位的问题。在党的十七届六中全会上就提过“壮大文化志愿者队伍”，文化志愿者队伍作为文化建设与发展的重要力量，对推动文化事业发展有重要意义，也越来越受到关注。随着群众需求的多样化、文化的多元化，公共文化事业的发展面临新的挑战。文化志愿者大都具有相应的专业知识与技能，能够为群众提供多层次、专业性的文化服务，能够弥补文化服务事业发展中专业力量不足的问题，所以公共图书馆要不断拓展文化志愿者队伍。

首先，在文化志愿者的招募上，要充分了解志愿者的兴趣与专业，注重志愿者的服务意识，保障公共文化服务的质量；其次，注重文化志愿者队伍的管理，有规范的管理制度，在协调志愿者提供文化服务上有规可循，规范服务内容与形式，形成志愿者管理的常态化机制。为其提供必要的岗位培训与服务，比如根据服务内容有针对性地进行职前培训以及能力提升培训等，让志愿者充分发挥自身优势，同时提升自己的能力；最后，重视文化志愿者的权益保障，制定科学合理的考核激励措施，提升其参与公共文化服务的积极性。

（八）优化馆员考核评价体系

科学、合理、有效的图书馆绩效考核评价体系对于改变馆员服务理念、提高服务质量和业务水平都有重要意义。同时，公共图书馆对馆员的绩效考核评价对于提高图书馆的公共文化服务水平和效能有着至关重要的作用，实施和不断完善绩效考核评价体系是公共图书馆管理与发展的必由之路。首先，在岗位设置上要提前规划，高度重视定编设岗工作，明确各岗位的性质、工作责任、任职条件和工作规范等，实行以岗定薪。其次，构建科学合理的绩效考核和评价体系。破除级别工资制，根据工作职责明确绩效考核内容，建立科学的绩效工资体系，加大考核结果的影响力，营造积极向上的工作氛围。评判标准要立足实际工作性质，使用量化或与目标责任考核相结合的办法。在薪资上，真正与绩效考核挂钩，打破事业单位干多干少一个样的魔咒，调动人才队伍干事的积极性，充分发挥自身潜能。最后，完善人才评价制度，构建科学的馆员激励制度。良好的人才激励机制是增强馆员主动性和创造性的必要条件。在职称晋升上，完善职称评审体系，业务与学术齐抓共进，畅通馆员晋升渠道。在考核评价上，给予一定物质奖励和表彰，营造鼓励人才进步的良好氛围，激发其工作热情。建立科学的绩效考核评价体系，能让服务人员明确自己的职责和任务要求，推动馆员积极工作，提高服务热情，灵活工作方式，有助于提升馆员本身的服务水平，提升公共图书馆的服务效能。

第三章

公共图书馆的精细化管理

近年来，我国的文化事业正在不断地发展，因此，作为文化建设重点领域的公共图书馆管理模式的创新也得到了广泛的关注。在此过程中，为了充分地满足读者对图书的阅读需求，馆方必须发挥自身的公益作用与社会价值，在管理工作中融入精细化管理理念，并以此为基础对各项服务都进行完善与创新，从根本上提升读者在图书馆内的阅读体验，促进图书馆精细化管理工作的可持续发展。本章主要论述公共图书馆的精细化管理，分别从公共图书馆采购精细化管理、公共图书馆流通精细化管理和公共图书馆精细化管理体系建设三方面进行详细介绍。

第一节　公共图书馆采购精细化管理

图书采购行业十分重视相关管理人员的管理工作，只有拥有较强的管理能力，才能够占据市场竞争优势地位。因此，现阶段大部分的图书采购行业管理人员已经认识到管理的重要性，已经逐步形成一种精细化的管理思想，并在公共图书馆藏书采购管理中得到充分的应用。

一、精细化管理理念浅析

所谓精细化管理，就是将管理工作精细到每个工作岗位和业务，同时形成一套规范、完整的工作和业务流程。精细化管理是一种管理技术，按照一定的标准规范，合理科学地优化精细化管理流程，属于管理学范畴。是在管理中采用标准化的信息和数据手段，通过精细的系统化和标准化，使组织各部门高效、持续、精确地运作，简单地说，就是要通过建立合理、科学的激励机制，充分发挥员工的价值和能动性。

二、公共图书馆采购精细化管理的意义

（一）实现了图书采购的时效性

随着信息技术的迅猛发展，数据价值愈加凸显，公共图书馆可以利用大数据技术对图书馆数据库中存储的海量数据信息进行实时收集和分析，从而快速及时地获得读者在最近时间段内对图书馆资源的利用情况，指导文献资源采购工作，提高图书采购质量的时效性。

（二）实现了图书采购的主动性

在传统的文献资源采购模式中，公共图书馆工作处于比较被动的位置，其原因之一是工作中缺乏科学数据的支撑。影响文献资源建设的因素纷繁复杂，公共图书馆采购精细化管理可以让采购工作更加精准，以数据为支撑，深入挖掘与采购相关各因素之间的关联，使采购人员在工作中做到有的放矢、科学决策。在藏书采购过程中及时了解资源内容与读者需求之间的关系，实现个性化采书荐书和有针对性的采购，避免因被动盲目造成资源的浪费。

（三）实现了图书采购的预测性

公共图书馆采购精细化管理，通过对相关数据的深入挖掘，发现读者的兴趣偏好，预测读者的需求，从而做出准确的采购决策和信息推送。读者需求驱动采购是以读者为中心的采购方式，一方面读者可以直接代替图书馆采访人员做出订购决策，读者选择了该书，只要符合图书馆预设的订购条件，即可自动进入订购环节，因此需要工作人员根据数据分析结果做好前期的预测工作，设定科学的订购条件参数，并为读者提供精准的信息推送服务；另一方面采访人员可以根据数据分析结果，从数据的角度量化读者需求与文献资源之间的关系，预测读者需求，制定采购决策，增强馆藏建设的针对性。

（四）实现了传统采购模式的新突破

公共图书馆采购精细化管理是以用户需求为中心，以技术为手段，搭建起以各类数据为支撑的智能化的文献采购数据管理平台，让读者积极参与到图书馆资源建设中来，改变传统图书馆馆藏建设中存在的主观、被动、盲目的弊端。精细化管理与公共图书馆馆藏采购工作的结合，突破了传统图书馆资源建设的藩篱。

三、公共图书馆采购存在的问题

（一）订单模式的改变

在传统模式下，公共图书馆的采购活动通常采取长期订购模式，而政府采购模式限制了供应商的交货时间，这与传统的采购模式有很大的不同。在这种模式下，图书馆的馆藏业务面临着巨大的挑战，因此，图书馆要想在这种模式下更好地发展，就必须改变订单模式，用短期订阅模式代替长期订阅模式。

订单采购是由工作人员根据本馆的馆藏方针有计划、有选择地选择图书，再将订单发送给馆配商。其弊端在于书目信息汇集的不完整，图书采购范围完全受馆配商限制；现场采购时间受限，采购人员工作量增大。另外，以上两种方式都是基于采访人员的个人经验，因此很多图书在专业性和需求程度上很难满足读者的要求。读者荐购在目前还是一种辅助采购行为，由于读者推荐的图书必须通过馆配商购买，图书订到率和到馆时间得不到保证，往往等读者看到其所荐购的图书时已经过了需求的最佳时机，更无法对读者的阅读起到推荐和引导的深层作用。另外，传统的读者荐购方式，荐购书目要经采购人员收集、审核、下单，到馆后还要单独验收、加工、联系读者借阅，工作量明显增加。

（二）采购模式的长期运作

与传统的采购模式相比，政府采购模式具有更高的标准化程度，整个采购模式需要严格按照规定的步骤分步执行，从最初的计划到最终的结算时间较长，直接延长了整个采购周期。这种标准化的程序模式可以在很大程度上保证采购的质量，然而，由于图书馆市场的不确定性，在过去的采购过程中，公共图书馆很容易遇到库存短缺或库存订单率不足以满足客户需求。

（三）增加文献信息资源合理配置的难度

公共图书馆是接触不同领域知识的重要场所，每个公共图书馆都有不同种类的书。在中国，数百家出版社都十分重视图书资源的配置，出版商的书目资源可以成为图书馆的重要馆藏，更符合现代交易市场公平竞争的原则。然而，在这种模式下，供应商很容易为了赢得投标而任意降低图书资源的价格。

（四）编目中心责任重、压力大

在政府采购模式下，与传统模式相比，它有助于增加图书馆的图书数量。但由于这种模式采购时间较长，通常会从当年中标方确定后到下一个年度，需要中标方的编目工作按照图书馆的要求快速完成。在这种情况下，编目员除了要把控编目质量外，还要完成新书上架，这直接增加了编目工作人员的任务和压力，影响编目工作的效率。

（五）中标方提供的自编数据存在问题

通常情况下，成功的供应商在签订采购合同的同时发送具体的书目数据，以减少图书馆馆员的工作量。但是，公共图书馆的实际书目数据必须根据情况进行修改，如果供应商提供的目录数据不正确，将会导致附件目录数据出现严重问题，影响正常使用。

四、公共图书馆采购模式构建的建议

（一）协调公共图书馆图书采购数量与质量

信息化时代要求公共图书馆图书采购工作要充分应用数字化资源，从而实现纸质图书资源与数字化图书资源比例合理分配，并通过增加图书馆购买数字化资源的比例优化图书馆的馆藏资源结构，从而有效地提升公共图书馆的文献资源保障水平。图书馆图书采购工作的根本目的是满足需求，并不局限于扩大馆藏规模。这就要求公共图书馆在有限的图书采购经费允许范围内，统筹规划图书采购工作。图书馆采购工作人员不仅要关注本馆的图书采购范围，还要关注影响图书采购的各方面因素。公共图书馆图书采购工作人员需要对采购图书价值、用户需求综合考量，尽可能地选择用户急需且与本馆图书资源建设相符的图书，从而有效地提升读者满意度。

（二）加强与图书供应商的合作

公共图书馆应该与图书供应商形成良好的合作关系，这样能够在第一时间与图书供应商取得联系，并获得先进、优质的图书资源，满足图书馆的资源建设需求。一方面要求图书供应商能够为公共图书馆提供图书资源，另一方面也要尊重图书供应商。要经过大量的市场调查与比较，选择一些信誉良好、品牌形象优良、渠道宽广的图书供应商，从而有效提升公共图书馆馆藏资源质量。可以通过应用互联网技术实现与图书供应商的沟通，并通过在线服务平台了解图书采购进度。图书供应商将准确、完善的图书信息上传平台，从而使读者与图书产品实现直接连通，降低公共图书馆的图书采购成本。

（三）加强图书采购信息的反馈与调整

公共图书馆的图书采购工作根据用户的需求，存在明显的采购周期差异。图书馆需要将读者的反馈信息进行汇总与分析，并结合图书馆管理工作中图书采购成本分析结果，及时对图书馆的图书采购工作调整。针对一些图书馆馆藏资源建设必需但是读者使用率较低的图书，可以酌情减少采购量；针对一些图书采购成本低且使用率较低的图书，如果图书馆的图书采购资金比较紧张，则可以不再采购。通过应用创新的图书采购模式，可以使以往图书馆管理中的信息不对称问题得到解决。

五、公共图书馆常用的图书采购模式

（一）现场采购

这种方式是最简单，也是最直接的采购方式。就是采购人员通过与图书的直接接触，然后做出采购的决定。这里的现场既包括出版社、书商的书库，也包括书展、馆配会等活动现场。现场采购的优势显而易见，一方面具有直观性的特点，采购人员能够直接对图书的内容、装订、纸质等做出判断，从而保证采购的书籍的质量满足一定的要求，并能够准确地淘汰一些不适合图书馆需求的书籍。另一方面具有有效性，现场采购模式的采购人员具有很强的目的性，依靠自身的专业能力和经验，同时辅之以出版社的介绍，能够很快完成图书的筛选和订购。

但是现场采购的劣势也非常明显：一是选择有限，只能在提供的范围内选择；二是耗费的时间、精力相对较大。

（二）书目预订

书目预订也是公共图书馆较为常用的采购模式，就是由书商向图书馆发送一些新出的，或书商可提供的，或专门拟定的适合图书馆的书目；然后由图书馆采购人员从中选择预订。这种方式的优势一是非常方便，采购人员足不出户就可完成预订；二是效率很高，这种模式采购图书几乎无须付出采购成本，就可以在短时间内完成大量书籍的采购。但是这种方法的问题同样存在：一是受书目的严重局限，对书目的内容完整性、真实性、准确性有很大的依赖性；二是无法看到实体图书，对于一些有装订要求的图书馆，有一定的风险。

（三）网络订购

随着网络的普及，网络订购逐渐成为一种新型图书采购模式。通过网络图书平台，能够大面积地对书籍实施筛选，不但能够看到图书的封面、讲解，还能够看到哪些书籍最受读者欢迎，另外还可以看到读者购买以后的评价，从而对图书做出更全面准确的判断，以帮助采购人员选择更合适的图书。而且网络订购也非常方便，通过网络就能够完成图书的选择、下单、付款。网络订购的风险在于质量，相对来说网络订购的图书质量参差不齐，甚至可能会有盗版图书；更重要的是现场采购与书目预订都有确定的书商提供售后服务，而网络订购则风险较大。

（四）读者荐购

公共图书馆是服务于读者的，所以要更好地满足读者需求，读者荐购就是一种非常好的图书采购方式。通常市级图书馆都设有专门的读者荐购平台，比如在服务台设置了专门的读者荐购本，图书馆官网上也有专门的读者荐购渠道，另外图书馆的微信公众号、微博等也同样可以满足手机读者的荐购需求，从而使得读者与图书馆之间形成紧密联系。读者荐购这种方式一方面需要图书馆采购人员进行大面积筛选，另一方面其规模相对较小。但是作为一种更加体现读者意愿和读者需求的图书采购方式，更符合人性化。

六、精细化管理在图书采购管理中的应用

（一）从“顶层设计”的角度强化图书采购管理

对于公共图书馆而言，图书采购的主要目的是满足读者的需求，能够为科学研究、专业知识学习等提供有价值的图书。图书采购工作不是独立的，需要综合分析整个图书馆的情况，进行统筹规划。馆藏图书因新书不断补充、旧书及利用率不高的图书被剔除而时常发生变化。因此，馆藏信息也在不断更新。图书采购前要对整个书库的图书组成结构有个大致的了解，对馆藏信息的准确把握是新书采购的重要前提。在实际工作中要积极开展精细化管理，合理应用“顶层设计”

的理念，以此统一思想，即利用系统论的方式，对某一项目标或任务进行全面的统筹规划，有效集中各项资源，快速实现既定目标。在图书采购中要建立专门的部门，选任专业的人员负责，提高采购队伍的综合水平。另外，要以“精细化管理”为中心，建立健全相关体系，尤其是图书采访和评价体系，要重点关注。此外，要转变传统的管理理念，优化落后的资源体系，从顶层设计角度入手，不断完善精细化采购管理制度。

（二）制订科学合理的采购计划

近年来，我国图书市场日益繁荣，出版社规模不断壮大，书刊出版数量急剧增多。除去再版书、重印书以及其他不宜收藏的图书外，实际可供采选的图书有数万余种。在这个前提下，面对堪称海量的图书品种，做好采购前的准备工作，制订完善的采购计划，就显得十分必要。简言之，公共图书馆在正式采购图书前，应做到如下三点。

1. 拓宽沟通渠道，了解读者需求

公共图书馆服务的读者数量大、覆盖面广，可谓上至八十岁老翁，下至两岁孩童。而年龄差、学历差等因素也决定了读者对公共图书馆的需求会呈现多元化态势。比如，有的读者倾心于畅销书，有的读者爱好经典书，有的读者则只选择与自己业务相关的专题进行阅读。这种纷繁复杂的现状就要求我们，在进行文献采购时，一定要正确处理好个体与共性、当前和长远、现实需求和潜在需求等的辩证关系。应积极拓宽沟通渠道，将读者需求作为馆藏资源建设的努力方向。采访人员应经常深入图书市场，开展调查研究，掌握各类文献的流通趋势，分析读者利用文献的规律。

同时，尽可能熟悉读者队伍，聆听读者心声，听取读者的意见和建议。可以通过微信调查问卷和现场调查询问等方式，定期掌握读者需求，并做好统计和分析，提高馆藏文献资源与读者需求的契合度。此外，在公共图书馆内部，采访人员还要加强与本馆各部门之间的沟通，听取一线工作人员的意见和建议。在多年的工作中，图书馆一线工作人员多数能够积累一定的经验。在采访工作正式开始前，如能有意识地搜集、整理这些同行们的意见和建议，势必会对后续的具体工作带来便利，也使得专家型馆员的工作智慧有了更为充分的展示舞台，从而提高采选文献的适用性与针对性。

2. 做好充分调研，制订采购计划

开始图书采购前，应根据读者需求和本地区社会经济发展的特点，结合馆藏发展目标、年度购置经费，确定纸质书刊、数字化书刊以及音像制品等文献的购置比例。在此基础上，制订一个较为详细的采购计划，包括书目、数量等不出现缺订、漏订，获奖图书及畅销图书尽量全面采选及时入藏，各学科的重要及经典著作，丛书、多卷书籍、重要的工具书等不缺订、漏订，明确采选模式和采选程序，确定采选人员的责任和权限，明确工作进度，按要求编写计划草案，组织讨论、修改并送上级审批。采购计划必须充分考虑读者的需求。应将“读者决策采购”（PDA）作为传统采购模式的有益补充，一方面积极搭建读者荐购平台，增强读者荐购的参与度和服务效率，避免由于荐购系统的缺陷而造成读者参与度不高的情况。要善于利用现代信息技术，比如可将北京人天“畅想之星”、湖北三新“田田网”等图书推荐平台嵌入馆内微信公众号，不仅能最大限度地扩大读者荐购覆盖面，而且有利于采购计划的即时性和完整性。我们相信，只要积极稳妥地做好上述工作，就能制订出较为具体、详细、有操作性的采购计划，为后续工作的顺利开展打下良好基础。

3. 规范采购流程，做好招标工作

现阶段，公共图书馆的采购招标工作多由政府统一实施，即通过政府招标的方式确定几家本年度的图书供应商。政府采购招标在一定程度上能够杜绝图书采购中的腐败，但也带来了一定的弊端，如图书的购买渠道和经费使用的灵活性都受到一定程度的限制，一些低价中标的图书供应商服务能力和服务质量无法达到图书馆的要求。在招标过程中，由于有的工作人员不了解图书馆业务工作，往往仅靠价格杠杆来运作，导致一些个体书商把折扣压得很低。其弊在于，一些低价中标的书商无法提供较为齐全的书目，到书时间长，沟通不畅，制约了图书馆文献资源建设的质量和效率。鉴于此，评标时应抽调一定数量的图书馆专家参加评标工作，通过内行把关的方式选择优秀的图书供应商。此外，招标完成后、图书采购前，应要求书商提供核心出版社的合作协议或授权书，在招标合同中明确规定核心出版社的书目数量和质量。也就是说，通过签订协议的方式约定双方的责权利，保证服务质量。最后，在一个招标周期完成后，图书馆要从书目质量、服务质量、到书率、到书周期、沟通反馈等方面对馆配商进行全面的考核评价，重点考量订单采购能力，为下一年度的采购招标提供依据。

（三）制定科学全面的采购标准

为了提高图书采购管理工作的整体质量，相关人员一定要转变传统理念，在制订采购计划时不能只关注图书数量而忽视质量。等采购到一定数量的图书时要将重点放到图书采购的质量上来，并不断优化图书采购流程。另外，采购人员要关注读者的需求，因为读者是图书的直接使用者，他们的实际需求和满意度直接关系到图书采购工作的完成质量。在制订采购计划之前，要全面调查他们的兴趣爱好和专业需求，尽最大能力满足他们的要求。同时，图书馆要积极采取精细化管理方法，这样可以及时掌握读者的需求，使图书采购工作更有针对性。还要安排专人负责统计图书馆已有的图书资源，并调查各类图书的实际使用率，这样可以推断出人们的需求。采购人员可以着重关注那些使用率高的图书，在制订采购计划时可以适当增加这些类型的书籍，这样图书入馆之后使用率会高，提升图书采购的价值。

（四）贯彻质量至上的采购原则

一本好书就像一壶好酒，能香飘万里，润泽八方。在执行文献资源建设采购策略时，一定要秉承质量至上的原则。公共图书馆的读者面广、文化水平差异大，这使得不同读者会对文献资源有多元化需求。理想的馆藏文献资源体系应具有如下特点：结构合理，学科完备，内容丰富，借阅方便。只有这样，才能充分发挥图书优势，吸引更多读者利用图书馆、爱上图书馆，从而更好地为经济社会发展做出贡献。在具体执行过程中，要努力做到如下四点。

1. 书目预定与现场采选相结合

书目预定和现场采选是图书采购的主要方式。书目预订采选模式在方便采选工作的同时也具有一定的弊端。国内学者对多家馆配商提供的书目进行分析，发现各馆配商提供的年度新书目其实只是总书目的一部分而已。可以理解的是，书商以利益最大化为经营目的。由于在初选书目时，不同出版社的图书质量有差别，折扣也不同。因此，书商提供给图书馆采选人员书目时，往往会人为去掉一些质高价昂的图书。在这种情况下，如果仅仅依靠馆配商提供的书单进行圈选，一些优秀出版社的高质量图书往往会被漏掉，从而影响馆藏质量。还有一些经典图书因书名重复，难以做出优劣判断。这就需要图书采选人员对馆配商提供的书目信息进行精挑细选，实施核心出版社优先、口碑好的出版社优先的策略。“从征订书目著录信息入手，根据影响采选质量的内容因素和形式因素以及公共图书馆读者的阅读特点对书目进行控制，进而提高购书的针对性和质量。”

同时，图书采选人员应经常关注出版动态，与重要出版发行机构建立联系，积极拓展获取信息的渠道，及时获取最新最全的图书出版发行信息以弥补馆配商书目数据的不足。

2. 重视年度图书排行榜单

采选人员应充分利用参加全国性书展、供货会或学术活动的机会，了解学科动态，加强同行间交流，多方位开辟购书渠道，扩大图书选购范围，以弥补馆藏已有图书的相关缺漏。尤其重要的是，要合理规划，积极采选获奖图书补充馆藏。当年获得各级各类奖项的图书一定程度上反映出当前的出版动态和阅读热点，本身也有一定的热点效应，因此，采选工作人员应主动关注《图书馆报》等刊载图书评奖工作的杂志，筛选出优质的出版单位和作者，及时入藏国内外优秀获奖图书。要善于利用新媒体，通过微信公众号等平台发布好书推荐，定期梳理国家图书馆文津奖及出版系统评选的获奖图书书目。例如深圳图书馆评选的年度“南书房家庭经典阅读书目”“书香羊城十大好书”等均是有益的参照。

同时，对新媒体推荐的书目也要进行甄别，以优中选优的方式采购入藏。在采购当年出版的新书的同时，要注意查漏补缺。过去年份出版的经典书目，以前没有采齐的多卷书以及连续出版物等，都应该纳入采购计划中，以保持图书文献的连续性和入藏完整性。

3. 建设特色馆藏文献资源

根据本地区经济社会发展需要，要积极建设地方特色馆藏文献资源，逐步形成本馆的馆藏特色。比如，收集本地区历史名人的相关资料，有关本地区各乡村的历史发展动态、历史沿革、人物传记、地方志、年鉴、老照片，老物件等文献资料和实物，并将这些资料拍照录入数据库中。凡与本地政治、经济、文化、科技发展相关的重要文献都要按照计划逐渐配齐。密切关注本地区特色文化发展，收集与当地历史和社会发展相关的文献资源，挖掘乡土文化资源。正如有学者所指出的："地方文献是我国历史文献系统的重要组成部分，具有很高的史料价值和学术价值。"

通过特色文献馆藏建设，有助于构建有地域色彩的文献收藏体系，为党政机关的决策提供更为丰富和全面的本土文史文献信息。积极参与和推动本地区图书馆合作和文献资源共建共享，为区域经济建设做出应有贡献，使图书馆在社会发展中的地位和作用不断提升。同时，了解本地区企业在科研方面的需求。建立相应的专题学术资源，为科技创新、学术研究等活动提供高层次的知识支撑和信息服务。

4. 关注儿童及特殊群体的图书需求

据统计，少儿类图书是公共图书馆利用率最高的图书。要重视各年龄段未成年人阅读内容的均衡，考虑不同年龄段少儿的阅读习惯、阅读能力、注意力等特点，有针对性地进行采购。比如，对部编版小学语文课本《快乐读书吧》中小学生必读书目应挑选优秀版本入藏。而且，对于确实借阅量大的图书，应适当增加复本量。收集与整理人民日报社推荐的1—9年级必读经典书目和各学校各年级的必读书目，在加工整理的基础上采购入藏，并设立专题书架。多种举措的实施，势必能够保障学生阅读，从而完成老师布置的阅读任务，并切实提升孩子们的阅读兴趣，为营造书香社会奠定良好基础。

（五）科学管理图书采购工作

目前，在图书采购工作中会选择招投标的方式来完成。图书馆里的大多数图书都是通过招投标采购的，为了保证招投标的公平、公正，提高采购质量，一定要建立健全招标管理方面的制度，组建专门的部门和成员来负责这项工作，保证招标文件的合理性和可行性。同时，要加强监管力度，由专人来对整个招投标环节进行有效监管，防止出现控标现象。另外，在实际开展中，一些图书馆还会采取网上订购的方式来完成图书采购工作任务，采购人员要对供应商的资质材料等进行全面了解，这样能够进一步保障图书质量。在实际采购中，采购人员要综合分析图书需求和市场情况选择合适的采购方式，有效提升采购效率和质量。

（六）制定完善的合同期限评价标准

选定图书供应商之后，双方需要签订合同。相关人员要对供应商的服务质量进行评价，可以从书目信息、图书到货率、编目数据加工等方面入手。在图书馆管理工作中书目信息非常关键，代表着是否可以有效保障采购图书的质量。出版社的书目类型过多，不方便查找，会花费大量的时间。因此，若是供应商的自编书目信息精准，那么在评价过程中该供应商能够得到较高的分值。图书馆发出订单后，一些供应商因为自身原因无法全面满足采购需求，这样会耽误采购进度。为了解决这类问题，在满足图书质量可靠性的基础上能够按时完成图书采购计划，必须要求供应商保证图书到货率。编目数据加工是图书馆定期抽查的关键事项，分值占比较大。它是合同中约定的一种外包加工业务，是图书馆与供应商共同商量后签订的条款，供应商也要完成相应的要求。

（七）打造专业高效的采选队伍

文献资源建设工作是一个综合性的系统工程。其中，图书采选人员的素质直接关系到馆藏文献质量和图书馆发展水平。加强采选人员队伍建设，打造专业高效的文献资源采选队伍是提升馆藏质量的必由之路。

1. 树立终身学习的意识

图书采选人员要树立终身学习的意识。要爱学善学，不断增加知识储备。要善于利用计算机进行数据分析，提升采选工作素养和业务水平，不断积累采选工作经验，深化对采选工作的理解，提高图书鉴别能力。通过借阅查询统计，掌握读者阅读倾向并挖掘其心理需求，杜绝更多的个人判断所导致的偏颇现象。要采取积极有效措施，引导采选人员学习，培养责任心、事业心。通过不断学习，努力提高采选人员的思想素质和业务素质，强化职业道德。比如，要注重阅读反馈工作，定期通过系统统计数据了解读者借阅量最高的图书，定期进行读者问卷调查，多渠道积极了解读者的需求，以便图书能够得到更充分的利用。只有这样，才能最大限度满足读者需求，真正担当起新环境下文献采选工作的重任，保证采购过程的科学性、合理性，提高综合素养和服务水平。

2. 培养高度敬业的精神

采选人员应具有高度敬业的精神，把为读者挑选好书、发挥阅读引导作用、激发读者阅读兴趣当作一件很有意义的事。在开展业务时要“走心”，要经常关注当当网、京东网的畅销书排行榜，豆瓣读书、凤凰读书等栏目的热门书以及“学习强国”平台的读书频道，善于发现好书并及时采选。通过统计图书借阅相关数据了解读者的阅读倾向，对读者借阅量高的医学保健类、计算机类和烹饪类图书可以适当增加采购比例。努力做到“既考虑研究型读者的需求，也兼顾娱乐型读者的需求，因势而谋建设馆藏信息资源”。图书采选人员要充分认识文献建设的意义。事实上，提升文献资源建设质量，是一件利在千秋的大事，其价值在于，有助于提高图书经费使用效益、保障文献资源建设工作持续健康发展；有利于构建公共文化服务体系、促进文化事业持续健康发展；有利于满足人民日益增长的文化生活需要，提升国民综合素质，促进经济社会发展。诸多实践充分证明，认知层面的这种提升，对于后续业务工作的开展至关重要。

3. 增强专业精深的技能

尽管相对于专业图书馆，公共图书馆具有大众化的特点，但这不能成为回避专业、拒绝精深的理由。作为图书采选人员，既要有广博的知识储备，也要有灵活运用知识的能力；既要对图书市场有敏锐的嗅觉，又要有采、选、编、藏等扎实的专业技能。在开展工作时，要对文献采选的类型、类别、文种水平等，做到心中有数。同时，在文献资源建构过程中，要发挥专业优势，将书刊的情报性与学术性、知识性做出区分，充分彰显公共图书馆的教育功能。专业精深的技能，还体现在充分尊重读者需求。一般而言，图书文献资源建设以满足馆内年度工作任务为准则。但从长远来看，读者的需求以及自我教育的需要也是一个非常重要的考量标准。一个优秀的图书采访人员，必须时刻留意广大读者对文献的个性化需求，注重馆藏文献的连续性、实用性和完整性，在点点滴滴的积累中突出馆藏特色。落实责任审批制度，以宁缺毋滥为原则，对价格昂贵的大部头文献资料贯彻分级上报的申请程序，对畅销书、学术书也要努力做到“家底清、情况明”，真正将专业精深的“工匠精神”体现在公共图书馆文献资源建设的环节中，为社会主义文化建设做出应有的贡献。

第二节　公共图书馆流通精细化管理

一、图书流通精细化管理的基本内容

图书流通管理，是指图书的收集、检阅、整理、收藏图书文献资料等内容，通过图书整理可以满足不同读者的不同需求，这也是图书馆的重要工作内容。图书流通管理的工作内容包括：将借还文献图书放到指定位置，并将新购进的图书资料上架分类，便于读者取阅；如果读者在图书借阅过程中出现问题，管理人员需要及时解答；定期整理图书，将摆放错误的书籍重新归位，并注意图书倒架；保证图书资料可随时取阅，提高信息利用率，为读者创造良好的阅读环境。只有加强流通管理才能保证图书馆服务质量。因此，图书流通管理一直是图书馆重点关心内容。图书上架、图书整理、图书保存等工作都属于流通管理工作内容，流通管理工作人员只有对这些工作了然于心，才能快速解答读者问题，为读者提供

更好的服务体验。并且，很多图书馆会根据图书类型，对其进行针对性分类，还会加强对纸质书籍及数字化书籍的科学储存，这都有利于图书馆实现科学化管理，也能不断推动图书馆健康发展。公共图书馆图书流通管理有助于实现传统优秀文化的继承和发展，提升国民文化素质，也能及时弥补制度漏洞，推动图书馆高质量发展。

二、公共图书馆流通管理的现状

（一）工作人员面临多种业务压力

信息技术的发展和革新，使图书馆图书流通工作形式出现变化。图书馆开始构建线上及线下一体化借阅服务，期望为读者提供更好体验，促进图书流通率提升。根据读者需求展开无障碍流通，对公共图书馆图书借阅管理人员提出更高要求。流通管理工作人员需向读者提供更全面的信息咨询服务，并及时了解读者反馈及读者需求，才能确保采购多元化图书，满足不同读者的不同需求。同时，图书馆借转型机会，增加一些附加服务，使流通工作综合性更强，工作人员面临多种业务压力，急需提升信息技术掌握能力，其综合素质和综合素养也需全面提升，才能满足公共图书馆发展需要，促进公共图书馆积极转型和完善。面临多种压力的流通管理工作人员，需要在保持工作状态和工作质量的同时，积极进行自我提升，接受定期培养，才能有效提升图书馆管理效率。

（二）流通管理人员工作量逐渐增加

公共图书馆新型运营模式，使图书流通效率和流通质量增加。但其工作人员既要负责图书借阅工作，又要线上解答读者疑问，为读者提供适宜的图书类型，这使其工作量逐渐增大。虽然线上借阅平台的图书分类已经尽量合理化，但仍需要工作人员对读者进行一定指引服务，才能确保服务质量和服务效率提升，构建读者满意度更高的图书馆流通服务。流通管理人员在保质保量工作时，需积极维护纸质图书资源，更需增加网络知识掌握量，了解和掌握更多工作技巧和工作模式，才能更好地为读者进行全方位服务，更能为不同读者制订个性化服务方案。一般线上借阅平台构建时，会在其中融入大计算技术、人工智能技术、云计算技术、物联网技术等，但相关技术的使用和完善，需图书馆流通管理工作人员共同努力。由此可见，智能化时代，图书馆流通管理工作人员的工作量也在逐渐增加。

三、流通管理工作存在的问题

（一）信息检索问题

信息检索是图书流通管理工作重要内容之一，读者通过信息检索系统获得所需文献资料、了解图书馆藏书情况，管理人员可根据搜索频率了解读者的偏好，实现多元化针对性服务，提高服务质量。但在实际工作中，部分管理人员缺少职业素养，没有提前掌握相关知识、技能，无法及时解决读者咨询的问题，影响了图书馆的社会形象，同时，工作人员不重视图书管理系统的维护、更新，信息检索速度慢，阅读体验较差。

（二）工作流程不规范

在图书流通管理工作中，管理人员需要按照正规流程处理工作任务，但部分工作人员责任意识较差，以图书管理为例，存在缺页、破损、涂画、散页等问题，甚至丢失了许多学术意义较高的古本，给图书馆带来了不可估量的损失。同时，有的管理人员并未按照工作流程将图书文献及时归位，也不注意图书倒架，文献资料摆放过于紧密，影响了读者取放书籍。不规范行为的存在，影响了阅读体验，降低了图书流通管理的工作效率。

（三）信息化水平低

信息化技术的产生和发展，深刻改变了各个行业。对于公共图书馆而言，信息化技术的引入，可以实现数字化，降低藏书磨损，也能提高经营管理的效率，但部分管理者并未明确信息技术的重要性与必要性，局限于传统思维，影响了公共图书馆的发展。有的图书馆虽然已经进行了数字化建设，但信息系统的利用率较低，只将它作为查阅工具，同时，缺少风险意识，对重要馆藏资源的保护措施不到位，应对风险能力不足。

（四）服务意识不足

为了加强社会主义精神文明建设，国家给予了专项政策、资金支持，在此背景下，各地区图书馆快速发展，完善了基础设施，为读者创造了良好的阅读环境，但公共图书馆管理理念并未相应提升，缺少服务意识，部分工作人员服务态度较差，或与读者发生不必要的矛盾，产生了不良的社会影响。

（五）借还管理问题

在公共图书馆流通管理中，借还管理是目前主要存在的问题之一。首先，在图书借还高峰期计算机会出现系统崩坏等情况，这不仅给工作人员带来了不便，也导致借还信息录入错误的情况发生。其次，在人员借还管理记录中，也会出现漏记、还书错记等人为因素问题，这些问题严重影响了读者的阅读体验，也给读者带来了麻烦。

（六）信息流通管理问题

公共图书馆图书信息流通是与读者息息相关的，同时图书馆信息流通也是图书馆的内在形象体现。但目前在图书馆图书信息流通管理中会发生技术落后、服务功能不健全等问题，这些问题主要来源于管理人员缺乏对新技术的认识，且自身的综合素质不高，从而无法为读者提供全方位的服务，并且使信息流通管理发挥不到应有的管理效益。

（七）工作人员专业素养低

受多重因素的影响，图书管理专业的人才较少，且部分公共图书馆的管理模式不够先进，对青年人才的吸引力低，特别是在图书馆数量快速增加后，人才缺口越来越大。这种情况下，部分公共图书馆降低了人才招聘标准，虽然解决了用工问题，但这些工作人员的专业素质较低，无法保质保量完成管理工作。部分现有工作人员年龄较大，思想保守，不愿意主动学习信息技术，影响了整体的工作效率。而另一些工作人员具有较强的学习意识，但工作任务繁重，没有充足的时间和精力学习相关知识技能，且图书馆对员工培训的重视程度不足，培训活动大多流于形式。

公共图书馆在招聘时，对图书馆流通管理人员的学历、专业技能、信息技术掌握能力等方面要求较少，这也导致管理人员综合能力较弱。虽然部分公共图书馆已认识到这一问题，开始提升招聘要求，招聘高素质复合型人才。但由于图书馆流通管理工作人员薪资待遇较低，缺乏完善的晋升机制，导致招聘工作陷入瓶颈。素质教育和互联网的发展，使公共图书馆传统流通管理工作形式无法符合用户发展需要，想要促进其积极革新，需加强对流通管理工作人员的培养，提升其综合能力和综合素养。当管理人员综合能力较弱时，无法适应图书馆制度的创新和改革，更无法快速转变服务理念，这会限制公共图书馆的发展。

图书馆流通管理工作既繁杂又琐碎，需要流通管理人员对纸质书籍、数字化书籍整体数量做到心中有数，才能根据社会发展需要对其进行科学分类，方便读者查找和借阅。科学分类需要流通管理人员强化对学科专业知识的了解，才能系统性构建借阅目录，提升流通效率，满足用户的借阅需求。公共图书馆流通管理工作人员有能力全面了解用户需求，才能优化流通管理服务，提升图书馆服务质量，促进柔性管理及刚性管理的有机融合。

（八）图书流通管理模式落后

信息化时代，公共图书馆应根据社会发展需要，革新传统流通管理模式，才能强化书籍分类，维护图书流通管理工作秩序。但通过对目前纸质书籍的借阅情况进行综合分析，发现目前公共图书借阅模式仍相对落后，读者需要根据自身权限，借阅相关书籍。流通管理工作人员需审核借阅周期，更要及时检查归还的书本状况，强化检查才能减少图书破损，更能确保读者按书架分类归还相关书籍。但公共图书馆内书籍十分庞杂，日常的图书摆放、书籍整理、流通借阅等方面，工作量较大，这使图书馆流通管理工作人员工作难度提升，传统的流通管理模式明显无法符合图书馆发展需要。例如，一旦读者存在不文明的借阅行为，乱摆乱放书籍，就会造成书籍分类混乱，更会损坏纸质书籍，影响其他读者的借阅体验。

图书馆流通管理工作人员可借助信息化手段，展开流通精细化管理，以确保提升工作的规范性和系统性。但借助信息手段，完善图书流通管理模式，对相关硬件和软件具有一定要求，公共图书馆相关资金有限，无法对相关硬件及软件设施进行及时更换，这不但会增大图书流通管理工作难度，且一旦图书馆流通管理工作人员本身信息技术掌握能力较差，就无法根据发展需要更新流通管理模式，从而不利于图书馆工作优化和创新。

（九）线上流通管理平台功能单一

互联网的普及，使公共图书馆开始构建线上借阅平台。但通过对线上借阅平台进行深入分析和了解，发现其功能相对单一，很多功能也形同虚设。例如，虽然线上借阅平台有意见反馈模块，但反馈模块入口较为隐蔽，也没有专业人员对读者反馈意见进行收集，这不利于线上流通管理平台优化，也不能体现图书馆借阅服务的人性化，强化柔性管理。

一般流通管理工作人员可借助线上流通管理平台全方位掌握图书借阅情况，并根据相关图书借阅数据完善图书流通管理工作。而且，图书馆并没有对线上流通管理平台进行定期更新和优化，这不利于构建一体化阅读平台，不能实时更新数据，会使线上平台存储的图书条形码与图书不一致，影响读者借阅体验，也会使图书借阅变得复杂化。线上流通管理平台在流通数字化书籍时，也会存储大量纸质书籍的条形码，更会有全面的数字化书籍及纸质书籍目录，读者可根据自身需求，选择相关纸质书籍及数字化书籍。但通过对线上流通管理平台的目录进行综合分析，发现很多书籍涉及多学科内容，这就为图书分类带来较大难度，线上目录分类也具有较高的复杂性，不利于体现公共图书馆图书的系统性和规范性，也会使读者获取相关书籍难度增大。

四、流通精细化管理工作的重要作用

随着社会主义市场经济的快速发展，国民物质生活越来越丰富，但精神世界愈加空虚，由此形成了不良社会风气，如利己主义、拜金主义、物欲至上、盲目攀比等，如果不加以正确引导，则不利于国家的健康发展，这就体现了公共文化服务体系建设的重要性。公共图书馆满足了新时期的社会需求，可以引导国民主动接受社会主义主流文化的熏陶，提高个人综合素质，构建和谐社会，并自觉担负起传承中华传统优秀文化的历史使命，提升国家文化软实力。为了推进公共图书馆的发展，就必须提高公共图书流通管理工作的效率，公共图书馆流通精细化管理工作的作用正在于此。其一，充分发挥图书资料的价值。提高图书馆图书流通管理工作的效率，可以有效利用搜集整理的文献资料，满足读者多样阅读需求，提高服务质量，同时，保护了社会上流传的孤本、残本书籍，避免失传，实现中华传统优秀文化的创新性发展。其二，提高藏书质量。传统模式下，图书馆管理层对图书管理工作的重视程度不足，这在某种程度上挫伤了管理人员的工作积极性，消极怠工现象较为普遍，而高效率的图书流通管理，可以明确职责，及时剔除陈旧、错误的文献资料，优化馆藏书籍的结构，以此促进图书馆的发展。其三，增强读者的阅读体验。提高图书馆图书流通管理工作效率后，可以为读者提供一系列配套服务，营造轻松良好的阅读氛围，增强阅读体验，帮助读者养成良好的阅读习惯，逐步提高国民的整体综合素质，为公共文化服务体系建设做出积极贡献。

流通精细化管理更加注重将人本理念全方位融入流通管理中，刚性管理及柔性管理相结合，提升图书借阅效率，满足读者发展需要。公共图书馆采用流通精细化管理模式，能助力图书馆完善馆藏资源。例如，线上借阅平台会利用云计算技术进行存储，大数据技术进行数据分析、人工智能技术为读者提供借阅服务，相关技术的利用，能使流通管理工作人员了解读者需求，更能提升公共图书馆资金的利用率，确保采购的合理性。

公共图书馆开展流通精细化管理工作还能提升图书流通管理效率，公共图书馆作为文化流通基地，不仅能为读者提供多元化的书籍，也能加强传统文化的继承和发扬。但也需要各界加强对图书馆图书流通管理工作的重视，并积极加强图书流通管理工作投入，这样才能促进图书馆硬件和软件不断革新，为图书流通管理工作效率的提升奠定良好基础。提升图书流通管理效率的意义具体表现在以下几方面。

（一）为读者提供更好的服务

促进图书流通精细化管理工作发展，是希望满足不同读者的不同需求，这样才能为读者提供更好的服务。同时，当图书流通管理工作效率提升时，读者的借阅需求也能充分得到满足，也能使图书馆发挥最大价值，并推动图书馆的良性发展。信息技术的不断发展，使得人们获取知识的途径越来越多。图书馆必须优化管理和服务特色，才能使更多读者加强对图书馆的认可，并积极在图书馆中借阅相关书籍。而且，很多公共图书馆图书流通管理工作人员，为提升工作效率，会加强对读者需求的分析和综合考量，通过考量可以使读者有更好的阅读体验，也能充分展现图书馆魅力，使更多读者成为图书馆的忠实用户。图书馆图书流通不仅具有教育价值，也具有社会和人文价值，只有为读者提供更好的服务，才能充分促进其价值发挥，使读者充分感受文化和知识的魅力。

（二）有效展现图书价值

提升图书流通管理工作效率，可以充分展现图书价值。图书馆作为读者借阅的主要机构，不仅包含大量有价值的图书资源，也会对图书资源进行科学化管理，这样才能方便读者借阅，真正体现图书的最大价值。例如，很多图书馆管理人员会不断完善数字化书籍目录结构，科学分类可以提升书籍的流通率。随着信息技术不断发展，图书馆开始构建线上借阅平台。线上借阅平台在构建时，会加强对大数据技术的利用，利用大数据技术可以分析读者的图书借阅类型，并向读者针对性地推送相关图书内容，使读者阅读到更多感兴趣的书籍，从而为读者提供更好的服务体验。同时，图书馆加强对图书流通管理工作的重视，也能加强对图书的科学整理和保存，这都能为图书流通概率的提升奠定良好基础，也能使更多读者习惯在图书馆借阅书籍。

（三）不断提升藏书质量

不断促进图书流通管理工作效率的提升，也能提升藏书质量。工作人员在提升流通管理工作效率时，会对现有图书资源进行针对性整理，通过整理可以及时采购更多图书资料。但由于数字化书籍数量不断增多，使其没有加强对纸质图书流通工作的重视，这也使得相关管理工作人员缺少工作热情。因此，很多图书馆的纸质藏书都存在或多或少的质量问题，这不仅不利于图书流通效率提升，也不利于图书馆发展。当图书馆提升对图书流通管理工作的重视时，相关工作人员也会受到重视，管理工作人员会积极进行自我提升，从而积极促进其工作热情提升。由此可见，提升图书流通管理工作效率，不仅有利于藏书质量提升，更有利于推动图书馆发展。

五、流通精细化管理提升策略

（一）加强对管理人员的培养

公共图书馆流通精细化管理工作的提升，需要人才的支持。因此，图书馆要加强对管理人员的不断培养，管理人员也要加强自我提升，这样才能促进图书流通管理工作的不断优化。

公共图书馆要加强对管理人员的人性化管理。所谓人性化管理是指要根据管理人员需求，制定相关的管理制度和管理策略，也要根据图书馆发展需要，对相关管理制度进行适当优化，这样才能使人才的综合能力和综合素质不断提升，也能使人才在发展过程中，了解更多图书流通相关知识和技能。故此，公共图书馆领导应适当提升流通管理工作人员的薪资待遇，吸引更多高素质复合型人才前来就业，以此降低招聘难度。仅提升薪资待遇，无法提升现有工作人员的工作积极性，可适当完善晋升机制，晋升一些优秀管理人员。例如，图书馆领导可根据流通管理工作需要，针对性制订相关考评方案，通过全方位考评，能了解流通管理工作人员的工作状态和目前流通管理制度中存在的不足。这能帮助流程管理工作人员正确认知自身薄弱点，进行针对性提升，也能优化流通管理制度，为流通管理发展保驾护航。信息技术的发展和普及，也为公共图书馆流通管理工作人员提供更多接受再教育的机会，工作人员可根据发展需要，积极通过互联网接受再教育。接受再教育能助力流通管理工作人员，打破时间和空间限制，随时随地进行自我提升，更能使图书馆流通管理工作人员提升自身综合能力和综合素质。例如，工作人员可利用互联网学习先进的管理理念，更可通过互联网学习专业的图书分类知识，这能强化图书分类，提升流通管理工作质量和效率。

（二）建立健全流通管理规范内容

目前公共图书馆图书流通管理工作效率下降的主要原因在于，缺乏完善的图书馆流通管理规范内容，因此，公共图书馆为更好地服务广大读者应建立相关的管理制度，并坚持以人为本满足读者对于阅读的各项需求，从而确保图书馆内部管理工作发挥实质效益，确保图书流通管理工作的顺利进行。例如，公共图书馆可为人们提供检索系统，并以检索系统促进读者在图书馆的借书服务功能，读者提交“预借登记”。馆员根据预借登记在书库里提取图书，并通知读者。读者在指定地点领取图书并在流通台办理外借手续。以此促进图书馆图书流通管理规范性、有效性，并提升图书流通管理工作效率。

（三）利用大数据进行分层管理

为促进公共图书馆管理执行力度，可利用大数据，提升图书馆服务质量。根据大数据所提供的数据信息来改善图书馆的服务质量，一直是图书馆服务人员所共同探究的重要问题。在确定如何利用大数据库来完善图书馆图书流通管理制度时，技术人员应该对于当前图书馆所提供的服务质量进行预估判断，以便在将大数据信息应用的图书馆服务中层层有序。

（四）提高图书馆管理人员综合素质

公共图书馆图书流通管理人员可以通过交流探讨等方式，发现图书馆服务过程中存在的问题，同时，公共图书馆服务单位应该根据每一个工作人员的业务能力、性格特征来分配工作，并且要注意发布任务的公平性，如果在发布任务的过程中出现了不公平的状况，很可能会使图书馆工作人员出现不满，从而不能认真刻苦地完成工作。在图书流通管理工作中，图书馆应确保每个工作人员各司其职，在各自的工作岗位上发挥自己的能力，采用一定的激励手段使图书馆工作人员热心工作，投身工作，提高工作效率，营造良好的图书馆文化学习氛围，从而在整体上让图书馆的大环境有所改善，进而提高图书馆的服务效率与工作质量，真正提升图书流通管理工作效率与质量，并以专业的服务促进读者来馆的积极性。

（五）完善和优化流通管理体系

想要促进公共图书馆图书流通管理工作的优化，必须有完善的现代化管理体系作为支撑，这样才能加强对公共图书馆图书流通管理工作人员的规范管理，确保图书流通管理工作系统性运行。首先，在制定相关管理体系时，要加强对工作人员的尊重，将刚性管理和柔性管理充分融合，促进流通管理体系科学化和合理化发展。例如，制定相关管理体系时，积极参考图书流通管理工作人员的意见和建议，引导管理工作人员参与到管理体系制定中，既可以体现图书馆管理体系的人性化，也能充分发挥图书馆管理工作人员的主观能动性，确保相关管理体系更好地落实。其次，构建相关流通管理体系时，也要充分考虑读者需求，这样才能为读者营造更好的阅读环境，使读者借阅和阅读书籍的意愿更强。例如，图书流通管理工作人员，可以通过互联网与读者进行实时互动和沟通，通过沟通可以了解读者的需求，也能根据读者需求优化管理体系，这更能体现图书馆的人性化，也能制定一套相对合理的管理体系。同时，图书馆可以以网络匿名问卷调查形式，定期了解读者的意见和心声，这样才能了解现有图书流通管理体系是否需要优化，也能以此了解图书流通管理工作人员的工作状态，并促进其工作效率和工作质量不断提升。

同时开展多元化流通管理，互联网时代，读者仍需借阅大量纸质书籍，但也同时存在大量数字化书籍，传统流通管理模式已不能满足公共图书馆发展需要。故此，图书管理工作人员可借助网站、微信公众号等，引导读者线上自助检索相关图书目录，通过自助形式借阅相关书籍。自助借阅能提升图书借阅的便捷性，要对借阅账号进行实名登记，通过实名登记可及时了解图书归还状态，帮助读者快速查阅感兴趣的书籍信息。例如，可根据读者的综合情况和图书借阅状况，制定读者等级。读者等级较高，借阅图书也较多，借阅时间也能延长，而读者等级较低，借阅的书籍较少，也无法借阅太长时间。可根据读者的履约情况，确定读者等级和信用，以此引导读者养成良好的图书借阅习惯。虽然图书流通管理工作人员会对图书进行分类，但图书分类需要涉及的专业知识比较庞杂，流通管理工作人员可加强对书籍的进一步了解，拓展书籍分类，及时采购纸质及数字化书籍资料。创新流通管理模式，能解放图书馆流通管理工作人员精力。例如，读者可在图书馆网站和图书馆微信公众号中留言，图书流通管理工作人员可每天定期回复读者留言，以此了解读者需求，提升流通管理工作的有效性和科学性。

（六）增加投入，积极完善软件硬件设施

完善公共图书馆硬件和软件设施，积极采购数字化及纸质图书资源，需要政府、社会共同努力。财政部门可适当为公共图书馆建设拨付一些资金，但也要设立专业监督部门，对资金使用情况进行监管。强化监管能提升资金利用率，更能确保建设现代化图书馆。而公共图书馆应聘请专业维修人员，对相关设备进行定期维护和检修。强化保养能减少设备故障率，也能快速发现设备运行中存在的问题，及时进行维修和更换。公共图书馆工作人员可向社会一些企业寻求支持和帮助，引导企业为图书馆建设注资，以丰富图书馆建设资金来源。

例如，政府可适当提供一些优惠政策，为踊跃捐款的企业提供政策支持，以提升企业捐款积极性。图书馆采购数字化书籍时，要特别注意版权问题，更要在采购时充分参考教育者及受教育者意见，以确保采购的全面性和合理性。在软件及硬件设施完善时，充分考虑人员需求。而图书馆流通管理工作人员，也可对软

件及硬件设施提出相关意见及建议。作为相关硬件及软件设施的长期使用人员，流通管理工作人员能为设备优化提出一些合理化参考意见。

（七）根据读者需求构建现代化特色服务体系

互联网的不断发展，使得读者获取信息资源的途径越来越多。图书馆想要吸引更多读者在图书馆查找相关图书资源，必须构建特色服务体系，并不断丰富纸质及数字化馆藏资源，这样才能满足不同读者的不同需求。同时，公共图书馆有很多限量版和典藏版数字化书籍，但很多读者无法及时查找相关类型书籍，这也导致传统图书馆图书流通工作效率不高。因此，图书馆管理工作人员要加强线上图书分类，不仅要对相关图书进行明确分类，也要标注相关图书的出版年限，这样才能使读者快速选择需要的书籍。并且，不同的图书馆可以加强互动，通过互通可以交流工作经验，也能进行优势互补，构建具有特色的图书馆服务体系。虽然传统的纸质图书资源仍有较大的发展空间，但不可否认，信息技术的不断发展，使得数字化书籍在借阅方面更具优势。因此，公共图书馆也要积极完善数字化图书馆，不仅要采购数字化书籍，也要在采购数字化书籍的同时，确保加强对作者版权的尊重。而且，图书馆管理人员可以加强对图书借阅量的统计和分析，通过分析可以对现有馆藏资源进行补充，也能根据读者需求采购相关书籍，这更有利于图书馆积极发展，也能为读者提供更好的阅读服务体验。

（八）建立健全相对应的服务规范

首先，公共图书馆相关方面要结合实际情况，建立健全相对应的管理制度。公共图书馆要高度关注相关规章制度的建立和完善情况，确保各项制度内容更加科学合理。同时，要求图书馆的图书流通部门把相应的规章制度进行不断的完善和优化，确保各项流通管理工作更加细化和规范化，使流通部门的管理员能够在具体的图书流通管理工作中有据可依，有章可循。在建立相关规章制度的过程中，要贯彻落实刚柔相济的基本原则，遵循以人为本的原则，结合读者的个性化需求，做好图书流通精细化管理服务。

其次，要进一步加大相关制度的执行力度。公共图书流通管理人员要在实际的工作中坚定执行相应的规章制度和规范要求，最大限度地提升图书流通工作的执行能力，严格按照相对应的操作规范，履行自身的职责和使命，同时要制定出相对应的工作目标，贯彻落实奖惩责任制度，确保部门考核和个人考核能够融入年底的评比体系中，以此使相关人员和部门的积极性、主动性得到充分提升，从而进一步提高整体图书流通管理工作效率。

（九）有效提升图书管理服务质量

公共图书馆的图书流通管理部门要具备服务意识，针对服务质量进行切实提升，在各项管理工作中要把读者放到第一位，注重把握读者的内在需求，针对传统的管理模式进行不断的转变和完善，积极有效地和读者进行全面细致的沟通，通过更加优质的服务和亲切的态度、专业化的水平，为每一位读者提供全方位多层次的服务，特别是在图书流通管理工作中，要关注细节工作，针对细节服务优化和完善，这样才能更有效地增强读者的直观感受，确保图书馆的信誉得到充分提升。

（十）提升管理人员的专业技能和综合素质

首先，要结合具体情况，积极有效地引进专业化的人才。公共图书馆相关方面要想使流通精细化管理水平和管理效率得到显著提升，就需要不断地引进专业化的人才，选取专业对口的适用人才，构建更加高素质的专业人才队伍，转变管理思路，践行全新的管理理念，使专业人才能够在实际的操作过程中明确自身的岗位职责，在专业技能方面显著增强，从而确保高校图书馆焕发活力。

其次，针对现有人员进行切实有效的思想道德学习和培训。图书馆图书流通管理部门要着重加强馆员的思想道德学习和培训工作，使其增强责任心和使命感，具备服务意识和质量管理意识。在具体的工作实践过程中，逐步培养自身的服务理念和服务技能，成为职业和道德素质过硬的专业化人员，在工作实践中具备足够的耐心和细心，特别是在借阅高峰时期，保持平和的心态，确保每一本书的信息都能够正确录入，按照相应的流程进行管理和服务，尽可能营造出更加良好和谐的图书馆氛围。针对读者的不正确行为，要及时制止，并耐心细致地讲解相关管理制度，从根本上有效地避免冲突。同时，尽可能换位思考，充分尊重每一个读者，使读者能够充分享受图书馆的安静和祥和。

最后，提升馆员的专业技能和综合素质。要充分认识到，公共图书馆流通精细化管理工作需要很强的专业技能，因此，要着重针对馆员进行切实有效的职业技能培训，使其专业技能进一步增强，在综合素质等方面全面提升。特别是在信息化时代背景下，要确保馆员能够掌握相关方面的信息化操作技能，对各项流程有效把握，以此使管理效率显著提升，为读者提供更为精准有效的图书信息。

（十一）积极构建信息化图书流通平台

公共图书馆要积极构建信息化图书流通平台，满足读者的不同需求，使读者足不出户便能借阅书籍。例如，信息化平台中不仅要有借阅模块、还书模块，还要包含图书查询模块、读者管理模块、互动模块，这样不但能充分方便读者的借还需求，还能利用大数据技术加强对相关读者数据的全方位收集，并以此加强对读者的科学化管理。同时，积极构建互动模块，可以使志同道合的读者相互沟通和交流，提升图书流通平台的活跃性，提升图书资源的利用率。并且，图书馆管理人员也要对图书流通平台进行优化和革新，优化时可以积极参考大数据收集的意见和建议，这样才能不断完善图书信息化流通平台，也能有效加强图书资源共享，提升图书流通管理工作质量和工作效率。目前，虽然很多公共图书馆已经建立图书流通平台，但现有流动平台功能模块较少，不仅不能充分满足读者的借阅需求，也不利于数字化图书流通。因此，图书馆可以通过网络问卷形式，积极加强读者调研，通过调研了解不同读者的不同需求，了解现有图书流通平台存在的问题，这更有利于信息化图书流动平台的完善，也能为图书流通管理工作人员展开工作奠定基础。

（十二）完善图书流通管理制度

部分公共图书馆对制度建设的重要性认识不足，缺少创新意识，降低了图书流通管理工作的效率，影响了图书馆的整体发展。因此，公共图书馆必须建立健全图书流通管理制度，为日常工作提供制度保障。图书馆管理层要转变观念，学习相关文件，并抽调高素质人才进行市场调研，了解读者的阅读需求，明确管理目标，邀请专业团队评估图书馆的整体情况，在此基础上建立科学的图书流通管理制度，形成草案后，及时公开，征求社会、员工意见或建议，及时弥补制度缺陷，在具体实施过程中，需要始终坚持实事求是原则，进一步完善图书流通管理制度；值得注意的是，图书馆决策者要广纳意见，实现科学、民主决策，运用集体力量解决问题，加强内部宣传工作，让中下层工作人员了解图书流通管理制度对图书馆发展的作用，保质保量完成工作任务，降低图书流通管理难度；选拔一批复合型人才组成巡查小组，直接向图书馆管理层负责，减少其他因素的干扰，不定期抽查，了解工作完成进度，确保制度措施落实到位，提高执行力；建立专项沟通渠道，管理人员可随时上报工作中的问题，提高解决实际问题的能力。

（十三）健全考核评估机制，提高服务质量

建立健全考核评估机制，可以有效提升图书流通管理工作效率，提升公共图书馆利用精细化管理。增强体验，让读者亲身体会阅读的乐趣，调动参与积极性。根据公共图书馆的实际情况，制定图书流通管理工作目标，然后分解为半年度、季度、月度工作目标，明确职责和标准，巡查小组不定期抽查，了解工作完成情况。如，数字化进度、图书倒架、信息系统维护等，对于完成质量高的工作人员提出表扬，并按照标准打分，与职称评审、个人薪资直接挂钩，以此激发工作积极性；在巡查过程中，如果出现数据错误、图书损毁遗失、错乱摆放等问题，追究相关责任人，根据管理制度做出处罚，如果违规次数超过一定标准，则调换岗位或解除劳动合同；建立服务规范，组织管理人员学习相关知识技能，增强服务意识，及时激励表现较好的员工，并将其树立为正面典型；建立意见反馈邮箱，读者可反映工作人员态度问题，巡查人员核实后，依照规章制度处理相关人员，并给予读者奖励。

第三节　公共图书馆精细化管理体系建设

一、公共图书馆精细化管理的特征

公共图书馆建设有必要从传统管理模式中转型升级，实现图书资源管理的精益求精、精雕细琢、精严考核和精准定位，这样才能让每本图书资料发挥出作用，满足人们的阅读需求，让自己的视野更加开阔，知识更加渊博。

（一）精益求精

精益求精的管理理念是对公共图书馆进行精细化管理的核心，因此图书管理员的作用十分关键，不仅需要具备专业的管理水平，还要具有良好的合作意识。此外，还要不断改进管理方法，处理好管理工作的每个细节，对图书资料合理分配，为广大读者提供精品图书资料。

（二）精雕细琢

我国很多公共图书馆的图书资源有限，还存在图书管理员少的情况。近年来，国家高度重视文化建设，各地政府不断加大对图书馆扶持力度，但是在服务上依然不能满足读者需求，管理细节需要进一步精雕细琢。因此，在为读者提供服务中，必须细化工作内容，充分考虑到读者的感受，落实每一个关键点，树立高度的责任意识，对图书资料管理的每个流程精雕细琢，使图书资料的利用率提升，进而实现图书资料效用的最大化。

（三）精严考核

在图书资料引进方面，要制定有效的图书馆资料管理工作规范，使采购流程得到优化，精挑细选读者真正需要的图书资料，不仅可以为有用书籍提供空间，还可以减少资源的浪费。同时，图书资料管理人员需要具有较强的业务能力，接受图书馆的考核，在管理方法上采用员工聘任制度和绩效制度，根据不同的岗位工作内容量化细则，建立具体的考核指标，融入奖惩机制，结合现代精细化管理，进而为读者提供高质量的图书资料和服务。

（四）精准定位

图书资料管理的价值体现在为读者提供有用的图书，因此需要对用途精准定位，管理人员要明晰图书馆的服务价值，对图书采购进行精准判断。此外，信息化时代下的图书馆也倾向于实体图书馆，需要加强二者的联合，可以实现线上与线下结合的运营模式，借助精细化管理可以对图书馆的图书资料做好管理信息和时间衔接，真正实现精准高效，使读者的满意度提升。

二、公共图书馆实行精细化管理的意义

（一）提高管理效率

目前我国已经进入全面改革的阶段，其社会组织的发展也与社会基础发生了不一样的变化。在公共图书馆中应创新全新的管理体系，整合社会各方资源，积极努力完善公共服务体系，以此促进社会和谐发展。公共图书馆作为人们接受思想教育、丰富文化生活的主场地，应立足于传统图书馆的形式和职能，努力跟上时代潮流，满足时代需求，顺应时代发展，以精细化管理体系为基础提高管理效率。公共图书馆可以根据馆内图书资料为基础实现数字化图书馆的发展趋势，同步数字化，使人们通过精细化图书资料管理后可以以更方便、更快捷的形式进行阅读、赏析等活动，以此掀起全民阅读的热潮，使公共图书馆逐渐步入现代化时代发展中。

（二）发挥最大效益

由于受到图书馆传统因素的影响，我国公共图书馆管理呈现滞后性，过分重视投入与建设规模而忽略管理以及效益，至今这种格局仍旧存在。积极将精细化管理应用到图书馆之中，能够将思想观念中所存在的弊端打破，将经验型以及粗放型管理模式打破。作为一种以经济管理为主的管理模式，精细化管理能够推动图书馆得到可持续发展，在精细化管理下，各职责明确，业务流程优化处理，岗责体系得到完善，在协调配合的过程之中能够真正将图书馆工作中所存在的各项弊端打破。此外，公共图书馆采取精细化管理还可以降低成本投入，提高图书馆服务效益，对提高图书馆管理效能以及核心竞争能力有着十分重要的推动作用。

（三）实现创新发展

目前，国际竞争十分激烈，创新作为一种指导因素，对提高公共图书馆的创新发展具有十分重要的推动作用。伴随着信息社会的不断发展与进步，我国公共图书馆在管理理念以及服务理念上发生了重大变革，公共图书馆积极应用精细化管理，可以实现管理手段的创新，并且能够为公共图书馆的发展提供条件与发展动力，促使公共图书馆管理工作实现规范性与创新性的相互融合，对提高公共图书馆自身竞争力具有十分重要的推动作用。

三、公共图书馆管理现状及问题

目前在公共图书馆管理中由于馆内图书资料众多，并且图书馆阅读环境、图书管理人员的管理与服务效果不佳，从而导致图书馆管理内容出现了一定的问题，并且由于传统管理制度的约束与读者对象单一化等方面的原因，导致精细化管理利用效率较低，无法发挥其精细化管理的真正作用。

当前公共图书馆管理存在的问题主要有以下几方面。

（一）管理观念落后

现阶段我国正在大力发展经济文化，并且由于疫情的影响，各地经济考核指标都面临着重大的困难，因此在当前的社会状况下，很难顾及以社会公益事业为主的公共图书馆建设。我国的公共图书馆基础设施建设主要依赖于国家的财政扶持，由于图书馆的发展缺乏相应的资金基础，导致大部分的公共图书馆发展和管理意识并不十分强烈，总体来说较为安于现状。

（二）公共图书馆经费短缺

我国的公共图书馆以社会效益为主，大部分的公共图书馆都是免费为人民群众提供书籍和基本服务。因此，图书馆的经济来源较为狭窄，仅仅是满足日常书籍的购买需求，就已经十分困难，对于基础设施的更新和维护没有充足的保障。由于公共图书馆的经费短缺，导致图书馆的服务和基础建设受到了较大的影响，图书馆并没有真正满足人民群众的精神文明需求。公共图书馆对于人民群众的精神文化建设是需要长期维持的，短时期内并不能够转化为实际的经济效益，因此部分领导人员忽视了公共图书馆在当地经济发展中所产生的经济作用，导致经济图书馆的设施较为落后，无法改变当前的服务模式。图书馆的管理人员和工作人员待遇较低，工作积极性较差。

（三）服务形式单一

目前我国大部分的公共图书馆仍然采用传统的管理模式，也就是以纸质书籍为主，并且主要围绕着馆藏书籍进行服务展开。群众到图书馆进行借阅时通常只能够通过自己的寻找，逐渐筛选符合个人需要的书籍，没有更加快速便捷的方式。主要文献资料也以纸质为主，缺少其他形式的载体。

公共图书馆中所储藏的书籍想要真正地发挥实际作用，需要按照合理科学的方式进行分类和管理，这样才方便读者进行查阅。但根据我国目前公共图书馆的基本情况来说，大多数图书馆的管理方式并不十分科学，在分类方面较为杂乱。由于图书馆管理人员的专业水平不足，个人素养较低，无法根据读者的实际需要对图书馆的藏书进行科学分类，导致图书馆的管理工作无法快速转型。同时，受到信息技术的影响，我国各部门的信息建设都已经快速发展，很多读者都会选择收集查阅电子资料，而不是到图书馆中进行查阅。

（四）管理人员专业知识不足

由于我国公共图书馆的管理人员并没有足够的专业知识储备，因此很难维持图书馆的正常发展，导致图书馆的管理工作难以创新。由于图书管理人员自身的能力水平较低，并且管理观念较为落后，导致公共图书馆的服务水平并不能够满足读者的实际需求。大多数时候管理人员只是处理书籍借阅的信息录入工作，图书馆的管理模式都是图书馆建设初期沿袭下来的，已经不能够满足现代社会发展的需要，阻碍了图书馆的发展。

（五）信息资源共享不完善，资源闲置

公共图书馆由于藏书数量较少，种类也比较单一，缺少专业性质的科学文献和古典书籍，很难满足读者的研究需要。根据调查表明，公共图书馆的阅读需求几乎全部由五年之内出版的新书来满足，反映出公共图书馆有大量资源处于闲置状态。由于图书馆的分类不够明确，很多读者不能快速找到自己需要的书籍，进一步导致了图书馆的资源浪费现象。目前各行各业都已经快速向信息化方向迈进，图书馆的书籍管理工作也应该与现代信息技术结合起来。

四、公共图书馆精细化管理体系建设

（一）深化图书馆的各种资源

构建公共图书馆精细化管理体系，可以深化图书馆的各种资源。

首先，在人力资源方面，要将它作为管理工作的重点，对每个工作人员进行动态化控制，强化工作人员的岗位职责，让他们了解各自的工作职责，也要设置一定的工作权限，对其进行分级管理，让其成为一个系统化的组织，以便对每一项工作进行精细化管理。在对岗位的职责有正确认知后，要创设相应的考核机制，量化精细化管理工作，各个部门相互配合，人力资源的作用得以体现。

其次，在资金方面，当前大多数图书馆管理的资金是来自政府拨款，还有一些是来自社会和个人对图书资料和资金的捐助，因此图书馆的资金不能只依靠财政拨款，还要与相关单位和科研机构合作，共同进行管理工作。图书馆还可以与当地的政府、教育部门合作，对阅读推广的目标进行细化，当地的教育部门可以根据读者的阅读情况，为他们推荐适合的阅读材料，以此扩大影响力。

最后，在物力资源方面，公共图书馆里的图书资料是由工作人员负责的，在精细化管理中，可先收集几位具有代表性的读者的实际需求，对图书馆内部全部设备进行管理。一是可先制定图书资料的采购、上架、借阅、归档等制度，完善全部工作的管理制度；二是要根据网络来创设相应的平台，对图书馆的动态情况有足够的把握，防止重复购买图书，浪费采购的成本，让图书馆的空间价值得以提升；三是要对图书馆中的期刊、纸质图书、电子资料等进行完善、精细，在保管上，纸质图书要做好防火、防潮等工作，在电子资料方面，要保证借阅的有效性和合理性，让读者有一个良好的阅读平台。

（二）创新管理制度

信息化已经逐渐覆盖到我国人民生活的各个方面和领域，读者对于公共图书馆的管理工作也有了更高的要求，只有将现代化信息技术融合到图书馆的管理工作中，才能够真正满足读者的实际需求。与此同时，也可以提升图书馆在市场中的竞争力，适应市场的发展需要，促进图书馆管理工作更加科学化、系统化。图书馆与人民群众的精神文明建设密切相关，同样由于网络信息技术的发展，人们

获取信息的渠道逐渐增多，但是却越来越碎片化，导致读者没有完整的阅读体验，公共图书馆的转型对于我国人民群众的精神文明建设有着重要意义。

（三）加大政府扶持力度

由于我国公共图书馆缺乏充足的经济来源，因此要努力提高政府对公共图书馆建设的重视程度，加大政府对公共图书馆的资金投入和扶持力度，完善公共图书馆基础设施建设。图书馆的馆藏书籍要及时更新，时刻了解市场动态，满足读者阅读需求，才能够时刻保持馆藏书籍对于读者的吸引力。图书馆的书籍配置同样离不开资金扶持，图书馆的管理人员应该利用工作汇报等机会，表明图书馆对于当地精神文明建设以及经济发展的重要作用，力求当地政府为公共图书馆提供坚实的后盾，促进公益事业的进步，实现图书馆的社会效益和经济效益。

（四）利用技术优化阅读服务

在构建公共图书馆精细化管理体系时，要充分了解读者的需求，提升用户资料的服务质量，因为每一个用户在阅读时，都有不同的阅读需求，优化图书馆阅读服务的前提是了解用户的需求，可充分利用技术，优化阅读服务。首先，利用技术驱动实现服务创新，因为图书馆只靠技术来支撑，即使资源和服务再丰富、再便利，也不能使图书资料管理的内涵和价值得以体现。在这种情况下，可利用技术促进图书馆的服务，深化图书馆的管理职能。其次，可利用技术了解用户的阅读爱好、年龄、职业等，以用户需求为标准，创新、规划图书管理服务种类，让用户主动地获取图书资料、接受智能服务，提升阅读服务的优质性。

（五）主动式精细化管理方式

在传统的图书资料管理模式中，大部分是被动地为用户提供服务，主要是通过给读者提供空间，不需要向读者咨询、询问想要浏览的内容与需要的服务类型。而在精细化的图书资料管理体系中，管理人员需要提供主动的服务方式，根据对读者需求的了解与分析，有针对性地提供服务，并且对不同读者类型有清晰的定位，有助于管理人员在提供服务时，能够定向推送，利用新媒体平台进行图书馆藏资料的宣传，匹配到关注该项资料的用户，对用户信息展开分析与研究，通过各种渠道了解他们对不同品类的需求，提升图书管理的主动性从而提升整个图书馆的服务效能。

（六）精细化资源管理

公共图书馆是人类文明的产物，是人类通过生产经营不断开发利用形成的一种精神财富，其通过大量收集、加工、传播并将资料记录保存下来，是一个社会化的行业。但长期以来，我国在图书资源方面的管理手段较缺失，没有做过全面的规划与统筹安排，导致很多文献资料出现缺漏与不合理重复的现象发生。因此，公共图书馆的图书资源管理，提倡将图书馆资源联合共建，以资源共享的方式进行精细化资源管理。首先，从人力资源管理方面对图书馆内部的相关岗位进行精准定位，将图书资源的管理工作流程不断细化，并且适时把握各部门之间的团结协作。其次，严格规范对图书资料的管理，通过建立共享型平台将读书资料实时上传至系统中，从而把控图书资料的更新状态，还能在一定程度上减少图书采买成本。最后，在财力上面，不仅要靠国家的财政拨款，还应细化精细化管理的优势，通过社会的力量筹得资助，使图书馆得到扩建。

（七）建设独特的图书馆文化

在公共图书馆管理工作中，核心问题便是人的问题，尤其将精细化管理融入其中，以人为本的理念需要格外重视。在图书馆管理工作中需要创建独特的图书馆文化，这不仅是图书馆发展的基础，也是图书馆精细化管理的核心内容。图书馆文化主要是指在图书馆的发展历程之中所形成的一种价值理念以及精神信念，属于一种以文化为导向的现代管理思想以及管理模式。图书馆文化的构建能够调动起图书馆馆员工的工作积极性，图书馆文化越发达，图书馆管理人员的个体荣誉感会越强烈，会指引图书馆朝着规范化、专业化方向发展。根据相关数据统计，在美国图书馆管理理念中，图书馆服务效能中人为因素占据 80%，文献资料占据 20%。所以，图书馆要想实施精细化管理，则需要将人才建设与图书馆文化放在首位，积极创设独特的图书馆文化，推动图书馆管理工作的创新发展。

（八）提供主动式管理

精细化管理体系的发展使一些图书馆馆员按照传统的管理方法在工作过程中被动地为读者提供服务。这种被动服务主要来自管理员认为读者需要的内容以及它可以提供的服务类型。虽然被动管理可以在一定程度上为读者提供准确的服务，但实际上并不能达到书籍材料精细化管理的目的。图书馆馆员需要提供主动管理服务，以便根据他们对读者需求的理解提供有针对性的服务。当然，在提供服务的过程中，管理员需要了解不同的读者群，准确定位读者，并定向推送。

（九）提高管理人员素质

管理人员是推动公共图书馆发展的基础，管理人员的工作内容不仅仅是对图书馆的书籍信息进行录入，还可以举行各种各样的推广活动，加大当地图书馆在本地读者中的宣传力度，在发展线上服务的同时，保证线下服务运行。管理人员在服务过程中，要坚持以人为本的工作原则，从读者角度出发，为读者推荐适合的馆藏书籍，重视读者的核心地位，保证服务质量。

（十）明确规范化的管理制度

公共图书馆针对图书资料管理的发展需要与转型需求，应不断健全与完善管理制度，制度的制定紧紧围绕图书馆的科学发展，包括激励、责任、运营等。其中对于运营体系，图书馆管理机制的有效性直接决定其运营情况，再根据当前的情况进一步调整工作流程，从而发挥激励机制的作用，不断调动员工的工作积极性，创建一个积极向上的内部环境氛围。在工作中，将精细化管理作为整个工作的核心对象，合理分配布局相关工作人员，将管理人员分配至适合的岗位，并起到监督管理作用。

与此同时，还应实时掌握读者对图书馆的反馈意见，结合意见不断优化工作流程，将图书资料管理流程细化分解，并定期展开归纳、总结与评价。在此基础上，进一步融合精细化管理体系，通过完善人力资源、信息资源、环境资源及将资源整合在一起，从而对员工与读者进行高效管理，定期开展业务技能比赛、劳模评选活动等，评选出优秀员工，给予表彰。

另一方面，图书馆精细化管理有控制经费的作用，对于图书资料的管理也设置了大量的要求，而有些时候由于管理要求太过苛刻，导致管理人员对工作产生厌倦的心理，管理人员在工作中无法发挥自己的潜能，束手束脚，这对于图书馆的长远发展具有一定的负面影响。因此，在图书馆加强内部精细化管理的同时，还应注意制度人性化的设置。依据读者在馆内实际的阅读过程，对读者反馈资料进行整理、收集并优化，图书资料管理人员在服务读者时需要责任分明，不同岗位承担各自所需的责任，并且对自己在工作中做出的成绩与所犯错误进行评估，从而使图书馆内部形成良性竞争的工作氛围。

（十一）做好精细化数字管理

随着信息技术的进步，构建数字资源平台成为现代图书馆发展的必然趋势，图书馆走过传统阶段、自动化阶段、现在正处于数字化的阶段。数字化图书馆的出现，使人们足不出户就可以获取大量数据信息，对教育、科研、经济的发展具有重大的推动作用。对于图书馆藏的数字化，通过对书刊文献设置数字，提高了海量图书的检索速度，呈现资源数字储存、智能检索、网络传递等特征。

现代公共图书馆精细化数字管理，使图书资源的储存方式发生了巨大的改变，由过去传统的纸质存储转变为磁性介质的电磁信号，通过对资料进行压缩空间、改变组织方式，很大程度上提高了检索速度、加快维护工作、降低维护费用。图书馆中图书馆的存储不仅有纸质文献，还扩展到很多以文本、图形、地图、音频、视频等方式保存的数字化的知识产品，通过多媒体技术将其统一存储与管理。通过网络智能化的检索，改变了传递信息的形式，从原始的纸张顺序、线性方式转变为直接用电子计算机网状的方式，使读者不再受到时间与位置的限制，通过设置广泛的用户链接接口，提供便捷的检索功能，通过访问网络用户就可以获得所查询的资源，大大地增加了信息共享程度，并缩短了信息传递与反馈的速度。利用互联网将馆藏的资源与网络资源有机结合在一起，满足了不同读者的不同的阅读需求，读者可以以自己喜欢的方式进行检索与浏览，并将线上数字平台与线下借阅平台联系在一起，细化借阅流程，从而大大地提高图书资源利用率。

（十二）优化服务流程

公共图书馆是面向大众的社会化服务平台，馆藏中的文献资料是为广大群众提供服务的，因此，在图书资料精细化管理建设中，应根据人们的需求有针对性地提供服务，并且将优化服务流程放在整个工作的重心。在服务的过程中，通过运用计算机技术为读者提供快速资料检索、解决阅读难题等帮助，建立便捷的图书馆服务模式，为读者提供最个性化的服务。

首先，通过信息技术收集存储全面、完整的文献资料，并将大量图书资料存储至信息管理系统，这个系统通过图书馆官网链接向社会开放，使之能够便捷查询与传递，馆藏资料数据库的建立在提供个性化服务中起着至关重要的作用，方便读者实时掌握最新资料。

其次，加大对用户信息需求的研究，通过了解用户信息需求行为，对所获取的信息不断分析研究，其研究结果直接决定图书馆的服务方向与服务内容，并沿着用户的信息需求如读者访问频次、借阅情况、反馈信息等内容，有针对性地开展信息服务。

再次，打造个性化的阅读环境，通过对用户基本信息的了解，制定个性化的用户跟踪服务，提高工作人员的服务质量以及良好的服务态度、语言、行为，增强其服务意识，使用户能够被图书馆具有亲和力的氛围感染，从而体验到图书馆的服务质量。

最后，建立专业的资源导航体系，在满足读者基本检索需求的基础上，借助检索工具，将用户查询的主题与关键节点进行整合筛选，分析出用户检索的原则，通过简洁语言的设置，用户在进行检索时能够自动呈现与检索词相关的语句，从而提高检索的速度与智能化。

第四章

公共图书馆的精细化服务

本章主要介绍了公共图书馆的精细化服务，分别从公共图书馆精细化服务、公共图书馆精细化阅读推广、公共图书馆服务优化创新和公共图书馆精细化服务体系的构建四方面进行详细的论述。

第一节　公共图书馆精细化服务

一、公共图书馆精细化服务现状

（一）读者服务欠缺系统性

公共图书馆在很长一段时间主要功能都在于储存书籍，为图书阅览者提供基础的借阅服务。公共图书馆不注重设置人性化的读者服务体系，也缺乏系统性的读者服务，当前很多公共图书馆仍存在这一问题。而随着城市中的主题书店以及城市书房的不断开设及投入成功，公共图书馆作为储存大量书籍的重要场所，也开始更多地注重服务读者的相关内容。公共图书馆中自动售卖机、饮水室、自习室等都随着图书馆的发展以及时代的变迁逐渐增加。但是在硬件系统不断增加的同时，与其配套的读者服务体系仍然没有很好建立起来。举一个简单的例子，很多读者进入公共图书馆后无法自行找到读者证办理处、自习室、各类型阅览室等功能性区域，并且在借阅和归还书籍时并不清楚具体流程，需要咨询专门的志愿者或者图书馆管理人员进行人工询问。而这种读者服务上的不足之处，其实很影响性格腼腆、不善交际或者表达能力障碍的读者的图书借阅工作。所以说，公共图书馆读者服务系统是一个需要不断完善和发展的过程，应当充分重视当前状态下读者服务系统的问题，并且予以解决，构建更好的阅读环境。

（二）读者参与度问题

公共图书馆读者服务中除了服务体系方面的问题外，读者参与度也是比较突出的问题。随着时代的发展以及信息技术的普及，选择到图书馆看书的读者逐渐减少，这是不争的事实。刨除读者本身生活和工作的繁忙，以及手机、平板电脑、笔记本电脑等智能移动终端普及外，其实图书馆本身的功能定位也是比较重要的内容。公共图书馆在读者服务方面的欠缺，在很大程度上影响了读者前往图书馆阅读的兴趣。因此，公共图书馆更应该挖掘自身潜力，不断提升竞争力，更好地为读者提供服务，从而增加读者参与度。当前很多公共图书馆都发现了读者参与度的问题，并且开始探寻提升读者参与度的相关策略，比如在公共图书馆内开设电子借阅区域，增加城市移动图书馆等。

（三）服务精细化不足

公共图书馆服务精细化不足是目前比较突出的一项问题。公共图书馆正在逐渐意识到读者服务的重要性并且为之进行改变，但在这一过程中，服务的精细化问题是一项迫切需要解决的问题。公共图书馆在提供读者服务时可能由于重管理轻服务、考虑不周全等问题，在具体读者服务上出现问题，精细化问题是比较突出的一项内容。比如公共图书馆在引入自助借阅系统后，无法很好地让读者简明易懂地了解自助借阅的使用，自助借阅是解放传统人力的重要措施，如果没有专人在自助借阅旁进行提供指导和咨询，会一定程度上影响服务质量。再比如图书馆的引导分流服务，在设计过程中缺乏精细科学的分析，影响读者在图书馆内查阅书籍的速度。可见，公共图书馆服务的细节化和精细度在很大程度上影响了着服务的质量，也对公共图书馆的发展产生了一定影响，应当结合实际情况妥善分析，探寻更加优质的解决策略。

（四）读者信息检索能力不足

很多读者初来乍到图书馆，并不清楚目标文献的检索方式，从而出现找书难的情况，网络环境下充斥着各种不规范而冗杂的信息，读者难以甄别哪些是正确的并对其有利的信息，对获取的信息缺乏一定的针对性。与此同时，循环往复的信息咨询工作也加大了公共图书馆馆员的工作压力，把大量的时间和精力投入到为读者提供信息指引中，也不利于图书馆馆员工作效率的提高。

（五）服务设施更新较慢

众所周知，公共图书馆是由政府出资，为人民群众提供公共文化服务的公益性文化场所，经济发展水平较高的地区和城市，其有足够的财力、物力、人力对场馆软硬件设施进行更新，而经济欠发达地区的状况则反之。图书馆场馆的环境舒适度高低，设备先进性与否直接影响着读者对公共图书馆的认可度和利用率。

（六）文献信息资源质量不高

通常情况下，很多读者来到公共图书馆并不是单纯为了寻找文献，而是将图书馆当作日常休闲娱乐的场所，因此，拥有较高质量文献资源的图书馆，必然会成为读者们倾爱的目标。然而，事实上，很多公共图书馆的纸质文献质量不高，这种质量不高不单单体现在文献收藏不全面上，还体现在图书在反复使用过程中陈旧破损。因此，公共图书馆应当加强对文献资源采访监管工作，把有限的购书经费花在刀刃上。

（七）阅读推广活动整体质量不高

公共图书馆通过开展多种形式的阅读推广活动，可以有效提高其在社会中的认知度，丰富读者的业余文化生活，进而达到促进全民阅读的终极目标。然而，部分公共图书馆开展的阅读推广力度不够，推广渠道单一，内容也不够深入，缺乏一定的创新性，活动结束后，也较少与读者进行沟通和反馈，难以了解活动开展质量的高低。

二、公共图书馆精细化服务的原则

（一）公益服务原则

公共图书馆依赖于中央政府或者地方政府进行相应的管理、资助以及大力支持，面向社会公众免费展开服务。运行和维持公共图书馆的资金是国家和地区的行政机构的税收，因此对于公共图书馆来说，为读者提供公益服务是它的职责。但其会受到当地的经济状况和当地政府对图书馆的重视程度的影响，对于大部分的公共图书馆来说，经费基本不怎么富足，尤其是我国的公共图书馆，虽然相比以前有了很大的进步和发展，但还是存在一定程度的拮据现象，特别是对于很多基层馆来说，有的甚至已经到了无法开门的状况。不过伴随着国家政府出台的一系列关于公共图书馆的有关政策法规，再加上投资的力度加大，社会各界人士对于公共图书馆的重视而加入了对其的支持，使得公共图书馆的经济窘境在很大程度上得到了改善。虽然作为公益服务的图书馆，需要对读者提供无偿服务，但是在一些经济发展并不平衡的地区，一些深困经费问题的基层图书馆，为了继续维持馆内业务的正常稳定运行，还是实行了一定的有偿服务，不过这属于权宜之计，并不会转变公共图书馆的发展服务方向，不会对社会形象造成损坏，我们需要对此进行一定的包容和谅解。

（二）个性化服务原则

个性化的服务可以为读者带来定制化服务的同时更贴合读者需求，从而让读者对图书馆所提供的服务产生好感，进一步使用相关资源与服务。当下，公共图书馆必须充分利用自身馆藏的优势，深入挖掘和分析用户需求。此外，公共图书馆还可利用图书馆管理系统及馆内相关读者访问记录分析资源的使用情况，并以此为基础分析和挖掘不同类型用户的潜在需求。在个性化服务中，可以从两方面提供策略，一方面进一步提高已有个性化服务，包括定题服务、查新服务等相关读者服务的质量和方式；另一方面，则是针对一般性的读者服务内容，将受众分类按不同人群充分挖掘不同潜在需求，并针对性地推广相应服务。对于图书馆已存在的个性化服务，可以结合新媒体，利用便捷读者获取服务的方式，提高个性化服务质量。

以查新服务为例，传统查新服务通常是在图书馆或者网上填写查新咨询单，图书馆根据读者所填写内容提供相应的信息服务，然后将相应的信息产品发送邮件或提供纸质资料等方式反馈给读者。新媒体时代，图书馆拥有更多个性化服务的方式。在查新服务开始，图书馆可以结合新媒体等技术，为读者提供更为便捷的填写通道以及方式，微信公众号以及手机 App 等新技术拉近了图书馆与读者的距离，然而在具体的个性化服务如查新中，读者仍然需要通过跳转到网站获取查新填写单等方式申请服务内容；不仅如此，在后续的服务产品提供过程中，也可以增加多种文件传送渠道，在已有的基础上增加 App 文件传送、社交媒体账号绑定发送等方式，为读者全方面提供个性化、便捷化服务。对于一般性的读者服务，图书馆可以利用读者访问记录，以不同的分类方式，比如可以通过人口统计学特征，对读者按年龄、学历、地域、职业等划分为不同标签群体的读者，然后通过大数据技术分析不同读者的需求，再以此为基础，定制不同群体的个性化服务，并通过微信公众号等平台直接定位目标读者。不仅如此，在图书馆手机 App 端，还可以利用用户画像等方法，根据用户的访问记录，结合相应算法精准计算读者需求，个性化推荐客户端服务以及图书馆资源。

（三）开放服务原则

对于公共图书馆来说，其本质属性便是开放的服务原则，在这之中的“开放”更多表达的是一个全方位的含义，并不是单纯指一般情况下的开门服务，它的全方位体现在公共图书馆所提供的各项服务彰显出来的零门槛、和谐、宽松；此外，开放服务中的“开放”也是一个动态的含义，它表达着图书馆服务的可持续化发展，不断与时俱进的先进精神。公共图书馆贯彻和合理应用开放服务原则，能够充分展现出人文关怀的精神和意识。公共图书馆面向的对象是全社会的所有人，在西方的一些发达国家，他们所应用的“open tall”更是传达出“开放”的意味。公共图书馆的服务对象不分信仰、身份、民族、职业等，都可以进入公共图书馆内享受其所提供的优质服务。公共图书馆内的服务内容也极为丰富，服务形式和数量都可以符合读者的需求；公共图书馆内的服务内容时效性也较高；除此之外，公共图书馆的服务形式较多且灵活多变，深受读者的喜爱。公共图书馆所能提供服务的时间也较长，基本可以在人们起床一直到大多数的人睡觉的时间，公共图书馆都是开馆状态。

大多数公共图书馆将开放服务作为重要前提，但是还需要基于该前提下，根据实际情况，把握全局，权衡利弊，进行一定的限制。换句话说，开放是相对的，但是限制是绝对的。通过合理贯彻开放服务原则，将开放和限制之间出现的矛盾尽可能化解成功。对于“公共图书馆需要满足读者的任何需求”，认为“读者永远都是对的”这一类的想法采取拒绝的态度，这种想法并不客观，并且可以说是有失科学态度，没有客观对待。

读者所包含的除了群体还有个体，当面对个体的时候，就需要避免认为其“永远是对的”看法。我们常说的“读者第一”，更多是将重点放在昭示图书馆的工作的重要宗旨，对于图书馆来说，其存在的理由是“服务”，所做一切都是为了更好地服务读者，并且将其贯彻在图书馆的工作全过程内。所谓“读者至上”是指在公共图书馆工作的时候，需要将读者对图书馆的认知以及实践和利益关系等摆放在主体的位置。虽然对于图书馆服务质量的高低以及信息资源的优劣等都是需要读者进行评判，但是这并不等同于“读者永远是对的”，图书馆不可能没有限制地满足读者的一切需求。若是允许，就有可能违反了图书馆的使命，譬如随意划分图书馆内的信息资源，允许读者对图书馆内的珍贵书刊等进行自由复印等，除此之外还有很多例子告诉我们要平衡好限制和开放的关系，最大程度发挥出图书馆的社会作用。

（四）公平服务原则

在我国目前阶段的公共图书馆中，引起大家重点关注的问题在于其公平服务原则，并且这也是我国公共图书馆的凸显属性。有一些人认为公共图书馆的本质定位在于信息的公平。其实公平不仅仅是公共文化领域，同时涉及的还有经济以及政治和道德等诸多领域。通过应用公平来有效衡量一个社会是否符合尊重人权并且满足人的基本需求，用以最大程度推进社会和人的共同发展。我们所说的公平能够因为“机会均等”而得以体现，即每一个生活在社会上的成员都有同等的机会用以展现自己的能力，每一个人都可以平等地参与到竞争之中。

除此之外，规则平等也是公平的重要表现，每一个人在参与社会竞争的时候，需要遵守同样的标准和制度，并且在所有人面前，规则是一样的，即人人平等。不过，我们理解“公平”的时候，不应该只是单纯机械地认知，还需要考虑到实际的社会环境用实践对其展开科学合理的判断，证明其利益分配是否合理。

与此同时，“公平”并不是恒定不变的，它是一种相对的概述，在当前的社会中，不公平的现象依然存在，譬如社会收入的差距，城乡之间的贫富差距等，这都是现在社会中的不公平现象。提供公平服务，是一定程度的公平，但是要实现服务起点以及服务过程和最后的服务结果的完全平等，可以说是基本不可能的。很多人开始对立看待公平服务和区别服务，但是实际上这往往是由社会需求的差别所直接导致的。应用区别服务是公共图书馆为了将“公平”服务更好地贯彻到公共图书馆的工作全过程中。依据每一个读者的不同需求以及他们的不同特点，从而采取针对性服务，能够更好地提高公共图书馆的服务质量。除此之外，公共图书馆的服务可以对一些贫困者和失业者等弱势群体提供特别关爱，对他们采取倾斜政策，从而更好地促使图书馆在全方位有效贯彻“公平”，推行关爱弱势群体的相关制度。

三、公共图书馆精细化服务模式策略

（一）结构精细化模式

公共图书馆精细化服务模式需要进行结构精细化调整。公共图书馆是体现城市设计与空间建筑艺术的场所，公共图书馆应当是城市新的心脏与灵魂所在地。结构上的精细化不仅可以保证图书馆满足读者需求，同样可以体现城市的建筑艺术风格，从而吸引更多的读者。公共图书馆在进行结构建造时，应该保证建筑结构的科学合理，通过结构的细化调整满足读者的需要。公共图书馆要想更好地服务读者，首先需要保证图书馆的范围以及面积，公共图书馆的面积应当尽可能扩大，增加公共图书馆的面积有利于储存更多书籍，并且扩充更多的功能分区。阅览室面积的扩充能够满足读者的阅览需求以及图书馆藏需求，而功能区的扩充则可以满足读者在阅读时的各项要求。现代化公共图书馆是阅读场所与城市储存文化历史的重要需求，读者在阅读文字的同时，还可以享受城市独特风光，公共图书馆应该注重城市特色设计，在图书馆景观设计、结构设计等方面增加更多本地元素。在进行结构精细化建造时，应该注重公共图书馆的设计，这里的设计不只是进行功能区域和结构划分，还应当充分重视图书馆的整体形态结构。在进行装修设计时，也要更多地增加公共图书馆的采光，合理安排布置图书馆内的装饰品、绿化植物以及标志建筑等。通过结构优化与精细化处理，营造良好的公共阅读空间和环境，创造高品质、高水平的读者服务。

（二）图书分类精细化

公共图书馆图书分类的精细化处理能够更好满足读者需求，提升读者服务质量。图书分类精细化是满足读者阅读需求的重要保障，在这一过程中需要注意细节管控。图书分类应该注意科学性、专业性与精细化，公共图书馆图书常规分类是根据图书分类法进行分类的，但是存在着某个类别分类过细，有的类别又分得过粗的现象。因此，公共图书馆在对图书分类精细化设计中，应该重视对传统图书分类进行改良和创新，在现有的图书分类基础上，根据馆藏规划、布局和当地读者的信息需求对图书分类细分，不断进行细化。传统的分类模式基本可以满足部分读者寻找图书的习惯，但是为了更好地对图书进行精细化分类并使之满足读者阅读需求，进行精细化分类前，应当设计调查问卷，了解读者对于图书分类的感受和看法。公共图书馆可通过网上调查问卷的方式了解读者的看法，根据读者反馈，积极开创新形式的图书分类，设置畅销书区、原创区、文学点评区、外文原版区等，并注意将经济学、管理学、法学、心理学之类借阅率较高的书籍在明显便捷的位置设计分区，以便读者进入图书馆后能够第一时间找到自己感兴趣的书目，避免读者在寻找目的书籍的过程中消耗大量时间，更好满足读者阅读需求。

（三）分区精细化模式

公共图书馆功能分区精细化模式是保证读者服务质量的关键。公共图书馆的功能区域应当尽可能精细化，同样重视读者的需求，设计包括借阅区、书友交流区、自习区、阅览区、期刊区、文化艺术区等常规的功能区域，另外还需要考虑到为读者提供便捷服务的特性，细化图书馆的停车区域、公共交通等候区等。考虑到图书馆的读者需求，增加图书馆内便民功能区域，比如设计图书馆自营店铺，增加图书馆内自动售卖机数量，增设公共饮水区，增设母婴区等。公共图书馆是读者的阅读场所，读者是图书馆的主要服务对象，在进行功能区域划分时，应当充分考虑到功能区域与读者服务的适应性，在进行功能区域增加之前应当进行必要的调研活动，通过实际观察调研，了解图书馆内读者对于阅读室、自习室、交流区或者会议室的使用情况，根据使用频率以及分布人数进行功能区域范围的划分。注意通过读者问卷调查的方式，认真地了解读者对于公共图书馆各功能的需求，不断根据读者反馈和读者需求进行功能区域的划分。功能区域划分完成后同样需要注意精细化引导，通过标识图、引导线等方式在读者入馆后，根据读者的需求和目的进行科学分流，让读者体验更好的图书馆服务。

（四）服务精细化模式

公共图书馆服务精细化模式中，必须重视对于具体读者服务性内容的优化与改良。图书馆的开放时间、自助借阅系统以及图书馆维护等方面的服务模式进行精细化改进能够提升图书馆的服务能力，在提供上述服务的过程中需要注重服务的人性化设计，更好地满足读者的需求。公共图书馆应当在图书馆外部以及官网或者官方微信平台等场景标注图书馆的开放时间、自助借阅系统、自助还书等相关内容，让读者能够更加便捷地了解图书馆的实际情况，在恰当时间前往图书馆。公共图书馆提供服务时可以设计 24 小时开放式城市书房，通过自助刷卡、人脸识别技术等自动识别技术进入，满足不同类型读者获取知识和自由阅读的需求。在满足读者需求的过程中，应当充分考虑无障碍阅读的相关内容，不断扩充阅读服务形式的多样性，比如扫描二维码打开听书模式进行无障碍阅读，为读者提供一对一人工智能引导服务，帮助读者选定自习室、预约会议室等。图书馆服务管理中也可以积极组建志愿团体，帮助图书馆完成运营维护、清洁工作等，为读者创造更加舒适的读者阅读环境。

四、公共图书馆精细化服务途径

（一）建设公共图书馆城市书房

公共图书馆城市书房建设是公共文化服务内容多元化、精细化的体现，城市书房作为公共文化服务体系的一部分，是为读者提供文化服务的新的载体与平台，探索和思考城市书房的建设有利于更好地为读者提供服务。传统公共图书馆受到开闭馆时间制约，不能很好地满足上班族和喜欢夜间阅读的读者需求。为了实现公共图书馆纵深服务社会，2014 年，温州市图书馆在市政府支持下，开办了 24 小时服务的城市书房，城市书房装修精致，具有文化气息，环境温馨，具备自助借还、阅读休闲、读书活动等功能，是缩微版的公共图书馆。这一新型的阅读空间载体，迅速在全国公共图书馆推广，全国各地特别是东南沿海一带的公共图书馆纷纷结合城市特色，打造了一批功能全、设计美、实用强的城市书房，为读者提供舒适、方便的阅读空间。

1. 公共图书馆城市书房建设的意义

（1）现代文明进步、城市文化发展水平的体现

中国社会的巨大进步，离不开每个城市的快速发展。改革开放以来，中国城市建设取得了举世瞩目的成就，各城市规划科学、四通八达、高楼林立，现代化工业建设步伐稳健有力。城市经济发展的成果促进了城市文明建设，强大的经济后盾是城市文明建设的发动机。各城市对公共文化投入的比重逐年增大，公共图书馆馆舍的面积越来越大，馆舍馆体建筑设计新颖，部分公共图书馆建筑已经成为城市地标建筑，是城市现代文明的象征。公共图书馆建设城市书房以点状服务于城市街道或者社区，整体呈网状覆盖整个城区，24 小时不打烊的服务，突破了传统公共图书馆服务地域与时间的限制，成为公共文化服务体系的补充和延伸。城市书房对读者准入几乎无门槛限制，包容性强，社会各阶层、各行业的读者都能在城市书房享有平等的阅读权利，在节奏紧张、竞争激烈的城市，城市书房给予读者温暖的阅读环境，彰显了现代文明的进步。城市书房作为一种新的阅读体验，将阅读变得精致而富有内涵，造型精美、环境温馨的居家型书房，将家庭书房的私人体验，转换为城市书房的共同拥有，成为城市文化发展水平的体现窗口。

（2）公共图书馆精细化服务读者的途径

城市书房具备基本的公共图书馆服务职能，读者可在书房内进行图书借阅、文化休闲等各种读书活动。城市书房在对外服务上 24 小时不间断，实现了部分只有夜晚才具备阅读条件的读者的阅读愿望，是公共图书馆服务的延伸。城市书房，引入家居书房的特色，考究的装潢、温馨的阅读环境，满足读者对书房式阅读氛围的需求，读者在城市书房读书，不仅是阅读行为，更是一种文化体验。让

读者在书房读书，好地方读好书，是一种深度服务读者的途径。

2. 城市书房建设的探索

（1）政府主导，引入社会力量参与建设

城市书房光靠政府财政投入建设的力量是有限的，应考虑由政府主导、扶持城市书房建设，引入社会力量共建城市书房，实现广泛的共管、共运、共享。比如政府出台优惠政策，鼓励有实力的企业出资，出力建设城市书房，政府统筹协调提供场地；企业认领场地建设城市书房并出资负责基建、装潢和内部设施设备购置，定额提供每年的后续运行资金，保障城市书房服务；公共图书馆负责图书馆相关运行的技术、图书、数字资源等支持，并提供业务指导。政府政策可允许企业获得认建城市书房的冠名权，并在税收等其他方面给予优惠，调动企业参建城市书房的积极性，同时也减少政府的财政投入，减轻负担。社会力量参建城市书房，有利于建设和运行资金的筹集，增加城市书房布点数量，完善城市书房的布局网络，提升城市书房的建设质量。政府主导，社会力量共建城市书房，更有利于促进形成全民建设城市书房、全民享有城市书房的良好局面。

（2）统筹运行维护和安全保卫工作，引入服务外包

城市可以考虑以市级公共图书馆为牵头单位，建立专业的城市书房运维、安保团队，统一为市内公共图书馆城市书房提供系统运行维护、机器设备保养、安全保卫巡逻等服务。市区范围内，由运维保卫专业团队日常巡检维护，郊区的可考虑派驻专门人员负责片区，就近片区可形成联保联动。运行维护和安全保卫具体工作可积极引入服务外包，将城市书房的运行维护和安全保卫交与专业公司实施，市级公共图书馆对服务外包公司做好业务指导、监督和绩效考核工作，有助于城市书房运行维保和安全保卫工作的有效展开。城市书房作为公共文化服务的一种新形态，已经有效地融入了城市文明建设，为读者提供了新的阅读空间体验，公共图书馆要积极探索城市书房优良的运行模式，改进管理与服务，使城市书房发挥更好、更大的作用。

（二）鼓励读者参与公共图书馆管理

读者是公共图书馆精细化服务的主要对象，让读者参与到图书馆的管理过程中，可以产生重要的社会作用和社会价值，对图书馆的发展意义深远。公共图书馆中有丰富的藏书资源，这些资源给人们提供了学习的渠道。也组成了社会文化服务体系。随着我国经济的不断发展，人们的精神追求也越来越高，公共图书馆可以满足人们的精神文化需求，在传统的思想观念中，读者是图书馆的服务对象，图书馆的各项服务都是针对读者开展的，要切实发挥公共图书馆的文化引导作用，从而更好地为读者服务。读者参与公共图书馆的管理，还可以激发读者的积极性，促进图书馆的服务水平进一步提升。

1. 读者参与图书馆管理的作用

（1）满足公共图书馆自身发展的需要

读者是图书馆的主要服务对象，如果没有读者的参与，则图书馆的存在就失去了意义。公共图书馆是公共资源，每个人都可以到图书馆中阅读、学习，但是每个人的需求也是不相同的，图书馆不可能满足所有人的需求，尤其是受到传统思维观念的影响，馆员的服务意识较差，很难满足读者的高需求，加上现有的馆员数量不充足，对公共图书馆的发展也造成了一定影响。所以，针对这些问题，较好的解决方法就是让读者参与到公共图书馆的管理中，在公共图书馆的管理中注入外来的社会资源，创新服务模式，提升公共图书馆的服务水平。

（2）读者能更好地了解公共图书馆的活动

为读者提供公共需求是公共图书馆作用的重要体现，随着人们的思想意识水平不断提升，读者的需求也变得越来越多元化，比如以前的图书馆服务模式比较单一，必须要读者到图书馆中借阅书籍，而互联网的快速发展，让人们的借阅过程变得越来越简单，不用到图书馆就可以完成图书借阅。另外，读者的信息需求也有了很大程度的提升，如果图书馆的服务不改变，必然会出现需求与服务上的冲突。让读者参与到公共图书馆的管理过程中，读者就有机会亲身去体验图书馆的专业工作，而且可以从图书馆馆员的角度出发，来理解他们在日常工作中的难点，理解他们的情感，有助于提高图书馆的发展水平。

（3）对公共图书馆开展的服务起到监督作用

公益性是公共图书馆的典型特征，公众可以监督公共图书馆的服务和活动。传统的图书馆事业发展过程中，忽视了社会监督这一过程，加上图书馆的性质比较特殊，作为事业单位，受传统计划经济的影响较深，导致图书馆发展过程中的一些工作失误没有被及时发现，更无从改进，不利于图书馆的转型。让读者参与到公共图书馆的管理中，在一定程度上也实现了对公共图书馆的监督，是社会监督机制的一种实施过程，对当代社会建设有一定的促进作用。

2. 读者参与公共图书馆管理的方法

（1）加强对读者的业务培训力度

很多读者虽然对公共图书馆熟悉，但是并不完全了解公共图书馆的运行流程和业务内容，没有经过培训就参与管理，势必会出现各种各样的问题。所以，加强业务培训，让读者熟悉公共图书馆的管理流程，是最基础的环节。一方面可以增强读者对于参与图书馆管理的热情，另一方面也可以提升读者的热情。培训工作应该由公共图书馆组织开展，定期组织培训活动，比如每周举行一次小型培训，每月举行一次大型培训，建立相对稳定的公共图书馆读者管理队伍，在培训过程中，主要集中于公共图书馆管理的业务技能、职业道德素养等方面，同时，要增强培训的实践性，不能仅仅局限于理论知识的培养，使读者改变对图书馆的认识，尤其是对公共图书馆的各项工作更加深刻地了解。

（2）探索多种参与形式

读者参与公共图书馆管理的形式多种多样，为了真正调动读者的积极性，在公共图书馆发展过程中，要根据当前的社会形式、读者的参与情况等，对参与形式进行调整。在日常工作中，读者的工作主要集中于图书流通管理、图书馆讲座展览、图书交换等基础性工作。未来为了进一步拓展读者的参与形式，还可以考虑设置读者委员会，组建一个比较规范的组织，吸引那些有兴趣参与到公共图书馆管理中的读者，让他们能够真正进入图书馆中，对公共图书馆的发展、管理中存在的问题进行分析，提出建议和意见，还可以让读者参与公共图书馆规章制度的制定，促使公共图书馆的规章制度变得更加人性化、更加灵活。

（3）完善读者参与的管理制度

公共图书馆转型和改革发展需要读者参与。为了确保这项工作的有序开展，各级领导要高度重视，不管是文化部门还是图书馆的领导，都要对这种新型的管理模式进行重视，加以宣传，并且制定科学合理的规章制度，来确保读者参与图书馆管理工作可以顺利推进。

公共图书馆的管理范围十分广阔，并不是每一项工作都适合读者。读者可以参与的工作任务是有一定限制的，在公共图书馆的发展过程中，可以根据实际情况，安排相应的工作给读者。主要有以下三个方面。第一，图书文献资源的采购。采购新的图书文献资源，可以丰富图书馆馆藏，给社会大众提供更多的阅读素材，但大众的阅读需求是多元化的，为了更好地满足大众的阅读喜好，参与管理的读者可以广泛征求意见，由读者管理小组来设计调查问卷，对用户进行调查，收集资料，再根据图书馆的馆藏资源情况来制订采购计划，落实采购任务。第二，开展用户服务。为用户提供服务是图书馆管理的主要内容，在知识信息时代，图书馆的服务应该从传统的借阅服务升华为知识服务，由读者小组为用户提供咨询、参考、知识服务，可以拉近用户和图书馆之间的距离。可以挑选有责任心、具有服务意识、热心公益事业的读者，深入一线服务，参与到与用户的沟通交流工作中，落实用户服务。第三，图书馆管理决策，既然要将读者引入到图书馆的管理过程中来，就必须要赋予读者一定的权力，让读者在图书馆管理工作中具有一定的主动权，从而激发他们的积极性。

（4）建立稳定的读者参与管理组织

读者参与公共图书馆管理，并不是临时性的工作，有的读者对这份工作的认识不到位，觉得比较随意。为了防止这种问题出现，应该要加强对读者的教育，培养读者的责任心，成立读者参与管理委员会，将这个组织发展成一个代表读者意见、维护读者公共权益的组织，在组织内部可以形成层次分明的管理结构，有专门的带头人，负责对有意向参与图书馆管理的读者进行管理。如对于一些参与公共图书馆管理的读者，需要接受读者管理委员会的监督，不能随意旷工，如果长期出现旷工等现象，则可以将其列入黑名单，不允许其再参与图书馆的管理。读者管理委员会也可以保障读者的权益，让读者在参与图书馆管理的时候可以行使自己的权益，为图书馆建言献策，真正促进图书馆的长远发展。

（三）构建智慧图书馆

互联网时代的万物互联，让公共图书馆迈进了智慧化时代。读者与图书馆之间、图书馆与藏书之间、藏书与读者之间、读者与馆员之间的角色不断变化，产生了更加广泛的交融。构建智慧图书馆，就是以物联网为基础，以协同共享立体互联为技术支撑，以智能化物件为载体，使公共图书馆服务智慧化。

所谓智慧图书馆，是指将现代化智能技术应用于图书馆的建设之中，将智能技术与高度自动化管理的数字图书馆进行有机结合，并根据现代化发展趋势对具体工作进行完善与创新，进而为广大读者提供最优质的服务，充分满足他们的实际阅读需求。在构建智慧图书馆的过程中，有关工作人员首先要做到对智慧图书馆具体服务目标的明确，以此为基础进行人文服务与创新服务模式的具体构建，这样能够优化服务，从根本上满足读者对智慧图书馆的应用需求，进而促进图书馆管理工作的持续发展。工作人员还要积极向多个领域借鉴智能技术应用经验，强化自身信息技术与信息传输平台技术，由此在不断改进与完善的过程中提升整体数字服务质量。此外，还要为智慧图书馆构建人性化服务模式，即对馆内图书资源进行整合、储存、发布、获取等模式的优化，在了解读者实际需求的基础上发挥出平台的服务优势，真正建设出以“互联网+”为基础的数字服务中心，展现出图书馆精细化服务的人文关怀与服务创新。

智慧图书馆的建设基础就是新信息技术。智慧图书馆就是利用新信息技术（包括物联网、云计算、大数据、5G 等）实现馆与书、书与人、人与馆之间互融互通、相互感知、相互呼应的新形态图书馆。

1. 特点

（1）深度数字化

智慧图书馆信息资源均以数字形式存放，读者可以在任何时间、任何地点，通过各种方式、各种设备获取信息资源。智慧图书馆数字资源通过智慧管理不仅方便查找定位，还可通过云计算对海量的信息和数据进行挖掘分析。

（2）全面互联化

智慧图书馆通过射频识别、红外感应、5G 等技术，将藏书与互联网连接，实现互联互通。这样的物联颠覆了传统图书馆开馆闭馆的时间限制和到馆离馆的空间限制，实现随时随地通过手机、电脑、平板等各种终端设备访问藏书。智慧图书馆通过获取读者的借阅记录，通过大数据分析，可以判断出读者的阅读偏好、阅读习惯等信息，从而更有效、更个性、更全面地向读者提供服务，实现服务的主动化、智能化、自动化。

（3）充分感知化

智慧图书馆通过信息技术将藏书与读者、馆员整合串联，智能连接，使各类碎片化信息全面分析读取、感知运用，从而实现信息感知的全覆盖，为读者提供更智慧、更高效、更准确的服务。

（4）协同运行化

智慧图书馆通过各种智能设备和信息技术，大数据分析跨部门、跨地区的信息，重新定义管理模式，将所需信息准确提供给有需求的人，从而达到最佳运行状态。尤其是通过互联网、物联网、云计算、云存储将信息发布在网络平台上，实现信息的共享共用、有机整合，加速信息从点到线、到面、到立体的转变，实现图书馆服务与管理更高效、更便捷的协同化运行。

2. 构成要素

（1）数字资源是基础

智慧图书馆服务的核心在于用户的需求，尤其是对数字资源的需求、对数字资源的建设整合，相较传统图书馆更具重大意义。数字资源，就是将纸质书籍、文献通过技术手段，转化为数字形态的资源。图书馆可以根据读者反馈的需求，有选择性地将重点优质书籍，在充分保障知识产权的前提下，运用技术手段编辑整理为数字化资源。对于读者有需求、馆藏没有的资源，一方面可以选择购买和合作的方式取得，如通过包库、授权访问、网络共享等方式扩大馆藏数字资源；另一方面可以通过合作共享，组建数字图书馆区域共享平台、共享联盟等，做到资源共享、共建共享。数字资源还应注重特色馆藏的建设。图书馆可以通过自建、购买服务的方式，将自身有影响力的、有自身特色的形成数字资源，做强做精，形成自身独有的品牌，以避免服务的同质化，提升服务的竞争力，形成特色亮点，如成都图书馆建立的“锦城讲堂”“蜀风雅韵”等特色数据库。数字资源的建设应适应新时代新阅读的要求，在建设时就应该遵循满足 PC 端、智慧终端、移动终端均可访问使用的原则，实现一次制作，多点访问使用，避免重复建设，做到服务最大化、成本最小化，尽可能方便读者，提升阅读体验。

（2）信息技术是关键

智慧图书馆构建的关键，是云计算、大数据、物联网、RFID 射频识别技术、5G 技术等新信息技术。云计算通过对海量数字资源的分析处理，结合大数据技术、云存储技术，将图书馆海量数字资源存储在云端，读者通过大数据分析和云访问，直接迅速、有效地获取准确资源，实现了数字资源的最大最优共享，为图书馆服务提供了强大助力。物联网是智慧图书馆信息技术的根基，也是云计算、大数据计算分析的依托，它通过传感器、RFID 射频识别技术等信息识别设备，将各类数字资源、设备、读者、馆员通过互联网连接在一个系统中，实时采集任何需要的信息，实现物、人及网络的互联互通，达到高效低耗、灵活便捷的实时共享数据，提高资源的利用率。

RFID 射频识别技术是智慧图书馆建设的核心技术，其工作原理为在阅读器与标签之间进行非接触式的数据通信，达到识别目标的目的。随着技术更新，RFID 已经不再局限运用在纸质文献上。现在 RFID 射频识别技术已经运用到图书馆各类公用设备，将这些设备标签化后，可以将所有资源接入物联网，真正实现馆与书、书与人、人与馆互联。5G 技术在智慧图书馆建设中，更起到了中间润滑体的作用，它将各类技术更加流畅、更加高效地黏合为一个整体。比如，因加载缓慢体验不佳的借阅导航、无感借阅等服务在 5G 技术的支撑下就可以完美呈现，并提供给读者。此外，其他一些新型智能化设备，如 AR、机器人等新型设备在建设智慧图书馆中也起到了独特作用。

（3）场景应用是目的

智慧图书馆的建设，会颠覆一些传统图书馆的借阅经验，解决一些传统图书馆想解决而无法解决的具体事务，实现图书馆服务的创造性提升。从某种意义上讲，智慧图书馆建设的目的，就是实现这些更迅速、更准确、更愉悦的借阅体验。下面举几个智慧场景应用，来体会一下新的借阅感受。

①智能咨询

传统图书馆提供的咨询主要通过电话、网站、微信、微博等，这些咨询均由咨询人主动向图书馆发问，图书馆回答，完成咨询，而智慧图书馆可以通过大数据分析，将最常见的或者读者最感兴趣的信息主动发送给读者，从而有效提高数字资源利用率，提高服务质量，优化读者体验。

②智慧借阅

智慧借阅是通过人脸识别技术，在读者入馆后即与图书馆后台管理控制系统连接并确认读者身份，读者可在允许的范围内自由通行，并享受书籍借阅、资料查询、选取座位等服务，这样既能减少图书馆人力投入，又能节约读者时间。

③智慧导航

在传统图书馆，读者有时要想找到目标书籍的准确位置虽然理论上可行，但实际借阅中经常发生目标书籍未在应在位置的情况，最终造成无法查找到目标书籍的情况。而在智慧图书馆中，读者可以根据手机 App 或图书馆智能终端查询到目标书籍的准确定位，这样能大大提升读者的借阅愉悦感和成功率。智慧导航还可以定制 AR 功能，将书籍的视频、音频资料实时呈现给读者，让读者有更为直观的感知。

④智慧阅读室

智慧图书馆通过 5G 技术和应用 VR 技术，给读者提供主题阅读室。这个阅读室与图书馆智慧管理系统连接，综合利用 5G 技术高效快速地为读者提供数字资源的搜索抓取，再利用 VR 技术在阅读室以虚拟现实的方式呈现给读者，提升读者的阅读体验。

⑤智慧报告厅

智慧图书馆可以以 5G 技术提供高速稳定的网络传输，将传统图书馆开展的学术报告、主题讲堂等大型活动以 VR 技术形式进行展现，有的甚至可以进一步完善 VR 渲染，提升互动体验，完善用户的体验。

⑥智慧推送

智慧图书馆可以根据大数据分析，对每个读者的历史阅读特点、阅读兴趣和学科背景进行分析，向读者进行精准推送，减少读者选择书籍的时间。

⑦智慧机器人

智慧图书馆可以安置 AI 机器人，通过实时连接机器人系统与图书馆业务系统，为读者提供咨询、导航服务。此外，AI 机器人还可以运用自身预知的功能，进行书籍扫描、信息预判、书籍定位、书籍移动等功能，协助馆员进行书籍盘点、运送、上架，提高工作效率和服务质量。

（4）智慧馆员是纽带

智慧图书馆的建设中，硬件的建设必不可少，但最终还是要靠人来完成，这就离不开图书馆馆员。智慧图书馆提供的是智慧服务，馆员更应具备实现提供智慧服务的能力。智慧馆员不但应具备比较高的专业素养、业务水准和具备图书情报专业背景，更应对大数据、物联网、云计算等新技术有一定深度的了解和理解，并具备熟练操作智慧设备的能力。只有这样，才能发挥好读者和智慧图书馆之间的纽带作用。

智慧图书馆建设的初心是带给读者更完善的阅读体验，带给读者更优质的服务。建立在新信息技术基础上的智慧图书馆，随着技术的进一步发展，也会不断发展，其构成要素也将不断增加、完善，变得更加智慧。这就要求公共图书馆不断以读者需求为导向，以最新技术为依托，完善图书馆的各项服务，促进公共图书馆事业的高质量发展，给读者带来更高质量的服务。

3. 作用

（1）为广大读者提供了更加丰富的图书资源。智慧图书馆公共服务平台采用最新的数字化技术，将所有的馆藏图书信息进行串联，并将其展示在平台上供读者自行筛选，实现了使用者与图书馆工作人员的紧密连接，促进了知识的进一步共享。

（2）为广大读者提供了更加便捷的服务过程。相比传统纸质图书馆，智慧图书馆公共管理平台的建设进一步改善了其当前的管理模式、提高了服务效率，便于图书馆工作人员对图书资料进行管理，同时，帮助读者在借阅书本过程中节约了时间，进一步提升了服务水平。

（3）为广大读者阅读书籍提供了更加便利的渠道。智慧图书馆公共文化服务平台的运行宗旨是以人为本，从惠民的角度出发让每一位读者都能够获得接触智慧图书馆知识信息的机会。智慧图书馆的建立与发展为广大人民群众的学习与工作提供了便利，在一定程度上改变了人们的生活方式。

4. 构建途径

（1）进一步改进服务方式，提高服务质量。与传统的图书馆运营模式相比，智慧图书馆运用数字化技术实现图书资源的共享，是基于人本、共赢理念为广大读者提供智能化管理与服务的新型图书馆。智慧图书馆内部应针对当前工作人员职业技能匮乏的现状开展专项培训，进一步提升其管理专业水平，指导工作人员熟练掌握智慧图书馆公共文化服务平台运营机制，解答读者在使用平台过程中面临的问题，让读者能够享受到方便快捷的阅读方式，进一步激发其使用智慧图书馆的兴趣。

（2）结合大数据系统对读者群体进行分析研判。智慧图书馆馆藏资源丰富，然而其运营体系尚不完善，没有针对读者的行业特征、兴趣爱好对其图书信息进行分类推广，由此造成人们对智慧图书馆的作用缺乏正确的了解。智慧图书馆的运营体系不应停留在传统的智能化水平中，只为读者提供基本的检索功能，应结合新技术的不断进步运用大数据平台或是通过对新用户的网上调查问卷的方式进行信息分类，进一步提高智慧图书馆公共文化服务的针对性，提升用户的服务体验感。

（3）争取各领域对智慧图书馆公共文化服务平台建设的支持。由于智慧图书馆尚处于起步阶段，其信息化技术水平与制度管理仍需要进一步的提升。然而当前智慧图书馆的建设缺乏资金与人才的双重支撑，针对这种现状，智慧图书馆管理人员应加大宣传推广力度，引起社会各界对建设智慧图书馆公共文化服务平台建设的重视，争取来源于政府、社会、企业等多渠道的资金支持，吸引信息化人才加入其建设队伍，增设服务内容，促进其公共文化平台的建设。公共文化服务平台的建设是对智慧图书馆运营模式的进一步改进，通过公共文化服务平台的建设能够为读者提供更加便捷的服务，扩大图书馆的受众覆盖面。然而当前我国智慧图书馆公共服务平台建设仍存在一些问题，需要结合新型信息化技术进一步提高服务水平，同时争取政府机构和社会各界的支持，方便广大人民群众体验更加智能的阅读过程，促进智慧图书馆各项功能的完善。

（4）建设智慧空间

第一，建设具有节能性和环保性的智慧图书馆。智慧图书馆的建设离不开智能设备以及现代信息技术的支持，同时还需要先进的感应监控来完成管理。比如智慧图书馆可选用智能温控系统来及时且自动地调控馆舍内部温度，为读者营造舒适惬意的阅读环境，此过程能有效利用能源资源，大量减少不必要的人工消耗，同时也提升了服务质量。此外，智能切换系统和推荐书目系统能有效提升对用户的服务质量和服务效率，智能照明系统的利用还能有效提升图书馆的服务水平。

第二，强化体验式服务和空间的建设。智慧图书馆为用户提供体验式服务能有效增强读者的用户体验，也能让受众更好地感受和融入智慧图书馆的服务和建设。比如通过虚拟图书馆空间的建设为用户提供虚拟移动设备体验功能，3D电影体验服务以及手势操控虚拟图书馆等各方面的功能，使读者能够享受更高端且更智能的服务，获得更舒适的服务体验，进而有效提升智慧图书馆的服务水平，满足读者各方面的需求。

（5）建设智慧化的信息资源服务模式

第一，为用户提供开放性的信息资源库。通常情况下，图书馆知识库的开放与存取需要尊重作者的个人意愿和著作权益，如果能通过互联网技术来为用户提供免费的信息资源，从而全面提升信息资源的利用效率和服务机制，有助于智能化的信息资源服务质量提升。

第二，实现智慧图书馆的信息资源互通。公共图书馆自建设以来承担着为人们提供信息资源的重要责任，但图书馆要想满足各用户的不同需求往往是一件难度很大的工作，所以公共图书馆需要实现信息资源共享来为用户提供全方位的服务。

（6）应用智慧化的管理模式

第一，科学调整图书馆组织结构。随着智慧图书馆的发展和经营，图书馆的功能和服务正在逐渐实现自动化发展，在此过程中，图书馆管理体系中各岗位的分工比重也发生了巨大的变化。具体而言，流通工作中需要的工作人员所占据的比例在下降，而信息咨询以及体验方面的服务等工作所需要的工作人员需求在增加。所以需要对图书馆的经营结构和管理模式进行重置，对工作人员的组成进行合理分配，结合图书馆的实际运营情况来适当增减工作岗位和有关部门，通过对经营结构和管理模式的重新设置和调整来优化管理流程和工作模式，提升图书馆的工作效率以及服务质量。

第二，合理优化业务流程。智慧图书馆的建设和运营不仅需要考虑图书馆的业务拓展，还需要通过各种手段来合理控制图书馆的经营成本，并不断提升服务质量。简单而言，就是需要重新定义和管理图书馆的各项业务及工作流程，结合目前的经营状况来规范业务流程，通过科学的设计来提升智慧图书馆的服务质量。并且智慧图书馆与传统图书馆差别较大的一点在于对信息技术的应用，智慧图书馆需要依靠信息技术来实现自动化和智能化的服务，所以需要调整图书馆的原有业务流程。比如，通过应用 RFID 技术能够有效优化图书馆借还服务流程，由传统的工作人员完成借还书籍业务转换为由机器提供自助服务，这也是图书馆服务水平提升的有效体现。

(7) 建设复合型团队

人员工作素质和能力水平在一定程度上影响智慧图书馆的综合服务水平，在图书馆的管理和运营等方面都有重要的作用。智慧图书馆的建设和应用，突破了传统图书馆在人才需求等方面的标准和要求，各种新兴信息技术的应用以及创新管理模式的引进，都需要综合素质高且业务能力强的复合型人才来支撑智慧图书馆的运营管理。所以，需要加强对图书馆工作人员的职业培训，通过各种方式的培养和激励，提升工作人员的综合能力和个人素质。同时需要为工作人员提供良好的交流平台，打造良好的发展环境，提升工作人员建设图书馆的积极性。

(四) 改造公共图书馆服务环境

由于公共图书馆性质的特殊性，读者对馆内环境的要求也相对较高，只有在安静、舒适的环境中，读者才会真正得到身心的放松，进而将注意力完全集中在图书内容之中，最终获得良好的阅读体验。因此，公共图书馆工作者应注重对环境的改造，改造范围包括读书氛围、室内光源、卫生环境、图书信息资料布局等。在进行环境改造前，要明确对读者读书效率的影响，如果室内声音嘈杂、环境凌乱，读者的情绪起伏会变得明显，会大大降低他们的阅读体验。因此，必须结合公共图书馆实际情况进行环境的大改造。

第一，要设置服务人员提醒任务，强调馆内工作人员、读者不得喧哗，维持良好的馆内秩序；第二，要定时对地面、窗户、书架、桌椅等做好清洁工作，展现出图书馆对读者的尊重；第三，对图书馆内书籍的资料进行重新布局，将同类型资料按照时间顺序或者首字母进行整体排序，再做好不同类型书籍的布局、分类工作，将这些整理好的内容进行电子信息录入。这样一来，可以为读者提供更加便捷的服务，优化他们的整体阅读体验。

构建良好的阅读环境是公共图书馆为读者提供更好服务的基础，能够更充分地发挥公共图书馆的文化传播功能。为吸引更多读者来馆阅读，公共图书馆首先应积极加强舒适环境的构建，提升建设力度，突出公共图书馆的个性和美感体验，为读者带来更好的图书馆环境。为此，可以改变传统的楼层界限，应用透明或者暖色系的玻璃窗，营建一个舒适的内部环境，并给予读者一种亲近自然的感觉。其次，还可以以年龄为界限进行公共图书馆的布局划分，这是因为不同年龄的读者会对阅读内容以及阅读环境有着不同需求，因此，公共图书馆应构建多个区域，例如，设置儿童游戏区、时尚青年区和安静老人区等。

与此同时，提高服务人员素质也是构建良好阅读环境的重要组成部分。在提高服务人员素质的过程中，不仅需要对应聘者的学习进行强制性要求，还要在培训过程中对服务人员进行潜移默化的培养，帮助服务人员形成会“看”会“说”的工作模式，能够及时了解读者的意图，并用平等的态度迎接读者，在读者有需要时为其提供相关服务，特别是在面对老年人以及儿童等弱势群体时，使其有耐心地进行服务，认真满足读者的需求。图书馆还需要增强管理意识，及时改变图书馆的经营模式。例如，图书馆可以制定相应的设备维护工作制度，设计人员调度与图书位置分配等方案。还要加强对图书借阅时间的把控，制定相关管理制度，促使工作人员积极工作，并提高他们处理突发情况的能力。

第二，图书管理需要从事人员具备一定程度的专业技能，如对繁多的图书进行编号、录入等工作，以方便进行系统管理。同时，还应注意出版社图书最新发行出版等信息，以便实时进行书库更新与图书范围扩展。此外，相关人员还应具有保存保养不同图书的能力，对常用书籍进行分类总结，并根据陈旧程度进行书籍保养工作。还需要对各个区域内的图书分布情况有一个具体的了解，以便帮助读者在最短时间内找寻到所需要的图书。总体而言，从以上方面进行服务人员的培养和图书馆工作改进，以使服务人员针对不同的读者提供更加人性化的服务模式，促进图书馆工作更好地推进。

（五）提高公共图书馆服务质量

一方面，公共图书馆应当聘请一些专家、学者定期对图书馆馆员的业务能力进行培训，让馆员及时了解新知识技术，完善对馆员业务能力的定期考核机制；另一方面，馆员在日常读者服务过程中，会遇到个别不理性、对馆员工作不理解甚至是态度蛮横的读者，因此，管理者应当重视对馆员心理健康的疏导，为馆员营造一个健康又富有竞争力的工作舞台。

（六）广泛接纳社会优秀人才

公共图书馆开展的阅读推广与读者服务内容具有多样性特点，而公共图书馆馆员的人力资源有限，现有的专业人才结构也很难支撑高质量的阅读推广活动的开展，因此，公共图书馆应当任人唯贤，从社会、读者中广泛吸引人才，建立并完善志愿服务机制，成立公共图书馆读者协会，加强与读者协会的沟通交流，并及时接受各类反馈，开展“阅读推广人”服务计划，让置身于各个行业领域的读者利用其专业优势开展阅读推广活动，同时，对阅读推广中做出突出贡献的人才给予精神和物质层面的双重奖励。

（七）提高对读者的个性化服务

公共图书馆读者群体的年龄、性别、职业有着千差万别，每一位对图书馆的需求、利用方式都存在着或多或少的差别，因此，针对不同特征的读者，公共图书馆应当开展有针对性的个性化服务。譬如，对于60周岁以上或有残疾的读者，公共图书馆可以为其提供“送书到家”服务，聘请医学专家为高龄老年读者开展健康讲座；对于年轻读者，公共图书馆可以邀请一些职业技能专家，在节假日期间免费为年轻读者提供各类职业技能培训。

（八）加大资源整合力度，实现服务方式自助化

要想使公共图书馆在读者服务中更好地发挥效能，就必须提升自身的资源整合能力。这是因为在智能化时代背景下，人们对图书馆的智能发展提出了更高的要求，为此，图书馆必须实现服务方式的自动化，以数字化电子系统代替传统的图书管理系统。例如，图书自助查找机器、自动检测系统、借阅自主登记程序以及微信公众号平台推广等方面的改革与创新。

首先，图书自助查找机器可以帮助读者更方便地找到所需书籍。在智能化时代，很多年轻人都喜欢自主解决问题，自助机器的设立不仅可以满足年轻人这一需求，还可以减少工作人员的压力，使其能够帮助更多真正需要帮助的群体，并为他们提供更加优质、耐心的服务。为此，应在图书馆大厅的多个位置设置自助查找机器，让读者能够通过自助查找机器找到想要寻找的书籍，减少时间的浪费。

其次，自动监测系统可以减少进出登记的烦琐过程。为此，图书馆可以将信息识别系统与传统的进出检测装置相结合，录入图书馆会员信息，并编制成卡片，使读者能够通过刷卡进出图书馆，从而减少相应的登记过程，并实现对所有会员信息的系统化管理，还能够根据读者在馆停留时间长短进行有效分析，以更好地改进服务方式。

再次，在借阅自主登记程序方面，图书馆需要完成自主借阅登记的模式建设，使读者能够通过机器程序进行登录，在确认自己的信息后进行图书借阅，也可以通过扫描图书上的条形码完成借阅图书信息的录入与自主登记，减少不必要的烦琐程序。

最后，还可以利用微信公众号平台进行图书推广以满足读者的阅读需求。图书馆可以通过微信进行绑定登录注册，并将公共图书馆的信息在公众号平台上进行同步更新，使读者可以根据平台信息选择自己感兴趣的图书类别，并方便读者形成连续性阅读的模式，提升读者的阅读兴趣。总体而言，通过以上方式，可以加快图书馆的服务速度，减少不必要的工作压力，同时还可以兼顾年轻人快节奏的生活，促使全民阅读活动的推进。

（九）提供多类型人士平等服务

为更好地为读者提供精细化服务，公共图书馆还应加强对老人、儿童以及残障人士的引导，促使其加入阅读活动中。为此，需要专业人员有耐心地对老人与儿童进行引导和讲解，利用图书馆系统为他们提供更好的服务，由于儿童难以时刻遵守图书馆的安静准则，为了减少对其他区域读者的打扰，应建立儿童阅读专属区域，并设置专业人员进行看护。还应该根据老人的需求进行图书查找，引导其进行借阅登记，并设置老人专属座位，提高座位的舒适程度，提供更多的老人爱心座椅，同时，根据儿童身高定制专属座位，以使老人和孩子能够拥有更好的

阅读体验。还可以为残障人士提供专业指导，例如，对于失明的残障人士，图书馆应为其准备语音电子书功能，将书本内容进行录入，并转换为人工智能语音阅读模式，引领失明人士进行阅读；针对行动不便的残疾人，可以设置专门的电梯与滑坡式轨道，以方便轮椅进出；另外，还应该设置专门的书籍查找工作人员，以为其提供相关服务；最后，最重要的是工作人员不应该以歧视的眼光去对待残障人士，而是应该用与对其他读者相同的服务方式为他们进行服务。

另外，图书馆也应该以平等的服务态度对待流浪群体。曾有新闻报道，有流浪人员依靠在图书馆进行学习最终考上大学的案例，而且推进全民阅读的目的就是使全民参与进来。因此，无论从哪个方面进行考虑，图书馆都应该为其提供相应的服务。

（十）扩大收藏图书类别范围

由于不同年龄段的读者对图书的需求不同，因此图书馆还需要增加收藏图书的类别范围，及时补充馆藏图书，增加特殊类别的图书数量。现如今，图书馆多数馆藏着很多指导教学的工具书和相应的练习册以及科学界的书籍，但普通的文学作品要少很多，特别是古今中外的名著图书数量和种类都无法满足大众的基本需求，所以应扩大馆藏的范围，增加馆藏数量。在扩大图书收藏量时，不光要增加偏僻类别的图书数量，还应该增加多语言的图书译本，例如，在当前的图书馆中只能找到外国名著的单一译本，但由于不同的译本可以给不同需求的读者提供相应帮助，因此，图书馆应增加不同译本的翻译书籍供给。

此外，还应该补足英文原版书籍。这是因为目前很多图书馆过于重视译本，忽略了有些读者对原版图书的需求，导致在图书馆找不到相应的原版书籍，只能通过网络进行购买，而且购买到的图书盗版居多。为解决这一问题，公共图书馆应加强书籍的多类型补进，满足读者的相关需求，根据读者需求进行图书补足是一种有效措施。为此，可以通过工作人员对当日来访读者进行图书借阅的相关记录，对未收藏的图书进行汇总，制定成单，再选择确定的日期进行图书补足，补足之后及时更新图书信息，以信息的形式，将图书已经上架的消息发送到所需读者的手中，以促进读者的二次来访，满足读者的求知欲望。

（十一）构建服务评价体系

在为读者提供精细化服务的过程中，公共图书馆需要根据相关规定构建服务评价体系，在读者的评价中了解读者具体的需求，从批评中加以纠正，从表扬中加以鼓励，从而形成互助互利的评价体系。虽然很多图书馆通过明星效应，使明星与相关图书进行联名，或者举办相关的明星见面活动，以增加图书馆的客流量，但是从长远的角度来看，这种活动耗费成本较高，并且不能维持固定的读者，是一项费时费力的活动。为使图书馆能够长期运营，应从主流客源着手，开发图书馆独立的评价系统，可将评价程序放在大厅中的显要位置，使读者可以通过手机扫描，对本次服务进行满意度评价，并将建议和需求写到相关网站，以方便相关人员通过评分环节对读者评价内容进行总结分析，帮助图书馆不断改进服务。

同时，还应该为老年人、儿童及其他不方便使用手机的读者提供匿名问卷采访的形式，将调查问卷放在读者可以看到的位置，方便其进行评价，以这种方式可以帮助图书馆了解更多读者的真实需求，从而采纳其中合理的建议，以更好地提高图书馆服务质量。此外，还应该对评价建议进行季度总结，经过商讨决定相关措施是否可以实施。如果可以实施，则需要在实施之后将其编写进相应的制度规章以及员工手册中，通过下一轮培训，提高工作人员专业技能。当然也需要将读者的相关建议加入培训内容中，从而形成一个更加系统化的评价体系，以起到稳定客源的作用，从而更好地为读者服务。

第二节　公共图书馆精细化阅读推广

在我国，文化的影响力和文化力量的作用已经受到很高的重视，国家大力推广“全民阅读”“书香中国”，使人们的阅读意识有了极大的提高。但目前社会的阅读风尚和人们的阅读水平尚未达到良好的状态，这便需要公共图书馆发挥能动性对其进行积极的引导。公共图书馆作为国家重要的文化基础设施，首先，具有教育群众、传播社会文化和正能量的积极作用，能够有效引导人们阅读积极向上、优秀的文化作品，促进大众阅读能力和阅读水平的提升；其次，公共图书馆的书籍资源十分丰富，相对于书店、阅读组织、出版社等有更丰富的藏书量，能够有效满足人们对阅读的需要，提高阅读的效率；再次，公共图书馆具有更好的阅读环境和管理能力，相对其他阅读组织，能够避免读者被环境干扰，影响阅读学习的效果；最后，公共图书馆还具有公平性和公益性，能够保证大众平等地享有阅读和接受服务的权利，提高人们的阅读高效性，提升人们的阅读能力和阅读水平。

一、公共图书馆精细化阅读推广内涵

公共图书馆是一个国家或民族最基础及核心的阅读推广主体之一。欧美各国阅读推广事业的发展，往往是在国家政府的引领下出台相关法案或计划，发动学校、图书馆、医疗机构、社区、教堂、出版社、书店等相关机构，携手营造出全社会重阅读、促阅读的文化氛围，进而推动社会阅读的发展。由于现代意义上作为书刊及知识信息提供中心的公共图书馆在我国出现的历史并不长，因此阅读推

广在我国的发展与欧美各国不尽相同，呈现与我国公共图书馆事业之发展水平紧密相连的态势。

公共图书馆阅读指导或导读是一个宽泛的概念，涵括了公共图书馆使用指导、阅读内容与方法指导、目录及工具书使用方法指导、文献检索知识教育等所有指导、引导或辅导读者利用图书馆、文献与阅读的服务及活动。从公共图书馆重点工作演变历史来看，过去被统括于导读工作范畴的内容逐渐分化并进一步拓展，成为专门的实践及研究领域，如参考咨询、信息素养教育，以及而今应时代需求脱颖而出的阅读推广。公共图书馆作为藏书机构和阅读的公共场所，推广阅读也是其存在的初衷。

20 世纪我国图书馆事业还处于建立图书馆网络、健全现代图书馆服务功能的状态，阅读推广意识较弱，阅读推广活动较为零散，其目标、理念、模式、规模等与当今提出的阅读推广均不可同日而语。

随着国家政府层面对于全民阅读问题的重视与支持，加之中国图书馆学会阅读推广委员会的多方引领，我国阅读推广事业近十年来发展迅猛。中国图书馆学会通过建立阅读推广专业委员会，召开阅读推广峰会，评选示范基地、优秀组织、优秀项目，开展阅读推广人培训，组织出版阅读推广教材等方式，地毯式推广进行阅读工作。中国图书馆学会阅读推广委员会下设的分委会数量逐渐增多，个数已从创建初期的 15 个增加至 21 个，每个分委会的人数 25 人左右，吸纳了大量的阅读推广人员。自 2006 年起，中国图书馆学会开始组织召开“全民阅读论坛”，至 2018 年，已连续开展 12 届。2013 年开始举行“全民阅读推广高峰论坛”。各分委会也举办了很多极具特色的研讨会，如经典阅读推广委员会于 2013 年开始举办的“经典亲近边疆·边远行”等。这些研讨会的举办，对阅读推广理论与实践的发展起到了积极的推动作用。为激励及表彰全国阅读推广工作的开展，中国图书馆学会设立了“全民阅读示范基地”“全民阅读先进单位”“全民阅读优秀组织”“阅读推广优秀项目”等评选活动，这些评选活动得到了社会各界广泛的响应。在建设全民阅读社会的呼声下，图书馆、出版社、书店、传媒机构、营利性机构（如亲子教育机构、国学培训机构、会员制的图书出借机构、移动阅读平台研制者）、学校或研究机构、政府及相关公益机构、社会团体（如志愿者组织“故事妈妈”）、个人等纷纷加入阅读推广大潮中来，从各自的视域开展了丰富多彩、各具特色的阅读推广实践，为整体社会性阅读推广风潮的形成推波助澜。

作为阅读推广的核心机构，阅读推广工作在公共图书馆全局工作中的位置已全然改变。过去部分图书馆也会举办一些展览、讲座、读书竞赛等推动阅读的活动，但往往处于零星的、可有可无的、非系统非常态的状态。如今，在世界性的阅读推广潮流中，公共图书馆亦无例外加入其中，开始面向公众或是所在地区开展阅读推广活动。

二、公共图书馆精细化阅读推广的重要性

推广是现代社会各行各业应用最为广泛的手段，“酒香也怕巷子深”充分表明了推广的重要性。公共图书馆开展阅读推广服务，具有更强的主动性，有利于提高人们主动阅读的意识，帮助人们养成良好的阅读习惯，提升人们对阅读的兴趣，最终取得良好的阅读效果；同时，借助阅读推广的手段，能够有效地提高公共图书馆的社会影响力。这样不仅可以提高图书馆纸质馆藏资源及数字资源的阅读浏览量和利用率，还具备推动数字化全媒体时代公共图书馆发展的重要意义，是推动“全民阅读”的基本要求。

三、公共图书馆精细化阅读推广基本情况

（一）基础概述

1. 发展过程

我国图书馆的阅读推广工作与20世纪80年代中后期我国开始出现的图书馆阅读指导、图书馆导读工作有所渊源。那个时候，图书馆的资源主要为纸质书刊，比较重视图书导读工作，通过创办读书社团、举办讲座、读书会、新书推介、推荐书目、读书写作与交流等活动，来推动阅读氛围的形成及推进公众人文综合素质的提升。

随着信息技术的发展，电子资源逐渐成为图书馆馆藏的重要组成部分，并日益为用户所倚重。在此背景下，围绕着电子资源的使用，图书馆的工作重心发生了很大的转变，参考咨询、信息素养教育等工作日益被视为图书馆支持教学科研的主体服务，而以图书推介为主的图书导读工作逐渐被边缘化，与之相关的阅读指导及推广工作处于可有可无之状态。图书馆如果认为该工作值得投入人力物力去做就开展，反之，就处于断断续续、时有时无的状态。

侧重于业界声誉的宣传推广。图书馆的宣传推广方式包括多元媒介的宣传报道、会议报告及开展读者活动。很明显，两者的推广目标、推广重点、方法及对象均有所不同。为增强图书馆与读者的联系，图书馆会举办形式多样的读者活动。过去这类活动通常被命名为“读者服务月”，活动项目涵括读书活动、信息素养教育活动，以及其他图书馆服务推广活动。阅读推广兴起后，许多图书馆以“读书节”“读书月”为名来开展读者活动，并有意识地突出活动的阅读主旨，增强阅读推广活动在整体读者活动中的比重。虽然在图书馆宣传中无须过分关注各类型工作的定义区分，但在整体工作的规划、组织与管理过程中则需要明确其范畴所指，如此方能避免由于概念不明所导致的阅读推广重点与特色不足、创新性不够、成效不佳等问题。作为信息服务机构，信息素养教育是图书馆的重点工作。

基于读者活动的传统，现今的研究者或图书馆从业人员常将信息素养讲座视为阅读推广活动。从图书馆宣传或工作总结的角度讲，这样的归类有较强的便利性，但是，太宽泛的界定必定会削弱核心成效。在阅读推广已成为图书馆常态化、活动化的主体服务内容之一的形势下，仍将信息素养教育的内容归并到阅读推广工作中显然是不合适的认知及做法。阅读推广并不是图书馆日常活动的补充，也不是大众化的读者活动，它已成为与信息素养教育工作、情报服务工作等同样重要的图书馆服务工作重点领域之一。公共图书馆是向读者推广阅读的主体，必须要了解阅读推广的概念范畴，方能有效定位、规划、管辖推动各项工作有效开展。

2. 组织架构

阅读推广已成为公共图书馆的重要工作领域。相应地，公共图书馆亦需要采取有效的组织管理机制来推进此项工作的开展。公共图书馆的传统组织结构通常设置有采编部门、流通借阅部门（或称读者服务部门）、信息技术系统支持部门、参考咨询与情报部门、行政与后勤部门，以支撑图书馆的运营。在而今转型变革及建设全民阅读社会的时代，有许多公共图书馆对传统组织结构框架下的岗位设置及职责进行了调整，也有为数不少的公共图书馆对组织结构进行革新，以适应变化的形势及需求。

3. 部门职责

（1）部分职能调整

为应对快速变化的外部环境，多数公共图书馆采用了依托传统职能部门——主要是读者服务部、流通借阅部，也包括参考咨询部或其他相关部门，来开展阅读推广工作。这种组织方式的优势有二：一是便于图书馆在不做大的组织调整的情况下开展社会需求的新业务、新服务，二是在稳定推进的基础上推动传统部门的业务创新。

（2）跨部门项目组

从不同业务部门抽调人力组成项目小组，通过部门间的协调推动阅读推广工作，也是不少图书馆的选择。这种组织方式最大的特点在于灵活机动，打破固有部门容易导致的条块分割，促进不同部门间的交流与协作。这种方式对于组织管理者的领导、协调能力要求甚高，对于大型图书馆尤其如此。例如，在活动中，组建了展览布置、海报与网站专栏设计、影视片选放、相关图书推荐以及征文作品选评等工作小组分别开展工作，待项目完成，抽调上来的工作人员回到原来的岗位中。

4. 志愿者推广作用

用户作为阅读活动的主体，其阅读活动的参与性直接决定了阅读推广活动的质量。图书馆通过组织阅读推广用户社团，从用户的兴趣爱好出发，将阅读推广活动举办得更加生动有趣，贴近用户群体。

志愿者服务通常包括深入社区提供阅读服务、上门送书、还书、协助社会文化活动等。比较常见的志愿者服务是公益性的协助相关人员对社区图书阅览室进行管理和整理，保证其能够在固定时间内正常运作和开放，为人们提供良好的阅读便利性。也可针对老人、残障人士等进行点对点的上门志愿者服务，通过开展免费代借代还、信息咨询、帮扶弱势群体等阅读活动，深入贯彻落实全民阅读推广活动。

将阅读志愿者培养成阅读推广的领军人物。在人际传播网络中有一类人，他们经常为他人提供信息、观点或建议，并对他人发挥个人影响力，这种人物在传播学中被称为意见领袖。意见领袖凭借自身禀赋，在观点传播、信息传递的过程中起到十分重要的作用，在日常生活中也影响着事物发展的走向。公共图书馆在阅读推广过程中，与阅读志愿者有大量的互动，可以从阅读志愿者中着力培养阅读推广领军人物，培养他们对自己身份的认同，而他们也愿意积极主动分享自己的阅读经历与生命的成长，引起周围读者的共鸣，带动读者主动阅读。

5. 新特点

（1）阅读的载体已经发生的大幅改变

需要指出的是，阅读载体的改变，势必会造成载体所能够承载的内容容量也会随之而发生改变。传统阅读主要以纸质为载体，在具体的阅读内容上，比较集中，不容易发生改变。而现阶段，电子载体已经成为最常见、最常用的阅读工具，电子载体的容量十分大，可以承载海量的资源，能够帮助读者获得更为广阔且丰富的阅读选择空间，如此一来，除了能够实现纵向的追踪阅读之外，还能够进行横向的跳跃式、检视式及比较阅读。

（2）信息表现形式变得越发多样化

针对那些将纸质当作载体的阅读对象而言，其在相应的表现形式方面，不仅有图表，而且还有文字等；而针对把电子当作主要载体的阅读对象来分析，其内容更为多样，除了有比较传统的图表、文字外，还有视、音频等。比如，通过应用 VR 技术，让读者有一种身临其境之感，较好地融合到阅读情境当中，给读者一种别样且逼真的认知感受。

（3）阅读方式出现大幅改变

伴随移动终端技术、现代信息技术及互联网技术的不断发展与完善，随心学、随地学、随时学便成为可能，且在采用屏求知的方式的同时，还能够带来“检视阅读”的价值，在此驱动下，形成了一套完整的方法与技能。现代公共图书馆注重全面阅读素养的提高以及学习型社会的构建，因而会不断向“阅读生态园”转变与迈进。

（二）组织理论

阅读推广工作的成效与公共图书馆对其组织管理的方式紧密相关。当前公共图书馆主要从实际需要出发，为开展阅读推广工作采取了相应的组织架构方式。

1. 系统开放性

阅读推广系统具有开放性。阅读推广系统离不开外界环境条件，与社会相互联系。系统接收环境的输入，继而加以转换，然后输出再供给社会。而社会接收阅读推广系统的输入后，又产生了新的社会环境，新的社会环境又再次输出，如此形成一个生态循环体。阅读推广系统不断地从外界环境中汲取先进的思维理念，以及资源保证，维持其发展的基本要求，不断向前发展。同时，又将阅读推广事业的成效传播给周围环境和社会环境，通过营造阅读推广氛围，从而影响公共或是社会文化事业的发展。阅读推广系统与外界环境通过彼此之间的相互作用、相互交流、相互影响，彼此都不断完善、共同发展。阅读推广活动的目标会随着外部环境需求的改变而不断完善，阅读推广团队也通过不断的自我学习，激发创新思维，更新已有知识，以适应环境的不断变化，阅读推广系统所传递的知识、文化也具有开放性。

2. 结构不平衡

不平衡就是无法达到平衡态，指的是在一个系统的内部，能量的分布是不均衡的。远离平衡态是有序之源，如果没有远离平衡态，仅系统开放是没有用的，因为系统仅在平衡态附近，与外界交流也仅是类似微扰的作用，不能使系统发生本质的变化，只有将系统逐渐从近平衡区推向远离平衡的非线性区，才有可能使系统演化成有序结构。公共图书馆阅读需求是不断变化着的，公共图书馆阅读推广组织遵循远离平衡态的原则，才能建立有效的管理体系。阅读推广团队的成员具有不稳定的特征。阅读推广活动更强调阅读推广的目标、理念、品质，力求做到推动社会文化的提升，乃至推动全民文化素质的进步。因此反映在阅读推广的文化上则是不能保持静态的平衡状，要不断地自我完善，顺应社会需求的发展，追求创新，不断突破。阅读推广的外部环境需求在一个随机变化、难以预测的环境中，因此更是必须具备“随机应变”的能力。

3. 相互作用性

公共图书馆阅读推广组织的各要素中具有非线性的相互作用的特征。非线性相互作用具有非独立相干性、非均匀性、非对称性等特点。阅读推广组织多个子系统之间存在非线性的相互作用。其一，阅读推广的外部环境与阅读推广团队组织之间存在非线性相互作用，能够促进阅读推广团队的发展壮大，激发阅读推广团队成员的积极性与主动性。其二，阅读推广团队成员与读者之间存在着相互非线性的作用。如读者对团队成员组织的阅读推广活动的赞赏与积极参与，或是通过阅读推广活动受到启迪并给予良好的反馈，能够激发阅读推广团队成员工作的积极性和主动性，使他们的工作具有获得感、成就感。

4. 趣味性

阅读推广对象即读者，通过阅读推广活动，培养了阅读兴趣，进而形成了崇尚阅读的校园风尚，能够推动图书馆阅读推广机制的发展和完善。其实，阅读推广团队成员之间存在着非线性的相互作用。馆员的科学指导与启发，能够激发读者团队参与的主动性与积极性。与此同时，读者团队的参与和反馈，也能够促使馆员不断调整团队相处模式，从而使阅读推广团队的效益最大化。

（三）组织结构设计

自组织理论对于公共图书馆阅读推广工作的组织架构具有很强的适应性和指导意义。以用户为中心的“自组织”式的阅读推广组织结构应当有如下特点：第一，阅读推广目标既具确定性又具灵活性；第二，组织者和读者是阅读推广活动的共同主体；第三，阅读推广活动是一个开放的系统，要适应开放的外部环境要求；第四，阅读推广活动过程是一个正负回归的交替运作过程。因此在阅读推广活动中，要形成动态的激励和考核制度。

1. 目标确定

阅读推广活动的目标是指阅读推广活动所要达到的预期标准以及读者通过阅读活动所产生的预期效果，也是阅读推广活动想要达成的最终结果。在自组织式阅读推广中，阅读推广活动的目标虽不乏要推进全民阅读的总体目标，但活动的细分目标往往都是暂时性的规划，具有很大的灵活性和不确定性，需要随着活动的开展，以及开展过程中组织者和读者的相互作用而使其不断清晰、明确起来。因此，组织者在制定目标时，要明确其具有纲要的、多元的、开放的、动态的规划特征，对其进行弹性预备。组织者可以采用以下三种方式确定目标：车轮式策略、树枝式策略和网络式策略。车轮式策略是指组织者在充分了解活动环境以及受众情况的基础上，以某一特定目标为母目标，预备各种可能产生的、彼此独立的子目标，并在活动过程中根据实际的活动情境对其灵活择取和选用，其特点是活动目标辐射范围广；树枝式策略是指组织者依据活动环境以及受众情况，以特定活动目标为基础衍生出与此目标相关的另一个目标，并又以第二个目标为母目标衍生出新的目标；网络式策略是指组织者依据活动对象以及效果，对活动过程中可能产生的问题与兴趣点进行联想并罗列出来，并以此为基础再进行联想，罗列出相关的问题与兴趣点，最后综合起来形成一个活动目标网络。

2. 组织共同体建立

（1）制度保障

公共图书馆阅读推广的核心因素是人。因此，阅读推广必须充分发挥人的能动作用，要通过制度文化来鼓励竞争，建立完善的激励机制，协同发展。

稳固的制度保障，能够有效地减小阅读推广组织受外部环境、对象反馈等不稳定因素的影响而引发的巨大涨落，从而促进阅读推广组织稳定、成熟。制度设计是公共图书馆阅读推广活动的起点。

（2）运营团队

扁平化的组织结构能够更加有效地促进协调运营团队的发展。通过进行组织结构的调整和精简、运营团队的组织结构的改革变化来推动阅读推广工作的发展。利用以任务为导向的方式，基于某一阶段的具体工作，以核心团队为中心，根据具体要求引入具有相关技能的辅助成员共同完成阅读推广工作。

①核心团队

公共图书馆阅读推广是一个常态性的工作，涉及的环节较多，参与人员主体多样，具有复杂性，因此需要一支专业的运营队伍，且运营团队的核心成员需要由专业的馆员担任，负责推广工作规划的制定、日常运营和与学生团队的沟通协调。公共图书馆可以根据实际阅读推广工作的体量和需求，确定自己的核心团队，既可以成立固定的阅读推广或是文化活动相关部门，也可将阅读推广工作纳入传统职能部门的部分馆员职责。首先，专业馆员队伍需要具有专业的业务能力，熟悉图书馆的馆藏资源与服务，能够制订专业的阅读推广活动规划。其次，专业馆员队伍需要具有较强的沟通协调能力。由于阅读推广工作的复杂性，专业馆员需要和馆内技术部门、资源部门、服务部门等进行沟通协调，同时组织阅读推广活动往往还需要与校内各部门形成联动，专业馆员需要具备与读者的良好的沟通能力，以促进活动效益的最大化。最后，专业馆员队伍需要有明确的分工，根据具体的业务要求对专业馆员的岗位职责进行细分，既有负责专职推广活动的活动策划人员，也有负责宣传推广工作的全媒体宣传员等。

②辅助团队

由于阅读推广工作具有多样性的特征，活动形式丰富，内容涉及面较广，需要不断地对活动模式进行创新性探索，单独依靠核心团队很难有效地完成任务，因此，往往还需要拥有相关专业背景的学科馆员、技术背景的技术人员以及资源馆员等。辅助团队可以根据不同的任务灵活组建，能够实现团队成员之间的优势互补，减少了工作的盲目性，从而使团队效能得到最优发挥。

（四）数字时代的阅读推广

1. 主体的改变

基于数字时代这一环境，公共图书馆的服务方式正在发生改变，即由之前的阅读推广作为主体的运营模式，逐渐向阅读推广为主导的新模式而转变。对于常规性的阅读推广，通常情况下，仅图书馆这一个体在开展力所能及的阅读推广工作，而其他组织、团体或者个人，虽然有时也在进行阅读推广，但难以持久，且大多是阶段性、短暂性的，甚至还存在形式化情况。因此，对于服务类型不同的图书馆，在阅读推广工作当中，除了扮演着主力军角色外，还是阅读推广的主体所在。读者在传统的阅读时代下，要想将书籍或者文章推荐给他人，通常情况下，仅能推荐给周围的人，或者是通过定期性举办读者座谈会，向在座人员进行推荐，其有着并不大的影响力。社会真正步入数字时代之后，针对读者这一个体而言，其自身所持有或散发出的影响力，通常可借助或利用多种手段来予以增强，比如新媒体平台、自媒体平台等。

另外，读者借助微博、微信等方式，将阅读材料推荐、推送给社会，其所产生的影响力在具体的覆盖面上，少则数十人，多则上万人。而针对那些名人来讲，其影响力更大，可达数百万人之多。因此，公共图书馆在数字时代的驱动与不断影响下，需着重对阅读领袖进行全方位的培养，不但需要将读者大咖所具有的社会影响力给充分发挥出来，还能让所有读者均能够成为阅读推广体系当中的主力军，成为推广的主体。另外，需要指出的是，对于读者而言，其借助各种现代平台（如微博、微信等），对外发布或传送的一些内容（比如感想、心得等），不仅会对广大粉丝产生比较深远的影响，而且还会影响到微信群、QQ 群等小群体，实现阅读推广工作的高质量开展。在基于此种场合驱动下，对于公共图书馆来讲，不仅要将其在阅读推广工作当中的主导作用充分发挥出来，而且还应能够引导、教育现实读者，使其能够去向那些潜在读者或者现实读者进行阅读推广，借助他们，将潜在或现实读者的阅读热情激发出来，最终达到几何级放大阅读推广效应的目的。

2. 内容的改变

需要指出的是，数字时代下的公共图书馆，其正在从既往的推广书籍，不断地向推广书籍与推广文化共进的方向转变。在传统阅读习惯及所处环境的驱使下，图书馆在进行阅读推广工作时，影响力相对不足或有限，而且在相关工作开展中，往往是处于一种被动地位，仅能对那些来图书馆看书的读者产生一些影响，较难以一种主动姿态去发挥其在建设社会体系下的阅读文化的作用。

从基础层面来分析，公共图书馆在日常工作当中，之所以要开展阅读推广，其目的并非单纯性地进行一些文本或者是书籍的推广，而是各种书籍的推广，以此来实现或达到对阅读文化进行推广的目的，更好地推动书香社会及阅读文明建设，促进整个社会阅读气息、阅读氛围的增强以及阅读水平的提高。数字时代背景下，公共图书馆根据自身职责，广泛、深入且持续地开展阅读文化的推广工作，并且此项工作已得到整个社会的广泛认可，且相关技术已为其提供了可靠支撑。

四、公共图书馆精细化阅读推广的形式

（一）夜市图书馆

武侯区图书馆探索开展了“夜市图书馆”服务，以“地摊”推广阅读，在

夜市中营造阅读氛围，为读者提供便利性、多元化的阅读服务。这不仅有利于丰富读者夜间休闲文化生活，弥补夜市文化的需求缺口，还能提升“地摊”的文化品位，对于创新阅读推广方式有着重要的意义。

1. “夜市图书馆”的服务内容

“夜市图书馆”开展前的准备工作大致如下：首先组建一支具有 4 名志愿者服务的队伍，包括读者服务导读和司机等；其次进行物资准备，馆员精心挑选 300 余册大众化读物，以经典文学、生活百科、少儿绘本等图书为主，随后将挑选好的图书与“夜市图书馆”搭建配套的相关物资如体温枪、各种登记表、书桌、书立、电脑、读卡器、易拉宝和宣传资料等装进“流动文化服务车”内；最后办理出摊的相关手续，活动负责人提前一天与“夜市”管理员确认“夜市图书馆”的摊位点，办理“摆摊”许可证明。这样“夜市图书馆”的准备工作大致完成。活动当天，服务队按时抵达指定摊位点，现场搭建“夜市图书馆”摊位，摊位面积约为 5 平方米，摊位由 200 厘米×120 厘米大小的书桌和“武图出摊啦”“书太多了，出来摆个摊”等宣传资料及宣传展架组成。展架的内容主要为武侯区图书馆免费开放服务内容和活动信息以及现场免费办理图书馆借阅的介绍。“夜市图书馆”开展频率为每月 2 次，每次出摊 3 小时，时间为 18 点至 21 点。截至 2020 年 8 月 10 日，“夜市图书馆”已在“大悦城夜市”“天府文创大集市”“莱蒙夜市”“熊猫夜市”等地出摊 10 次。

2. “夜市图书馆”开展成效

“夜市图书馆”自开展以来，已累计挑选 2000 册图书出摊，办理身份证注册 158 张、借出图书 845 册，还回图书 36 册、电子书阅读平台下载 122 人、征集好书 92 册、收集读者意见建议 112 条、关注微信公众号 200 余人。这种服务方式在推行之初就受到了广大群众的喜爱和支持，如 2020 年 7 月 18 日在“天府文创大集市”的出摊，效果非常显著，现场借出图书 52 本，办理注册 24 人，分别占当日武侯区图书馆馆内的 24. 5%和 85. 7%。由此可见，“夜市图书馆”在提高图书利用率、扩展读者群体、满足读者阅读需求等方面具有显著的成效，同时也证明了“夜市图书馆”这一探索性的阅读推广服务是一次有效的尝试。通过对现场读者反馈意见和建议分析，大部分读者都对这种服务到家的方式赞不绝口，觉得这一服务为他们借阅图书提供了极大的便利，希望武侯区图书馆持续开展下去，形成常态。针对这一读者反馈意见，武侯区图书馆下一步的工作计划是调动各个街道分馆积极参与，齐心合力开展“夜市图书馆”服务。

3. “夜市图书馆”开展的意义

（1）打通服务群众“最后一米”，创新阅读推广方式

“夜市图书馆”将图书馆的基本公共文化服务主动渗透到人们的夜间生活当中，扩展了城市阅读空间。在贴近基层民众生活的夜市中以独特“地摊”形态

吸引读者的注意力，激发读者的阅读兴趣，主动发掘和探索读者的阅读需求、阅读习惯，创造了以地摊推广阅读的全新方式。从以往传统吸引读者“走进来”的模式，转变到主动“走出去”吸引读者的模式，将固定在建筑物中的图书馆变成读者身边可移动的图书馆，极大地提高了读者阅读的便利性，将图书馆的服务送到群众身边，打通服务群众“最后一米”，为打造城市“十分钟文化圈”注入全新活力。

（2）丰富夜间休闲文化，提高公民文化素养

一直以来，夜市是人们夜晚休闲娱乐的去处，人们穿梭在热闹非凡的夜市里享受美食快餐、特色小吃、服装饰品带来的烟火气息，偶然间遇到书画展览或者手工文创小商品，会觉得眼前一亮，格外新奇，大多会驻足观看或慢慢欣赏。不难看出，人们很喜欢有文化品位的东西。将图书馆搬到夜市，在夜市开创“阅读圈”，引领人们阅读交流，通过读书缓解工作与生活的压力，感受精神力量，增长学识见闻，丰富人们夜生活的文化内涵，感受夜间文化的多姿多彩。

（3）提升地摊经济文化品位，促进经济文化一体化发展

地摊经济的复苏，让城市充满生机，弥漫着烟火味；而“夜市图书馆”的兴起，则让市民得以在“市井烟火”中体验读书之乐，在一定程度上提升了地摊经济的文化品位，促使地摊经济良性生长，进一步为人民群众的生活增光添彩。“消费若没有文化的参与，经济就如同一场跛足表演。”新时代的地摊经济要求的是资源的整合、文化的升级、管理的精细。昙花一现的摆摊热潮是浮于表面的繁荣，内里破坏的是城市治理的规范，也是对疫情之下寻找生计的人们自信心的打击。“夜市图书馆”是在为夜市增加文化元素、文化含量、文化附加值，增强文化消费需求对经济增长的拉动作用，促使文化和经济相互交融、相互促进，满足人们不断升级的消费需求和文化需求。

（4）贯彻“图书馆学五定律”，助力图书馆可持续发展

“夜市图书馆”开展的中心思想完全贯彻了著名图书馆学家阮岗纳赞的《图书馆学五定律》的第一定律：书是为了用的。“夜市图书馆”就是将图书带到夜市中，发挥其最大的再生价值，让图书得到最大的利用。第四定律：节省读者的时间。“夜市图书馆”利用自身的流动便利性，深入人群集中的各个夜市，大大方便了读者借书还书，节省读者的时间，让人们在享受夜间休闲时光的同时，也能随时随地感受书香的萦绕。第五定律：图书馆是一个生长着的有机体。“夜市图书馆”正是迎合了当下大热的“地摊经济”和夜市文化的发展需求，改变了图书馆传统的“高雅形象”，以亲民的“地摊”形式融入民众夜间生活，推广阅读，寻找新时代下的发展生机，让更多人享受到其带来的便捷文化服务，扩大图书馆的社会影响力，助力图书馆的可持续发展。

（二）公益讲座

讲座作为公共图书馆常态化阅读推广服务内容中的一个主要组成部分，其诞生和发展紧随时代前进的脚步，伴随着知识经济的到来和终身教育、学习型社会理念的不断深入，图书馆业务开展也有了制度和财政上的保障，故而公益讲座在我国图书馆特别是公共图书馆得到了长足的发展，越来越多地受到人们的关注，逐渐成为图书馆的一项核心业务。媒体环境下公益讲座模式的主要类型有以下几种。

1. 网络视频传播模式

公共图书馆公益讲座网络视频传播模式，是网络视频的具体应用之一，并且随着网络技术、视频技术的进步而不断发展。先是由专业人员使用设备将现场的讲座录制下来，形成影像资源，然后通过网络上传到互联网上，分享给广大网络用户。多媒体在线点播、多媒体数据传输、纯文本数据传输，均是网络视频传播的主要具体形式。而随着现代媒体技术的进步发展，网络视频传播的速度、质量都在不断改善，为那些不能到现场听讲座的人们提供了便利。就目前而言，大多数图书馆都已有了独立的网站、独立的宣传平台，或者与优酷等一些大型的视频软件合作，将馆内的公益讲座视频传到网站或软件上，人们可以随时、随地观看，并且还可免费下载一些视频，为广大网民提供了更多的便利服务。

2. 社交软件传播模式

随着社交软件的发展和成熟，其功能也越来越丰富多样，而公共图书馆如果想要做出、做好属于自己的网站或者 App，必然会耗费许多资金、人力等资源，并且受众面较窄，不利于图书馆的广泛推广和宣传。所以，众多图书馆就开发利用现有的社会资源，借助微博、微信等用户颇多的社交软件，开设图书馆独立的官方账号，将公益讲座视频传到社交软件的平台上，从而就让更多人看到。社交软件的内容可广泛传播的特性有利于图书馆影响力的扩大，并且，借助成熟的社交软件的传播方式，也为图书馆减少了许多复杂的工作。随着微信公众号的发展，许多图书馆也建起了属于自己的公众号，将公益讲座以短视频的方式放到公众号中发表，为用户带来便利，并且此种方式的视频制作过程更加便捷，减轻了工作人员的工作负担。

3. 专属的 App 客户端

虽然独立 App 的制作需要耗费大量的资金和人力等，但随着现代科技的进步成熟，其制作成本也在逐渐降低，因此也不乏一些图书馆开发属于自身的 App。App 是移动应用程序的英文简称，依托于移动互联网技术发展而来。此项技术的发展使信息的获取更为便利、信息的推送更加精准，并且网络用户间还能进行互动交流，丰富了人们的网络生活。因此，不少有条件的单位和组织等都在开发自己的软件。中国国家图书馆、上海图书馆等都已有了独立的、属于自身的图书馆 App。但这些图书馆 App 基本上都较少以讲座为主要内容。也有此方面较为成功的例子，如湖北省图书馆推广的“长江讲坛”App，在早期就投入了使用，并且拥有较多的用户。

（三）真人图书馆

1. 起源

真人图书馆又称活体图书馆。作为一种阅读推广形式，“以人为书”是这种活动的主要特征。具体来说，这是一种将个人的阅读行为立体化的活动。它把“人”作为可借阅的书，把人的经历与知识作为读者阅读的内容，把真人书与读者的交谈作为书的阅读方式，以达到鼓励交流、分享经验的目的。

真人图书馆活动最早出现于丹麦。在2000年春天，一个叫“停止暴力”的非政府组织在罗斯基勒音乐节上创办了一项新的活动，活动目的在于反暴力、鼓励对话和帮助参加节日的游客之间建立积极的关系，这是真人图书馆的雏形。连续4天，每天8小时，50多个不同的主题一共吸引了超过1000人参与活动，这使图书馆馆员、组织者和读者对这种活动的影响感到震惊。之后，该组织的成员之一，罗尼·勃格（RonniAbergel）创办了“真人图书馆”组织，和其他成员一起在不同的国家培训活动组织者，组织“真人图书馆”活动。目前，全球有超过70个国家成立了相应组织，开展真人图书馆活动。

2. 运作形式

“真人图书馆”活动根据真人图书和读者的数量，可分为“一对一”“一对多”和“多对多”这三种类型。在早期的“真人图书馆”活动中，以“一对一”的形式为主，即每本真人书在同一时间仅和一位读者进行交流。这种形式方便真人书与读者进行私人的、深度的交流。但是随着“真人图书馆”的发展，其主要活动目的是由最初的反暴力、鼓励对话转变为经验分享和交流学习，“一对一”的活动形式限制了参与活动的读者人数，活动效率较低。“一对多”“多对多”的形式在同一时间能容纳更多的读者，真人书与读者的交流、真人书之间观点的碰撞、读者之间的互相学习触发了各种交流与思考，在有限的时间、空间中读者接收到更多的经验，活动效果和氛围更为凸显，因此逐渐成为更常见的形式。

3. 特征

（1）主题范围广

作为活动开展核心的真人图书，选择范围非常广泛。他可以是某个领域的专家，也可以是有独特经历的人，尤其是社会中本身就有大量的学者，各种有特长的各行各业社会合作人士，都可以作为真人图书的来源。每本“书”可以分享给读者的内容来自个人丰富的经验和感悟，可以带给读者更为深刻的体验。

（2）互动性强

“真人图书馆”活动中，读者的阅读行为通过和真人图书的交流实现，真人图书的分享内容根据读者的提问而定，更有针对性。互动交流的形式易于激发读者的阅读积极性和阅读效率。

（3）操作性强

“真人图书馆”活动的开展关键在于真人图书的选择与读者需求的满足，活动的硬件要求不高，线下活动通常需要满足的硬件要求是符合活动人数需要的独立场所，而空间资源正是图书馆的优势之一。线上活动可以借助各种社交平台或者是现在蓬勃发展的直播网站等，在网络发达、各类电子终端盛行的今天也是非常容易实现的。

4. 实施细则

“真人图书馆”活动的开展关键在于活动组织、真人图书挑选和真人图书管理三个方面。

（1）活动组织

开展真人图书馆活动，需要成立一个固定的活动团队，才能保证活动的有效持续开展及不断深化。在公共图书馆中，活动团队可以由图书馆馆员组成，有了固定的团队之后，组织者需要根据调研和相关经验制定活动章程，保证每次活动的流程，从真人图书的征集挑选，到活动举行及后续管理都有可依据的规范和准则。

（2）真人图书挑选

作为公共图书馆，在挑选“书”的时候，选择主题及范围很广泛，同时由于读者类型不固定，读者需求不是很明确，增加了挑选的难度。

（3）真人图书管理

真人图书也是一种馆藏资源，需要进行资源建设与管理。在活动结束后，按照详细的真人图书借阅规则，对真人图书进行编目，对活动交流内容中不涉及隐私、经活动参与者同意的内容进行记录、整理，使隐性知识显性化；通过各种平台，提供给更多的读者参阅，使资源的利用更加充分。另外，在开展活动的同时，随着经验的积累，不断探索活动的评价体系，使活动效果进一步提升。

（四）图书漂流

20 世纪 60 年代，一种新颖的书籍共享阅读方式在欧洲出现：人们将贴有特定标签的图书投放到公园、咖啡馆等公共场所，无偿提供给拾取到的人阅读，拾取的人读完后，根据标签提示将书投放到公共环境中去，供下一位拾取者阅读。2001 年 4 月，美国人罗恩·霍恩贝克创建了第一个图书漂流网站，基于网络的快捷传播，图书漂流活动开始风行全球。

2004 年，春风文艺出版社将三本畅销书放出漂流，拉开了中国图书漂流行动的序幕。此后，中国公共图书馆也开始引入图书漂流的方式来拓展阅读服务，使书籍的价值在传阅过程中得到无限放大。图书漂流是增强城市、社区文化氛围的一种阅读推广形式。实施图书漂流活动关键在于形成有效的漂流运作机制，包括漂流图书的主题类型、汇集场所地点、整理方法、放漂与回漂管理方法、志愿者支持团队管理与协作方法等。另外，重视宣传推广，以及与其他机构合作开展影响面较大的活动也是实施图书漂流需要关注的方面。

（五）开展相关主题活动

开展相关主题活动，也是阅读推广的有效手段。近年来，“手抄地方文献活动”在全国数地举办得有声有色。例如，2016 年 7 月 5 日，朔州市图书馆率先启动了“手抄地方文献 50 天”阅读推广活动。在活动开展的第一天，就有近 20 位读者踊跃参与，从最小的 12 岁学生到最大的 82 岁退休老干部纷纷执笔誊抄。软笔笔饱墨酣，笔下龙蛇腾跃，硬笔端庄丰腴，使人见之忘俗，所抄写内容均为朔州市图书馆馆藏地方文献，《朔州文化名片》《朔州古诗选》《中国门神尉迟恭》等均是读者们首选的誊抄对象。凡对朔州地方文化感兴趣的市民均可到朔州市图书馆四楼地方文献阅览室参与。活动结束后，朔州市图书馆对誊抄作品从其思想性、艺术性以及参与者的持续时间等方面进行了评奖，并组织了专题展览。朔州市图书馆工作人员张志弘强调：“地方文献是一个地区文化发展的缩影与积淀，可以为读者认识家乡的历史与现状提供可靠资料，我们举办‘手抄地方文献 50 天’阅读推广活动，旨在激发市民了解朔州、热爱朔州的情感。”2017 年 7 月 25 日，朔州市图书馆继续举办“手抄地方文献 30 天”阅读推广活动。2018 年 2 月，这项原创的地方文献阅读推广活动在中图学会举办的“创新引领未来——第一届公共图书馆创新创意征集推广活动”中，荣获“最佳青年创新奖”。该活动在朔州市图书馆推出后，还在河南师范大学图书馆新乡地方文献整理中心、内蒙古自治区鄂尔多斯市东胜区图书馆地方文献部等处相继展开，均取得了良好的效果，值得大力推广。

（六）组织举办读书会活动

组织读书会活动，是阅读推广的重要形式。这方面做得好的案例主要分布在区县一级。2015 年 12 月，一些爱好地方文史的朋友在浙江温州苍南上书房（现为半书房）成立了知行读书会之苍南地方文献小组，每月制订学习计划，定期开展交流活动，旨在“梳理历代苍南人著述的基本面貌和发展脉络，以读书会的形式推动苍南地方文献的整理、研究”。后经人推荐，他们邀请了南京师范大学古文献研究所研究员、博士生导师江庆柏先生作为小组顾问。目前已有成员近 30 人。

例如在浙江省嘉善县，2014 年 5 月成立了嘉善县地方档案史料收藏研究会。参与者有着共同的爱好和愿望，关心本土文化，收藏和研究地方史料，通过档案资料编研，为地方文化挖掘、研究、保护和传承尽一份心力。他们定期举办研究会沙龙，探讨交流关于地方文史资料的研究心得，并且编辑有《嘉善记忆》杂志，定期发表有关乡邦文化的文章。

五、创新模式加速阅读推广发展

加速公共图书馆不断创新阅读服务的思路和模式，发扬信息共享精神，加强跨界合作，拓展阅读渠道，实现阅读服务的双向化与常态化，持续关注阅读者体验，不断优化服务内容，让公众真正享受到公共图书馆的文化服务。

（一）利用新媒介，跨界各领域

目前，公共文化服务进入了一个前所未有的新业态，公众对数字文化需求出现井喷式增长，也为平时复杂的工作之余带来了心灵抚慰和文化滋养。2020 年 2 月中国图书馆学会联合相关企业理事单位及数字资源提供商推出“读联体 · 数字共享阅读服务平台”向读者免费推送各类型学习资源，内容涵盖了电子书、有声书、视频、期刊、图片等各类型数字资源，能够满足不同人群的阅读习惯。目前全国 2000 余家图书馆加入此项服务，读者可以选择自己感兴趣的图书馆公众号进行数字图书资源阅读体验。“读联体 · 数字共享阅读服务平台”网络构建，实现了图书馆间的信息资源共享，彰显了图书馆共同体对数字阅读的尝试与推广。

公共图书馆积极加强与社会合作，利用“三微一抖”等新媒体平台，联合各地图书馆开展“以读攻毒”“读者证抖音爱心传递”等系列阅读推广活动，话题阅读量突破 800 万。公共图书馆的社会化平台的引入不仅保障读者优质资源共享、社会记忆珍藏，还能有效引导公众科学理性对待阅读，同时提升了图书馆正能量引导效能。

（二）探索新模式，分流阅读群

随着百姓文化生活的不断提高，公共图书馆的空间服务使线下交流阅读、环境依赖阅读等线上阅读不具备的优势得以充分体现，“报复性阅读”“排队式阅读”“消遣式阅读”成为公共图书馆面临的新问题。

一些先进图书馆结合馆内实际情况积极探索创新，为其他图书馆提供一定的借鉴。深圳盐田区图书馆 2020 年推出的十家智慧书房，汇集智慧感知、无人值守、人脸识别进馆、体温自动检测、空气环境净化、图书除菌消毒等防疫安全设施，实现了观景与阅读、科技与智慧、人文关怀与公共空间的完美结合，让人们能够充分感受到公共文化服务的品位和质量。尤其在当前的形势下，使公共场馆的安全服务能力显著提升，同时让环境依赖型读者得以慰藉。

（三）精准到村，纸电覆盖

众所周知，2020 年是脱贫攻坚决战决胜之年，公共图书馆在文化扶贫进程中负有义不容辞的责任，利用自身资源优势，让优质的纸质书、电子资源在贫困地区真正得以利用，让文化下乡、图书进村在精准扶贫工作中得以充分体现。

重庆图书馆“巴渝阅读行”活动，先后走进 8 个区县的 20 所乡村小学，赠送图书达到了 10000 册。农村小学图书资源相对较为缺乏，孩子们的阅读习惯也相对较弱，而小学阶段正是阅读启蒙和兴趣习惯养成的关键时期，对孩子们一生的学习和成长都十分重要。该活动旨在给乡村孩子们“雪中送炭”，有效解决了文化服务贫困群众“最后一公里”的难题，对建立和增强贫困地区以提高教育和终身学习为根本的可持续发展机制做出重要贡献。提高农民的思想文化素质和科学技术水平，是促进农村经济发展，从根本上改善农民生活的关键所在。公共图书馆利用自身人员优势，通过网络平台与媒体合作让知识的转化率大幅度提高。

六、公共图书馆精细化阅读推广的策略

（一）灵活利用阅读资源

为了实现自身的稳定运作，许多公共图书馆开始积极建设分馆，通过总分馆制来实现自身综合实力的稳定提升。因此，公共图书馆需要主动抓住发展机遇，促进资金资源以及管理资源的合理配置及利用，在有限的范围内积极搭建综合智慧平台，利用该平台实现统一管理以及合理规范，确保网上资源的优化配置及利用。在大数据分析技术、生物识别技术以及定位技术的指导下，积极了解读者的真实需求，构建针对性的读书模型，了解分析读者的行为习惯以及个人喜好，进而实现个性化针对性的服务，确保阅读资源的高效配置，充分地体现资源的重要作用及优势。

（二）全面提升服务质量

在落实管理工作的过程中，公共图书馆以电子阅览室为基础，灵活利用已有的资源积极调整工作思路及工作方向。服务方式和服务策略比较机械和生硬，与读者的阅读需求之间存在明显的区别。在新技术快速发展以及应用的过程中，数字资源的使用效率有了明显的提升，同时对阅读设备提出了较高的要求。但是公共图书馆电子阅览室的发展速度相对较慢，实质的经费不足，难以实现与时俱进，因此相关管理设备的升级换代更新非常有必要，只有这样才能够促进数字资源的合理利用。

（三）注重读者的数字体验

在市场经济快速改革的过程中，我国的科学技术水平越来越高，电子书借阅机、绘本桌等形式应运而生，各种数字阅读设备备受关注，并且发展非常迅速。这些设备有助于突破时空限制，确保文本阅读与数字阅读之间的有机结合，促进数字化阅读的有效普及以及顺利开展，确保管理布局的科学性以及有效性，进一步提升阅读服务质量和水准，让读者在自主参与的过程中实现独立思考和主动感知，这一点对提升服务质量、满足读者的个性化多样化需求都有非常关键的影响。

（四）培养专业的阅读推广人员

在针对读者的阅读服务方面，公共图书馆要表现出较高的主动性，引导读者进行阅读，从而培养读者良好的阅读习惯，而这就需要大量的阅读推广人员。专业的阅读推广人员可以化被动为主动，通过阅读推广活动输出阅读服务，在引导和培养读者阅读兴趣方面发挥着重要作用。公共图书馆要向读者输出阅读服务，首要任务就是培养大量专业的阅读推广人才，要加强专业阅读推广人员的培养，依靠专业人才开展阅读推广活动，由此可见阅读推广人员的重要性。比如，柳江区图书馆原馆长黎香石，2015 年全国最具影响力绘本馆馆主，中国少年儿童阅读年阅读活动优秀指导老师，师从我国儿童阅读专家王林，“王林读写课堂”教程教师。在她的带领下，柳江区图书馆组建了一个有 20 位妈妈为阅读推广人的阅读推广志愿者团队，创建了“故事妈妈”阅读推广品牌。故事妈妈们利用课外活动时间、周末、节假日等时间，活跃在全区各所学校、各个社区，进行阅读推广活动。2021 年 4 月 21 日，中国新闻网以《广西柳州数十名“故事妈妈”免费讲故事志愿推广阅读》为题对故事妈妈走进柳江区新兴第二小学，为该校五年级学生讲述毛主席事迹，以此启发学生笃志向学、立志报国进行了报道。这样的阅读推广活动，壮大了故事妈妈的队伍，吸引了越来越多的少儿读者在爸爸妈妈的带领下，进入图书馆听故事、看书。

（五）加强与其他机构合作

公共图书馆要构建完善的、针对读者的阅读服务体系，首要任务是要收集读者的详细信息，以掌握读者的阅读需求以及阅读偏好特征。因此公共图书馆必须加强与其他社会机构的合作，通过沟通交流以及资源互换，充分整合各方面有效资源，探索出一条共赢的道路。

首先，公共图书馆应加强与学校之间的合作。学校作为学生学习的主要场所，通过与学校的合作，公共图书馆可以获取到读者的各方面信息，了解不同年龄阶段学生的阅读习惯、阅读兴趣、阅读需求以及偏好，从而有针对性地调整公共图书馆的阅读服务内容、服务形式，更好地契合读者的实际需求。

其次，公共图书馆应加强与出版社、实体书店、社会公益组织以及政府相关部门之间的联系，从多渠道收集读者的信息，准确把握读者的共性特征以及个性化特征，同时通过这些渠道开展阅读推广活动，突破传统阅读推广活动的局限性，从而强化对读者的引导。

最后，公共图书馆应联动家庭，通过在社区设置流动图书馆的形式影响学生家庭。读者主要活动的场所除学校以外就是家庭，因此家庭内部的氛围对于激发学生阅读兴趣以及培养学生良好的阅读习惯都具有重要意义。公共图书馆要正确认识家庭对于读者的影响，通过与家庭实现高效联动，以家长为桥梁去引导学生，通过设置流动图书馆的形式将书籍送入家庭。同样，我们图书馆馆员也可以成为全国各读书平台的会员，接受各个平台有名气的阅读推广人的经验分享，充实我们的阅读推广理论，提升我们的阅读推广能力，更好地为我们基层的读者服务。

（六）建立阅读推广机构组织

开展多种形式的阅读推广活动是公共图书馆的基本职责之一，同时也是公共图书馆必须履行的义务，通过开展阅读推广活动可以刺激读者的阅读兴趣，并对其学习、生活以及未来的发展产生深远影响。鉴于阅读推广活动对于引导读者的重要性，公共图书馆应建立专门的阅读推广机构，专职负责设计策划、组织实施阅读推广活动，为构建面向读者的公共图书馆阅读服务体系提供组织保障。公共图书馆的阅读推广机构一方面要组织开展阅读推广活动，另一方面要对读者进行跟踪调查，包括读者的阅读需求、对公共图书馆阅读服务的建议以及其他信息等，并及时将收集到的信息反馈回来，以便于阅读推广机构及时有计划、有目的地对阅读推广活动进行调整和优化。由专门的机构和专业的人才负责阅读推广活动，可以做得更专业、更精细化，可以显著提升活动效果。

（七）优化信息资源

利用新媒体进行阅读推广已经成为大数据时代图书馆转型发展的重要课题，图书馆作为文献情报中心，在信息时代成了时代的“弃儿”——信息资源获取速度远远落后于网络信息资源的高速增长，一度失去了信息资源信息组织的响应能力。大数据时代的到来，公共图书馆把数字资源的优化整合作为业务创新的基础，一方面用自身专业化信息处理能力高效整理加工不同来源文献信息资源，另一方面又能通过大数据分析用户需求，推出可定制的多终端多样化的智能服务，同时整合网络媒体平台，保障服务的有效性。在信息共享方面也需要加强对应急环境下社会稀缺及权威信息资源的敏感度，依托已有馆藏以及信息资源数据库对网络舆情资源进行采集和分析，为用户提供有效可信赖的信息参考。

（八）空间环境再布局与延展

公共图书馆为了提升公共文化空间服务，为读者提供安全、高效的专业服务效率，公共图书馆需要在馆舍建筑、空间设置与利用和智能化等建设方面给予关注与考虑。同时加快推进社区图书馆、主题图书馆、智慧图书馆等多种形式的外延空间，让更多的读者能够更好地享受阅读带来的乐趣。这样不仅扩大了公共图书馆的业务范围、增强了区域功能，同时为读者不断升级阅读体验、提升图书馆高水准利用、让读者喜欢图书馆、爱上阅读，最终实现全民终身基本素养的提升。

（九）以用户画像构建智慧阅读

大数据时代推动了公共图书馆服务的变革，将用户画像引入图书馆领域，开展为人找书、为书找人、为读者提供私人定制服务等，不仅增强读者的个性化阅读体验，同时也成为构建智慧图书馆在阅读推广方面进行的有效尝试。用户画像又称用户角色，作为一种勾画目标用户，掌握用户的个人喜好和动态需求，从而打破无差别化推广的有效工具，用户画像在各领域得到了广泛的应用。公共图书馆以读者需求分析为核心，在数据采集读者基本信息基础上整合用户画像，通过分析对比，实现精准服务与推荐，以提高阅读推广的成功率，促进知识价值的倍增。

第三节　公共图书馆服务优化创新

公共图书馆作为公共文化服务体系建设的重要部分，承担着收集、保存、传播知识的重任，然而我国公共图书馆的发展不平衡问题显著，专业化水平普遍较低，服务效能整体不高，尚未充分调动自身资源。基于此，公共图书馆有责任、有义务通过优化创新尽快提升服务效能，为促进我国文化事业发展做出更大贡献。

一、公共图书馆服务优化创新的研究

公共图书馆是文化服务的主阵地，国内许多学者都研究过，钟琼等认为公共图书馆为社会公众提供免费的公益性文化服务，其丰富的馆藏资源能够为公共文化服务提供理论和知识支持，其拥有长期从事公共文化服务的人才队伍，为开展公共文化服务提供人员保障。“现代公共文化服务体系”提出后，李国新提出公共图书馆应该明确基本遵循，履行使命，努力提升服务效能，加大社会化水平，融合科技以及完善保障推动现代公共文化服务体系的构建。许建业结合新公共服务理论给图书馆文化服务带来的影响，探讨在现代公共文化服务体系构建中公共图书馆事业的推进模式，提出从制度规章上突出公共图书馆的公益性服务，启动行业联盟机制，开发更多文化资源的公共图书馆创新发展方向。周月莲等分析了公共图书馆在公共文化服务体系中的角色与定位，并从增加信息服务深度、提升服务质量、扩大信息共享范围、拓展延伸服务四个方面提出公共图书馆的公共文化服务创新战略。随着云计算、5G、VR（虚拟现实技术）的广泛运用，信息技术和网络快速发展，图书馆已经不再局限于面向大众的一般性服务，而是向个性化、特色化、社会化等多元发展。

很多学者都提出了应用新技术实现公共图书馆文化服务的创新发展，庄琦玲在《“互联网+”时代下的“图书馆+”创新实践》中提出图书馆可以利用“互联网+”，向全媒体复合型图书馆方向转型，以此来扩大公共文化服务覆盖面，

并通过构建“互联网+”孵化平台以满足读者个性化需求，此外，可以延伸读者的阅读空间实现服务方式的创新。在物联网等新技术广泛应用的背景下，严栋提出智慧图书馆的概念，通过信息技术及智能设备改变图书馆与读者的沟通方式，借助物联网畅通各个信息主体间的关联渠道，使图书馆的服务与管理更加智慧化，结合新型通信及互联网信息技术，在大数据时代，从不同管理者和服务者的角度，提出图书馆服务创新的策略。殷建文通过分析当前知识服务存在的问题，提出数字图书馆知识构建与服务应用创新的策略。王世伟分析了人工智能的出现，对图书馆事业发展的影响，提出它为图书馆服务更新提供新的活力，引入人工智能有助于更高水平的公共文化体系的构建。曲蕴以上海图书馆“创·新空间”为例，探索在新兴技术工具的应用下，公共图书馆打造“创客空间”的服务创新路径。在服务群体方面，张丽选取英国四个低幼儿童阅读推广服务的案例，分析其阅读推广特点，提出图书馆应该结合家庭，与社会机构协同合作，打造多元化的阅读推广服务体系。有学者分析了南昌市图书馆为特殊群体服务实践，从加强顶层设计、提高服务利用效率、沟通合作及人才队伍建设四个方面提出图书馆特殊群体服务提升的创新策略。

二、公共图书馆服务的改变

（一）公共图书馆服务对象的改变

现阶段，数字化全媒体成为社会发展的潮流，公共图书馆和其他各行各业一样，都面临着服务对象构成改变的情况。移动互联网时代有“一机在手，共享所有”的说法，年轻读者人群，手机不离身，再加上工作繁忙，有限的时间都想用在重要的事情上。为了省去必须到图书馆借阅图书所花费的时间成本，这就促使他们原本的线下阅读方式转变为线上阅读模式，通过移动互联网设备便可足不出户随时随地满足自己的阅读需求。对图书馆而言，因为广大新老读者习惯选择的阅读模式有所不同，这便要求公共图书馆在不断扩大自己馆藏图书种类，满足读者传统阅读方式的同时，对线上不同种类的数字图书资源购买量也应提高，同时需建立发展完善的数字资源阅读系统，满足广大线上阅读读者多样化的阅读需求。

（二）公共图书馆服务方式的改变

公共图书馆的传统服务方式需要读者到图书馆进行书目查询、书籍寻找、办理外借、按时归还等操作，对于部分读者来说十分不方便，在数字化时代下，人们对服务便捷性和高效性的要求更高了，这就需要公共图书馆改变传统的服务方式。公共图书馆服务方式的改变也是在传统服务模式的基础上，通过在公共图书馆数字资源平台上寻找书籍资料，进行线上阅读，有效提高服务的效率和便捷性，增强服务的质量，提高公共图书馆对读者的吸引力，从而使公共图书馆在数字化时代下能够获得良好的发展。

（三）公共图书馆服务内容的改变

公共图书馆的传统资源是纸质图书，虽然具备真实性高、类别丰富多彩的特点，但是在数字化全媒体时代却不能适应广大群众的需求，因此当今社会除了建立一座馆藏纸质图书丰富的公共图书馆之外，还应该建设一个完善的数字资源系统，通过电子书、超链接等与其他资源进行联合的方式，拓宽人们的阅读途径和方式，通过使用数字化全媒体时代下新型的传播途径，吸引更多的读者，扩大公共图书馆的影响力和知名度，从而提高公共图书馆对大众的教育和引导作用，满足人们对阅读和信息寻找方面的需求。以成都图书馆为例，通过建立“成都市公共图书馆数字资源共享平台”、微信公众号的方式，读者只需要通过身份证或社保卡注册为读者后，便可以在 PC 端和移动端进行数字资源的查找和阅读。

三、公共图书馆服务优化创新的措施

公共图书馆的工作与服务要面对多元创新模式实现精准发力，从把握方向、树立理念、人才驱动、深化改革到强化合作几步走，不断刷新公共图书馆的老旧模式及观念。加快公共图书馆创新建设服务于各个层面，从政府整合到科研联盟，再到企业应用等进行综合设计，从而解决图书馆资源利用率低、更新速度慢、创新能力不强、信息资源服务不到位等问题，识别和克服当前的一系列困难，为精准推进科技发展和提升文化软实力创造更多可能。

（一）发扬综合素质教育理念

公共图书馆是公民终身社会教育的重要公共设施，承载着通过提高国民的综合素质来提高国家社会经济发展的重要使命。公共图书馆的服务创新必须发扬综合素质教育理念，积极主动地引导国民群众获得、吸收、储备新知，通过持续学习，获得应对时代飞速变化的适应能力和技术，提高自身的综合实力水平。公共图书馆是一个知识型集成空间，它能够提供具备举办专项活动的场所、资源、人力等，如何运用这样的集成空间优势进行创新服务，吸引国民群众并达到教育意义，是可以不断探究的课题。比如针对时下流行的短视频，进行视频逻辑、视频剪辑、视频特效的讲座、市集、学习交流会等，还可以与学校教育相配合，提供扩展创新教育和活动教育的相关资源及场所，助力国民素质教育水平的提高。另一方面，公共图书馆是科研文献的集成地，可以为区域性学术研究提供馆藏丰富的有力支撑，比如针对不同研究项目建立专门的查阅、咨询、翻译、检测等一条龙服务平台，加强与学者之间的连接，开展相应的学术研究活动，增强公共图书馆的知识氛围，让服务形成产业链，让高知成为一种信息流，在学术研究活动中流动起来。

（二）提升图书馆人员素质

公共图书馆应更加关注学科高层次人才的资源需求，并更加精确地建设和利用资源。一是要在图书馆现有的馆员和技术人员中进行人员素质强化培训。确立文化竞争力是国家核心竞争力的理念，图书馆事业的发展能够促进并优化社会产业发展的理念，强化图书馆核心业务能力，鼓励馆员树立终身学习、不断开辟创新的态度。可以通过聘请专家讲座、专业培训机构、组织继续教育等线下方式鼓励馆员参与学习并获取相应证书，随着科技和智能化的发展，图书馆还可通过联系权威机构，通过线上和网络教学的渠道进行培训，开展直播、录播课程，学习数字智能化知识、智慧平台建设知识、创新资源管理知识和专业技能素养知识。通过网上的培训平台，还可以与全国的图书馆有关部门人员相互讨论交流，如果平台运行良好，可通过互联网继续创新发展，开拓国际市场，这样不仅能够更快速地把握未来图书馆国际发展趋势，还能够将中国的优秀文化与海外文化交融，形成更有利于图书馆创新发展的局势。二是要加强引进高素质人才和专家，输入新鲜血液，调整和优化图书馆工作人员比例和结构，努力造就出一支高素质、高水平的图书馆馆员服务队伍。三是借调或委托专家为图书馆把关，献智献策，当图书馆人才力量不足时，可联合业界专家成为本馆的外聘教授作为馆内发展指导。

（三）优化创新服务内容

1. 整合服务资源

知识经济时代，读者的信息需求越来越多元化、多样化、综合化，公共图书馆作为信息资源的主要提供者，需要及时优化服务资源。

首先要整合自身馆藏资源，包括各类纸质资源、多媒体资源、电子资源等，对特色馆藏资源进行重组优化。其次注重资源共享，整合社会其他资源。为了更充分发挥图书馆服务资源的最大效能，让广大群众享受到更多的服务资源，应增加图书馆间的交流合作，根据各自专业优势整合多类型资源，搭建资源共享平台，实现多方位的资源共建共享。例如，建立图书馆联盟，加强图书馆与其他社会经营主体合作，“图书馆+书店”打破传统的采、编、藏、借运转模式，让用户选书，政府买单，变被动为主动，实现资源利用与社会效益的最大化；“图书馆+咖啡店”“图书馆+餐馆”等模式充分利用休闲场所的人流量及空间资源和环境，打造沉浸式的阅读体验，提高公共图书馆的社会影响力，提供其公共文化服务能力。

2. 扩大服务范围

扩大图书馆的服务人群和范围，是实现公共文化服务可持续发展的重要保障。中华人民共和国成立之前，图书馆实际上只是为少数的达官贵人服务，而中华人民共和国成立后推行公共文化服务均等化，图书馆的服务群体才扩大至社会各阶层。随着公共文化事业的发展，人们可以不受地域、身份等限制，免费享受图书馆服务。但针对未成年人、老年人、残疾人等弱势群体，图书馆的服务却是有限的，他们因为身体等原因不方便利用图书馆，这就需要作为提供公共文化服务重要场所的图书馆寻求其他办法来保障特殊群体的阅读。《公共图书馆法》规定，应该积极为老年人、残疾人等特殊群体创造条件，为其提供各类无障碍设备设施，方便他们找到所需要的文献资源，获取其他服务等。国内外图书馆也都有过类似服务，比如北京市图书馆为听力和语言障碍的残疾人提供手语服务，日本的新座市立图书馆为老年阅读群体常设一对一的面对面朗读服务等。

公共图书馆应致力于保障特殊群体的利益，配备相应的保障特殊群体阅读的设施及便利服务，打造特殊群体服务规范体系，规章制度保障上能有详细的特殊群体服务实施细则，以此来保证全体公民都能平等享受图书馆提供的文化服务。建立公平有效的服务体系，让图书馆的资源能够被更多人获取和使用，推动实现公共文化服务均等化，构建更为完善的公共文化服务体系。

3. 丰富读者活动

随着智慧世界、知识经济的迅速发展，读者的需求也越来越多样化，文献借阅、展览、讲座等传统的图书馆服务活动主题和形式比较单一，也不新颖，已经满足不了读者多元化的需求，对读者的吸引力不高。因此，公共图书馆应该与时俱进，增加服务活动形式，丰富服务活动内容，提供更有针对性的个性化服务。可以设立文化创意坊，引进手工制作、VR（人工智能）体验等，定期举办创客活动，打造一个集阅读、体验、旅游、文创于一体的立体社交空间；也可以结合旅游，通过文旅融合，将图书馆文化服务与旅游结合起来，比如为中小学生提供研学旅行服务。公共图书馆拥有海量的特色文化资源，也具备提供研学旅行实践教育的能力，可以通过研学旅行服务实现地方文化资源与旅游的深度融合。另外，开拓形式多样的线上活动也有利于提升图书馆资源的使用率。新冠肺炎疫情防控期间，各地图书馆都推出了丰富多彩的线上活动，让群众足不出户便能享受公共文化服务。要想服务创新，线上服务必不可少，公共图书馆应加强数字资源的开发，充分发挥数字图书馆的平台作用，利用新媒体平台开展例如“图书漂流”“同读一本书”等阅读推广活动，丰富活动形式，吸引更多读者。

（四）创新服务方式

1. “线上+线下”服务结合

“线上平台”越来越成为公众和各个平台的主要应用方式。在创新发展战略的背景下，公共图书馆应牢牢把握核心价值，在紧扣文化传承使命的基础上，推陈出新，摒弃传统老旧的服务方式，在线下服务的基础上，强化人们都习惯的、便捷的线上服务，推进社会角色的多维拓展，挑战数字服务的多元化创新，补齐短板，丰富各类阅读活动，使更多人用得顺心、懂得更多。同时也应注重图书馆用户教学活动，通过线上线下的讲解让读者了解图书馆的功能和服务性质，提升用户信息素养，提高用户对真伪信息的鉴别能力，使图书馆的工作人员与用户都能成为文化的利用者和传播者，共享图书馆带来的乐趣与保障。

2. 推动融合服务

新时代，实现创新驱动发展，需要有融合发展的思想，融合支撑创新，能够解决发展不平衡不充分的问题。公共图书馆的文化服务要想创新，也必须树立全新的融合理念，深入分析不同行业、不同领域间的差异与联系，结合新形势、新技术，不断调整优化融合模式，积极探索跨行业、跨领域合作发展，推动公共图书馆融合发展。

目前，在文旅融合的新形势下，公共文化服务体系的发展也被注入了新的活力，公共图书馆应该积极探索与旅游的结合。比如开展旅游信息服务，利用自身优势为大众提供便捷实用的指南性的旅游信息服务。也可充分挖掘当地特色化的馆藏资源，找准定位融入当地旅游体系建设，提升读者体验感。加强文化创意产品的开发，开辟文创空间，规划设计研学路线等都是公共图书馆融合旅游后为大众提供的新的文化服务方式。随着物联网、大数据、云计算等新兴技术的普及，数字化、智能化、交互化的图书馆服务日趋成熟，公共图书馆应该积极融合新思想、新技术，推动智慧图书馆、VR 体验图书馆、自助图书馆等的发展。此外，针对不同行业和领域，公共图书馆也应顺应时代潮流，打造特色书吧，推动“图书馆+书店”“图书馆+咖啡厅”“图书馆+旅馆”等模式的探索，将图书馆的服务资源与书店、咖啡厅、旅馆等服务场所的产品、业务和活动等结合起来，为大众提供更多阅读途径，也吸引更多的人流量，发展潜在读者群体，实现优势互补，共同提升公共文化服务价值。

（五）个性推广与教育方面

创新发展战略背景下，公共图书馆应创新实施公益文化惠民工程，广泛开展共享性文化活动，推动智慧化建设。形成多种业态融合的复合型图书馆群体，通过不同的特色和主题向用户展示资源，使阅读更有针对性。形成拥有特色馆藏资源、服务形式多样化、分散又有序的网格式服务，进而提高图书馆文化治理水平和科技创新引导水平，满足用户的个性化需求和文化求知欲。

公共图书馆同样可以与政府、高校、企业等机构之间相互融合起来，促进公共文化服务的发展，例如，图书馆可以通过与报社或杂志社的共同合作，联合打造推出惠民育民的项目，让更多人认识图书馆和文化带来的魅力；通过与高校和科研院所的协同合作，推出创新助研活动，推动科教事业与科研创新。实现图书馆从单一功能体到多元化“综合体”的平稳过渡，多样化满足用户知识需求和休闲需求。在未来的转型中，图书馆也应通过举办相关图书馆建设优化会议，强化馆与馆间的经验交流，鼓励进一步推动我国社会各界代表参与会议，各抒己见，为文化产业的融合提出创意性建议，使图书馆资源建设与个性化推广能力不断提高。

（六）用户阅读体验方面

公共图书馆的阅读服务创新发展直接关系到图书馆的服务能力，智能化的发展与5G的更新使人们的阅读更加趋向于碎片化，公共图书馆不能仅仅依靠传统的阅读模式为用户提供服务，这样会使图书馆的资源利用率变得更低。因此，一是要强化数字化的新型基础建设，连接更多的用户，汲取更多的数据资源，提升产业数字化、智能化水平，推动图书馆用户阅读方式实现重大变革，优化用户数字阅读新体验成为图书馆未来建设中的又一重要方向。在资源建设与服务相结合方面，例如，北京大学图书馆在资源建设部办公区设置新书阅览室，将编目加工好的图书先展阅一段时间；或者通过线上尝新的方式向读者推介最新书目的解说，读者能够在第一时间阅读到新书的梗概并了解其是否想要深入阅读下去，这样不仅能加速资源的传播利用率，同样，大大缩短了用户与资源组织建设间的距离。二是要优化用户阅读体验，更加注重场景化阅读。用户喜欢以什么方式阅读，就创造什么样的场景，引进和运用新兴技术迎合当代年轻人的追求，打破传统用户的阅读壁垒，强化沉浸式阅读新体验，形成时间和空间的完美结合，让用户体验到阅读的乐趣，在何时何地都能够完成身心的放松和精神的升华。通过多元化阅读渠道针对用户差异性需求提供个性化服务。使全民阅读越来越成为人们的习惯。

深入贯彻“十四五”规划的指示，通过优化公共图书馆的各方面建设促使公共图书馆与社会各界形成一个优质高效且不断创新的良性循环。提升公共图书馆服务经济社会发展能力，优化创新环境，集聚创新资源，培养创新人才队伍，促进文化产业和科学技术知识与社会、国际的有机衔接。实现科技创新和文化创新的整合，为国家科技和文化产业的发展提供灵感，从而不断扩大我国文化的国际影响力，在日益激烈的国际竞争中掌握更多主导权，提高我国综合国力和文化传播能力。

（七）创新服务理念

1. 以读者需求为导向

传统的图书馆服务，更多地以馆舍面积、藏书量、接待读者人数等为指标来评定服务水平。盲目追求各项任务指标的完成，会忽略读者的需求，服务缺少以人为本的理念。为了给读者更好地提供服务，为读者营造一个充满文化氛围的阅读环境，引导读者入馆，图书馆的馆舍、硬件设施、内外部环境等均需体现“以人为本”的宗旨。比如提高馆舍环境质量，馆内硬件设施齐全，注重色彩搭配、家具配备、装饰布置等，同时还得注意采光、通风和防噪声等，打造新时代的阅读社交空间，吸引读者进馆，让读者有“家”的感觉。

图书馆馆员应该树立“读者第一”的思想。全面了解读者的现实需求和合理期望，不论是阅读环境还是读者服务，都需要以读者需求为导向，从过去的被动服务变为主动。比如提供导读服务，让读者能最大限度地使用馆藏资源，发挥馆藏资源价值。除此之外，可以对用户按照年龄、教育程度、工作等不同的标准进行细化分类，充分调研不同读者群体服务需求合理配置馆藏资源，优化服务内容，创新服务形式，有针对性地提供个性化的文化服务或者特色专题服务。比如根据图书榜单优化图书存量，适当提高新书、畅销书比例，为有需要的读者提供专项信息咨询服务等，开发新的服务内容，变一次性服务为跟踪性动态服务，提升图书馆服务水平，从而发挥图书馆更多的公共文化服务职能。

2. 做好服务质量反馈

衡量公共图书馆的服务首先要考虑的就是用户满意度，图书馆的服务对象是读者，要想不断提高服务水平，必须要时刻了解读者需求的动态变化，做好读者意见的反馈工作，根据读者感受适时调整服务形式和内容等，这就需要建立图书馆的服务反馈机制，采取多种措施、开辟多种渠道，多层次、多形式地拓宽读者与图书馆的沟通与交流，调查和评估读者对图书馆服务的满意程度及需求，变被动服务为主动服务，建立以读者为中心的服务跟踪和评价体系，并采取相应改进措施及时修正读者服务，更好地满足用户需求。除了常见的意见簿、意见邮箱、电话等，应增加现代化的科学手段收集读者反馈信息，比如通过微信、微博等受年轻人青睐的线上渠道，通过对反馈信息进行过滤统计，利用大数据等技术汇总读者反馈，保证信息的有效性，进而有针对性地改进文化服务质量与水平。

3. 重视读者服务宣传

读者走进公共图书馆，利用的资源大多局限在图书、期刊、电子资源和自修室，还有一小部分读者会经常参加图书馆的培训和读者活动，而图书馆提供的政务信息查询、真人图书馆等个性化服务却利用率很低，甚至有很大一部分读者不了解图书馆的特色服务，认为图书馆只是一个借还书的地方，这导致了图书馆大量文化服务资源的浪费。因此，在图书馆的文化服务中，非常有必要引进服务营销，做好服务策划和宣传，注重通过各类推广与营销手段宣传图书馆的特色文化服务，通过多种渠道让读者充分了解并利用好图书馆提供的各项服务，提升服务的交互性，以更好地满足读者个人信息需求，扩大图书馆公共文化服务的辐射范围。通常，公共图书馆活动宣传的方式有很多，并不单一，会通过网站，馆内展板、电子显示屏等宣传载体，再就是活动现场发放宣传册等，但此类宣传方式受众面较小，只对到馆读者、经常使用图书馆资源或者参加活动的读者有效，许多不了解图书馆、不到馆的读者并不在宣传的辐射区内，辐射人群有限。

公共图书馆应该优化宣传服务工作，充分利用图书馆的交互式信息服务扩大宣传范围，比如在微博、微信等新媒体平台上开展实时互动，缩短读者与图书馆的距离；加大服务深度和力度，以用户需求为导向开展文化服务，以用户反馈为标准改善文化服务，通过不同的营销策略，增加用户满意的文化服务，减少或避免满意度低的现象，实现用户的真正满意；通过服务营销，将特色活动整理剪辑发布在抖音、快手等 App 上，扩大活动影响力，吸引读者入馆参加活动；与其他单位合作拓展宣传渠道，比如通过广播电台、公交车车载电视广告等社会媒体等进行宣传。

（八）考虑弱势群体的需要

目前，公共图书馆的馆藏资源建设进入印刷型资源和电子型资源并存的阶段，应充分考虑弱势群体的需要。弱势群体由于自身身体特征或心理特征处于社会不利地位，更加大了知识获取、信息获取的困难。如果没有专门的社会机构实施帮助或者提供服务，会加大社会资源分配的不公，社会矛盾会愈加突出。公共图书馆馆藏资源建设应全盘考虑资源的受众。弱势群体知识信息的需要，应是馆藏资源建设要着重考虑的因素。公共图书馆还可以在弱势群体集中的地方选址，建设分馆，资源向弱势群体汇集，使馆藏资源建设更有针对性。

公共图书馆为了更好地服务于老年人、未成年人、残疾人弱势人群，增加他们对图书馆的利用率，需加强设施、设备建设。服务设施的便利对他们方便、快捷、顺利地获取馆内知识信息起了决定性作用。馆内外应做到通道设施无障碍、标志设施无障碍、借阅设施无障碍，并设置方便识别的引导标志。大到建筑设计的空间布局，小到阅览桌椅是否方便适用，有无无障碍卫生间，饮水设备位置安全、适宜与否等，都应整体规划，注重细节。设计者应站在全民的角度上，以人为本，有益于更多人。公共图书馆有促进社会包容的使命，公共图书馆的公共空间确有最能促进社会包容的价值。

第四节 公共图书馆精细化服务体系的构建

一、体系构建的基本理念

（一）人文理念

为使公共图书馆服务拥有良好的文化环境，管理人员在构建精细化服务体系过程中应遵循人文理念。在公共图书馆内部中，浓厚的人文氛围与人文意蕴能够给予读者人文关怀，使读者深入了解并感受图书馆管理服务的人文精神。首先，公共图书馆应加强对馆内工作人员的培训，利用有效的教育体系与培养计划，不断完善提升馆员的人文素养。在服务过程中，依据公平服务的理念原则，按照读者的实际需求与行为优化自身服务模式。例如，在图书馆内根据读者阅读要求推出相应的阅读资源获取服务与互助阅读服务等。这种方式不仅能拉近管理服务人员与读者之间的距离，还能使读者在图书馆阅读过程中，感受到浓厚的人文关怀，有效运用了馆内人文理念。其次，还应注重培养馆员的自主意识，使其能增强自身主动性，针对读者提出的问题进行细致解决与科学解答。例如，读者向馆员咨询馆内文献资料时，馆员应保持良好的服务态度，在找不到读者需要的资料时向其表达歉意，运用适当的方式缓解读者的失落感，使其感受到人文关怀。

（二）平等

平等指的是公共图书馆面向社会全体提供服务，每一个人都有平等享受公共图书馆服务的权利。公共图书馆不得因年龄、种族、性别、宗教信仰、国籍、语言等原因拒绝向用户提供服务，公共图书馆的大门是向社会全体公民敞开的。为保障信息公平，公共图书馆还应向因故无法正常享有图书馆服务的用户提供特殊服务，应对弱势群体等特殊人群开展特别服务，如未成年人、老年人、残疾人、农民工、医院病人、监狱囚犯等。

公共图书馆平等服务的核心在于消除妨碍人们利用图书馆、获取信息的门槛。公共图书馆服务可以将某一群体列为重点服务对象，但不可以任何理由设立门槛，拒绝向某人或某个群体提供图书馆服务，不能因用户的年龄、性别、财富、社会地位而歧视或无视用户。杭州图书馆允许流浪者进入馆内读书看报，就是这一平等理念的具体表现。此外，图书馆还应该致力于消除信息获取门槛，为推动人人平等享有图书馆服务而努力。对于残障人士，图书馆建立无障碍通道，提供专门的盲文文献和听书设备，在网站上提供大字阅读服务或有声网页，也是平等理念的表现。公共图书馆社区服务践行平等理念，具体措施还包括：合理规划布局社区图书馆（室）的位置；保障社区图书馆开放时长；在无法设立固定设施的地方，以流动服务作为补充；还可利用互联网无处不达、无时不在的特点，大力推广数字图书馆服务。

（三）公益

公益指的是公共图书馆应实行免费开放，坚持免费向社会公众提供基本服务。公共图书馆是保障公民文化权利、促进社会信息公平的一项制度安排。公共图书馆服务的核心与信息、扫盲、教育和文化密切相关，对人类社会的发展进步和实现公民精神幸福至关重要。在现代社会，全球各国都把建立公共图书馆列为国家和地方政府的责任，主要由国家和地方财政拨款支持公共图书馆的建设和正常运行，为公共图书馆的免费服务提供条件。2018 年 1 月 1 日开始实施的《中华人民共和国公共图书馆法》已明确要求县级以上政府应将公共图书馆建设纳入当地国民经济和社会发展规划，为政府设立的公共图书馆提供所需经费，并及时、足额拨付，同时对其他由社会力量设立的公共图书馆也应给予政策扶持。因而，在我国，公共图书馆向社会公众提供免费服务是有必要且有条件实现的。

公共图书馆精细化服务以充分实现社会效益为目标，而不是追求经济效益。当然，这不是说公共图书馆提供的所有服务都必须免费，公共图书馆可以在一些非基本文化服务项目上实行有偿服务，但依然要坚持非营利性原则，在整体上确保公共图书馆服务的公益性。

（四）人本

以人为本是现代公共图书馆精细化服务理念的核心内容，要求公共图书馆一切工作都应围绕人展开，尤其是读者，因而，我国公共图书馆领域曾普遍提出“服务至上，读者至上”“读者就是上帝”的口号。随后，人本理念不断发展，“人”的范围也从高度强调读者转变为关注“利益相关者”，即包括读者、馆员、政府、企业等与公共图书馆事业发展相关的各个群体。当然，从公共图书馆社区服务的角度来说，人本理念对运行机制确立的意义还在于公共图书馆应关注用户需求，以用户需求为导向提供相关服务。不仅仅是用户需要什么，图书馆就提供什么服务，还包括图书馆要挖掘并引导用户的需求发展，推广先进文化，促进文化消费。

（五）合作与协调

在全球化发展环境下，世界各经济体与机构之间存在千丝万缕的联系。在我国推进公共文化服务体系建设的社会环境下，各级公共图书馆之间、图书馆界各机构之间、全国文化收藏单位之间，存在共同的利益与立场。各公共图书馆不再是孤立的个体，这样的图书馆也没有发展的空间。各公共图书馆之间是有机联系的整体。只有实现全社会范围内各单位和机构之间的合作与协调，才能实现精细化服务体系的构建。

构建公共图书馆精细化服务体系，必须由政府部门牵头，进行顶层设计。公共图书馆之间的合作与协调，主要在于采购过程中信息互通、鉴别互助、特色资源互换与调拨等。信息互通，就是在采购过程中，相互之间对采购渠道、采购价格、采购文献信息等进行沟通，以了解图书文献市场行情、业内图书文献入藏状况，帮助公共图书馆形成对图书文献状况的全面认识。鉴别互助，就是公共图书馆在遇到难以鉴别真伪和价值的文献时，可以寻求其他有鉴别能力的公共图书馆的专业帮助。特色资源互换与调拨，是贯彻公共图书馆资源建设的合作协调。公共图书馆之间采取文献收集专业分工、特色收集的方式。不同的公共图书馆，重点建设部分文献类型，其他类型的文献资源由其他馆去收集。或者公共图书馆收集后，与其他公共图书馆进行所需文献的交换。

二、公共图书馆精细化服务体系的组成

公共图书馆精细化服务体系坚持为民宗旨，以保障广大群众基本文化权益、满足广大群众基本文化需求为主要目的，由政府主导，用公共财政支撑，以公益

性文化单位为骨干，是向全社会提供的公共文化设施、产品、服务及制度体系的总称。政府主导、公共财政支撑、公益性文化单位为骨干体现了该体系的公益性特征；保障广大群众基本文化权益、满足他们的基本文化需求，向全社会提供体现了该体系的基本性、均等性特征；而成体系地建设公共文化设施、产品、服务及制度本身就反映了该体系的便利性。

（一）阅览服务

“阅览服务”指的是公共图书馆利用一定的空间设施，为读者提供到图书馆阅览馆藏文献的方法。在公共图书馆开展的各项服务中，阅览服务是一项不可或缺的基本服务。阅览服务是公共图书馆产生以来，最传统、最基础、流传最久的服务方式。

公共图书馆对阅读空间的打造值得称赞的案例很多，以金堂县图书馆打造特色阅读空间为例，金堂县图书馆具体分为六大功能区域进行重点打造：饮茗品书、悦读空间、书画之源、屏读天下、拓展空间、文化讲坛。

饮茗品书：其功能及意义在于体现中国茶道文化和相关中华优秀传统文化，如古筝、古琴等，发扬中华传统美德，展示文化艺术，修身养性，陶冶情操。

悦读空间：其功能及意义在于让大家走出家门一起分享阅读的快乐和愉悦，进行诗歌朗诵、诗词分享、吟诗作对等文化活动。由此，“悦读分享”将成为社交新的选择，有利于构建新型人际关系，推动书香社会的建设。

书画之源：其功能及意义在于通过“书画之源”吸引文人雅士在此交流、探讨、创作。书画是集休闲、放松于一身的高雅艺术，有利于培养人们的良好心态，个人修养，也对提升艺术才华和自我价值有着不可替代的作用。

屏读天下：其功能及意义在于通过现代数字设备来展示金堂历史文化、历史名人以及当代优秀文学作品等，促进金堂曾经和正在创作的优秀资源的传播，让群众深入了解金堂本土优秀历史文化，提升本土优秀文化作品的大众认知度。

拓展空间：其功能及意义在于承担文化培训、开展青少年文化活动等用途。

文化讲坛：其功能及意义在于通过“文化讲坛”的熏陶提高道德模范、优秀历史人物的群众知晓率，使人们体会到金堂文化艺术的精髓，通过了解本地文化而深刻领悟中华文化背后的底蕴，增强文化自信，增强民族自豪感。

（二）导读服务

导读，即引导、指导读者正确利用馆藏资料，增加资源利用率，养成良好的阅读习惯。主要有以下几种服务形式。

1. 主题书展或新书推荐活动

围绕社会公众感兴趣的主题进行馆藏书刊的宣传，向读者推荐相关主题的新书和经典图书。例如，天津和平区图书馆举办“舌尖上的食品安全”主题书展，设立专架，精选食品安全相关图书，向广大读者群众普及食品安全相关知识。一些图书馆利用传统节日举办主题书展，如在端午佳节之际，隆昌市图书馆在综合阅览室展示一批与端午节相关的书籍，让市民在阅读中了解更多端午节的文化内涵。天津河西区图书馆围绕每年的时事热点、民俗节日以及读者需求，每月推出一次主题鲜明、积极向上、具有特色的主题书展。重庆沙坪坝区图书馆为迎接党的十九大胜利召开，精心策划了“不忘初心继续前进”主题图书展等。

2. 编纂导读刊物或书目

公共图书馆人力资源有限，自行撰写书评编辑刊物可能会力不从心，可以定期精选一些已公开发表的书评或图书介绍，制成小册子向读者发放；也可以将近期新书书目分门别类地列出来张贴在阅览室或向读者发放；还可以在微博、微信平台上定期推荐新书和优秀图书导读书目。图书导读书目可以按读者年龄、职业等进行分别推荐，如中学生阅读书目、老年人阅读书目等。

（三）信息服务

1. 信息查询

信息查询也叫信息检索，即用户借助特定的信息系统查询信息，从众多信息中识别、查找、选择与自己需要有关的信息。信息查询过程应包含以下几大要素：已获知的所有信息、预订的信息系统、预订的信息需求以及能够将所有的信息和需求进行整合匹配的科学技术。在图书馆情报学中，对信息查询有效性的判定，大多是通过查准率和查全率两个指标进行整体评估。查准率是指在信息检索的过程中，检索出符合要求的信息数量占信息总数量的比例。查全率是指在预订的检索过程中，从信息系统中搜索出来的文献数量占全部系统中所有文献的比例。查准率和查全率可以衡量信息查询的结果是否有效。高查全率和高查准率意味着信息查询是有效的。

然而，有效的信息查询又面临着一些具体的困难。第一，信息爆炸所带来的信息检索困难。网络技术、光学技术、电子计算机技术的快速发展已经远远超过了人类的印刷技术、造纸技术、文字技术所生产出来的信息。这些信息的快速积累也意味着查询信息的难度不断增大。在古代，人类产生信息的效率非常低，而印刷术和纸张的发明使得人类的信息快速增长。人类的信息已经超过了“无须任何保障就能实现查询”的程度。据说古埃及亚历山大图书馆馆藏数量最大超过70万卷，而印刷术和纸张的出现使得文献得以快速增长。第二，人类主观性理解信息时所遇到的困难。数据是带有自身意义和客观数据的复杂结合体。交流信息的过程便是人们理解数据、分析数据意义的过程。在信息交流的过程中，人们只有理解信息才能够实现信息传达的目的。信息理解有其客观依据，但归根到底是人的意识活动的结果，带有人类强烈的主观能动性。信息接收者要受自身价值观、知识结构、经验等多方面的影响，所以字面上的信息会被查询者进行关联性考虑。比如普通民众在查询“雾霾如何影响健康”问题时，太高深的医学和环境信息科学信息会超出普通人的理解范围，因此这种信息不管多么切中雾霾和健康主题，普通民众依旧会认为它是无关信息。图书情报学从主观角度认为，信息是要被理解的信息，如果信息无法被人们理解，就不能被称为信息。信息有效查询意味着无法理解的信息不能够被查询出来。然而任何检索者搜索信息的过程都是一个非常复杂的信息匹配过程。

2. 信息组织整理

描述或揭示信息中事物的属性，并对其从信息系统角度进行整理，这个过程通常被称为信息组织。整理信息，将其组织成各种文献、信息的指代和标识，使人们能够根据不同信息的属性和标识查询到目标信息。

（1）信息组织整理的过程，如意义领域标识、创作者标识等，会形成与信息有关的不同标识，这种标识形成了事物特定的信息属性，这种属性通常用特殊的符号或术语进行表达，它把信息所涵盖的所有标识按照一定结构进行排列，进而整理出与信息和文献有关的信息记录。这条记录一般称为信息或文献的指代。所以，在信息组织整理语境下的指代就是在信息系统中对原始信息和文献的某条记录。把预订范围内的信息和文献，用预订的检索方法将其整理出来就组成了信息检索系统。

（2）“作品—载体”这种概念模型是信息组织整理技术的前提。信息组织整理技术是对信息和载体的属性进行描述、赋值、分析、形成信息和文献指代，并最终完成信息检索系统的过程。确认数据载体意义的属性，并对这种属性进行赋值才能够完成这一任务。有效描述作品和文献的指代成为“作品—载体”概念模型组织整理技术所面临的首要问题，“作品—载体”概念模型的构建有以下四个过程。

第一，分类方法。这种方法系统划分了人类知识体系。图书馆信息职业的这种系统划分有自身的知识体系和分类原则，在对不同作品进行分类时，公共图书馆信息职业要考虑多重因素。首先，文献实体的物理空间需要；其次，文献的形式特征；再次，各知识领域文献的具体情况，要按照知识类目对其进行不同的设置；最后，文献实体分布排架也要在其考虑范围之内。

第二，标引。借助图书馆信息职业的特殊语言，根据不同的作品主题进行标识，可以使人们能够根据不同的主题，查找相关信息以及与信息有关的相关特征。

第三，著录。很多信息要想传播必须借助大量的记录。被记录下来的信息与载体一起称为文献。文献需要借助标记载体的属性才能够更好地被人们检索出来，比如文献提名、出版时间、出版地、出版者等。对于主题和学科之外的其他信息进行标识，并把所有的标识整合成文献指代的技术，被称为著录。

第四，编码。把描述作品意义属性和其他属性的标识借助计算机的形式转化成可以处理、接受和识别的代码，借助计算机分析不同的属性的形式就是为信息组织整理的编码。基于“作品—载体”概念模型技术，依托于分析作品属性，对整部作品的整体进行描述，可以阐述作品之间的某种关联性，这种关联与作品中所涉及的关联性差距很大。

（四）阅读推广服务

阅读推广活动旨在提升读者的阅读兴趣，增强阅读的影响力度，使人们更有意愿、更有条件地参与阅读，现已成为各类图书馆的常规活动，如国内围绕“世界读书日”“图书馆宣传服务周”开展的各项活动，国际上近年来流行的“一本书，一个社区”阅读推广活动等。公共图书馆的阅读推广活动可以从以下几个方面开展。

1. 培育和鼓励家庭阅读

家庭阅读是推进国民阅读的重要力量，因此要重视家庭环境对个人阅读的影响。公共图书馆通过组织以家庭为单位的读书活动，达到阅读推广的目的。例如，宁夏阅海万家图书馆与英迪贝尔教育咨询有限公司携手，每周定期举办“大风车公益亲子互动活动讲堂”，通过游戏活动在家长和孩子之间架起阅读的桥梁。

2. 与学校合作提升学生的阅读能力

公共图书馆与学校通力合作，根据学生兴趣广泛、求知欲强的特点，制订阅读推广计划。公共图书馆提供场地和书刊，制定阅读书目，组织读书活动；学校派专业教师给予指导，使学生掌握科学的读书方法。浙江嘉兴市 2017 年 1 月启动的“图书馆第一课”活动，就是嘉兴市图书馆总分馆服务体系开展的馆校合作项目，由图书馆与各小学签订《馆校合作教育协议》，通过为小学生发放图书馆制作的“阅读礼包”，举办丰富多彩的读书活动，培养学生浓厚的阅读兴趣和良好的阅读习惯。例如，嘉兴市图书馆余新分馆和余新镇中心小学、王江泾镇图书馆与长虹小学分别签订了《馆校合作教育协议》。

（五）个性化服务

推动实现公共图书馆个性化知识服务，提升公共图书馆知识服务能力，公共图书馆应基于精准化服务策略，立足于用户特征，把握用户需求，细分用户标签，构建用户网络，完善后期服务，实现服务内容的多样化和个性化。

1. 基于数据技术，构建用户画像

2020 年以来，用户画像技术被广泛运用于图书馆的信息推送和个性化服务研究中。因此，公共图书馆可以通过对用户行为进行深度的数据分析和数据挖掘，实现各类信息资源的关联和聚类，以此构建用户画像，进一步提高服务的靶向性。首先，公共图书馆需要将采集到的用户行为数据（如观看记录、检索习惯、浏览痕迹等）进行深入分析与挖掘。其次，与管理系统中的用户静态数据（如学院、性别、专业等）进行比对分析，依托用户画像技术，从多角度建立群体用户画像，分析挖掘出各类用户的行为习惯。最后，基于清晰的用户画像，建立不同类型用户的标签体系，实现推荐信息和知识能够与用户动态信息需求间情景化适配，从而准确地向用户提供符合其需求的目标资源。

2. 关注用户需求，建立服务模式

在泛在知识环境下，公共图书馆用户具有多元化的知识需求，如特定情形下的交互式知识问答需求，基于游戏式设计的数据资源检索需求和以知识图谱、动态图表、虚拟现实技术为依托的知识可视化需求。而以上用户需求的实现需要充分利用图书馆的知识交换与存储技术以及知识表示与知识组织技术。在“互联网+”融合发展的时代背景下，公共图书馆应推动知识服务优化升级，利用丰富多样的多媒体、增强现实（AR）、混合现实（MR）、虚拟现实（VR）等智能展示设备，依据用户的视觉、听觉和触觉等营造适宜的知识服务多维感知环境，形成个性化、体验式的知识服务模式。同时，公共图书馆要重视社会公众的知识需求，充分整合社会不同层次用户的知识需求，缓解馆藏资源有限和用户需求日益增长之间的供需矛盾，实现协调供应。

3. 拓展后期服务

公共图书馆应依据数据挖掘和分析结果以及用户的知识需求，拓展个性化信息推送服务的深度和广度。一方面，公共图书馆应积极利用智慧知识服务平台为新用户提供专业的向导服务，进一步提高用户体验；另一方面，公共图书馆要充分利用用户的行为信息，提高信息和知识推送服务的精准性，增加用户的黏性；与此同时，公共图书馆还应不断拓展思路，加大对大数据、人工智能及其服务的开发与应用，不能仅仅停留在购买既有产品阶段，还应不断更新知识服务配套产品。

三、构建精细化服务体系的策略

（一）建设自助图书馆体系

随着科技水平的提高，各种自助服务逐渐兴起。既满足人们的需求，同时也提高了工作效率。在图书馆进行建设的过程中，受投资时间空间等限制，容易影响到当地图书馆的发展。而在一些地区考虑建立自助图书馆，不仅能够给人们带来更多的便捷，实现全天候的服务，同时也降低了工作的复杂程度，为不同地区的公共图书馆体系建设带来了一定的帮助。可以在各个城市乃至乡镇农村等建立自助图书馆或者是图书馆 ATM，不管什么时间段，人们都可以通过电子设备进行信息查询。

（二）注重电子信息体系建设

公共图书馆的电子资源建设需建立长远性的规划。首先相关部门要注重当前公共图书馆的内在发展需求并结合读者的服务要求进行目标创设，建议采购大型综合数据库，以此保证自身的电子资源质量，同时还要结合自身的特色专业以及用户群体需求，购买不同的专业数据库，以此丰富电子资源种类。在特色电子资源建设过程中，应充分重视地域性的资源优势，做好数据库的分类以及检索工作，形成图书馆特有的分层数据机制，并不断地为用户提供阅读服务。

（三）强调寻求多元化的资金支持

资金是保证公共图书馆读者服务体系的重要基础，同时也要转变自身传统服务观念，注重多元化的资金扶持角度。首先，公共图书馆要为自身的建设做好规划，并充分利用有效资金从点滴做起，在资金不足情况下探索科学的公共图书馆读者服务体系模式。其次，公共图书馆的服务体系建设不能完全依靠政府投入，而是要注重自身从社会资源中获取扶持，可以采用公共与其地方企业联合机制进行建设，企业提供资金，公共提供技术，实现双赢局面。最后，要注重大型综合数据库与专业数据库的建设协调性，对于需求量较小的数据库可以暂缓安排资金，减少电子资源的购置经费，重点加强需求量大的数据库建设。

（四）注重公共图书馆服务评价体系建设

首先，公共图书馆应建立与读者交流沟通的平台，通过多方位的途径了解读者服务过程中的信息反馈，同时也要注重图书资源使用效率以及使用成本等，为后期的读者服务建设规划安排做好基础性工作。其次，各大公共图书馆应建立起实体图书和电子图书资源采购联盟，通过集体采购降低自身运营成本，同时也能将采购主动权牢牢掌握在自己手中，还要加强不同图书馆之间的电子资源共享机制，提高资源利用效率。

第五章

公共图书馆的知识服务实践

本章主要论述了公共图书馆的知识服务实践，分别从公共图书馆知识服务的成果和问题、公共图书馆知识服务能力评价、公共图书馆知识服务的提升策略和面向企业创新发展的知识服务四方面来详细介绍。

第一节　公共图书馆知识服务的成果和问题

一、公共图书馆知识服务的成果

新时期，信息技术的发展对公共图书馆知识服务既带来了挑战，又带来了机遇。公共图书馆为应对新形势下用户的知识需求和要求，应高度重视知识服务工作的开展，加大资金投入，加快大数据平台的知识服务系统建设，不断优化知识服务的组织结构和业务流程，满足用户的需求。

（一）深化知识服务意识

知识服务意识是指公共图书馆对开展知识服务工作的重视程度和参与程度。在现代信息技术快速发展的大数据时代，公共图书馆围绕社会的人才培养、科学研究、社会服务和文化传承积极开展知识服务，图书馆知识服务的意识明显增强。

（二）重视知识服务专业技术人才队伍建设

公共图书馆是社会的文献信息中心，也是知识的中心，对从业人员的素质有较高的要求，尤其是知识服务工作，对从业人员的综合素质、学历层次、专业知识结构、信息能力、信息技术能力、外语能力、沟通能力、工作经历和经验等方面都有较高的要求。因此，公共图书馆知识服务专业队伍建设的水平直接影响知识服务能力和水平。近年来，公共图书馆重视知识服务专业技术人才队伍建设，知识服务从业人员的学历结构、年龄结构、职称结构等方面得到明显优化。当然，有些地方公共图书馆对知识服务专业队伍建设还不够重视，从业人员的知识结构、学历层次、信息能力、综合素质等还难以满足知识服务工作的需要。

（三）知识资源库建设取得一定进展

知识资源库建设的水平直接影响着公共图书馆知识服务的质量和能力。近年来，我国公共图书馆非常重视知识资源库的建设，并取得一定成效，尤其是在数字化知识资源、特色知识资源库建设方面成效明显。一些地方图书馆也根据自身的特色和优势，建立特色知识资源库。

（四）优化知识服务业务流程设计

目前，各公共图书馆为强化知识服务功能，积极优化知识服务业务流程，在知识需求识别、知识收集、知识分析加工挖掘、知识筛选、知识提供等整个知识活动过程中，充分利用大数据等现代信息技术，并强调知识服务流程设计的科学合理性，体现了时代性、科学性、客观性、网络化、智能化、移动互联等特征，拓展了知识收集的广度，深化了知识分析挖掘环节，提高了知识服务的质量，最大限度地满足了用户需求。

（五）科学设置知识服务组织机构

公共图书馆为实现知识服务功能，基本都开设了专业的知识服务机构，如信息咨询部、参考咨询部、知识服务部、信息技术部、情报部等。各公共图书馆承担知识服务机构的名称不同，但其知识服务的功能差异不大。当然也有少数地方图书馆尚未设置专门的知识服务机构。

（六）积极构建大数据知识服务平台

在现代信息技术快速发展的大数据环境下，政府加大了资金投入，积极推进图书馆数字化建设进程，重视知识服务平台建设。目前公共图书馆知识服务平台建设主要包括：一是集成图书馆知识资源的图书馆管理系统建设；二是基于知网等的国内外文献检索系统，提供一站式知识服务；三是发挥图书馆特色资源优势，建立特色知识资源管理系统；四是建立全国、区域、行业、系统范围的知识资源共享平台等；五是基于国际联机检索系统提供的知识服务平台。

（七）不断优化知识服务方式和方法

在互联网、大数据、人工智能和移动互联等信息技术快速发展的知识管理时代，公共图书馆知识服务的方式方法发生了重大变化，以信息化手段代替传统的人工手段已成为常态。基于互联网大数据知识服务平台开展知识服务已经成为公共图书馆知识服务的主流模式，并逐渐演化为主动服务、自助服务、网络化服务、智能化服务、个性化服务、一站式服务等。以用户为中心的知识服务理念深入人心，通过多样化、个性化、品牌化的创新拓展式知识服务，提高用户满意度，满足用户随机知识需求。基于大数据的公共图书馆知识服务模式更趋向于个性化、自主化、虚拟化、智能化、集成化和体验化。

二、公共图书馆知识服务存在的问题

（一）在馆信息显示具有滞后性

目前，一些公共图书馆 App 或者官网显示图书外借状态信息具有滞后性。比如要找一本书，在图书馆 App 或者官网查找显示在库，但是实际上在书架上却找不到这本书，这样难免会给读者带来不便。随着智能服务水平的不断提升，这些小细节也应该完善，才能提高读者的体验度。另外，一些区县图书馆受到资金的限制，虽然开通了微信平台，但是功能还有待完善，如网上续借功能、馆藏查询功能。有的图书馆微信平台只是一些简单的馆藏检索服务，细节方面还存在很多不足。在人工智能迅速发展的今天，网上银行可以让用户实现查询、转账等大部分功能，那么我们图书馆的官方微信、App 是不是也应该适应这样的趋势呢？以金堂县图书馆为例，外借室书架都标注了架面列层，如果要查找一本书，可以先用手机在官方公众号里面查询出这本书的索书号，然后再找出这本书在哪一个书架上。如果官方公众号里面的数据可以更加完善，把这个步骤简化一下，让读者查询出索书号的同时就能找到这本书在哪个书架。此外，很多读者在手机上搜索出索书号，但是在书架上怎么找不到这本书？这些都是因为信息滞后给读者带来的不便，建议改善这类现象，避免读者空跑。

（二）知识服务意识还不够强

在现代信息技术快速发展的大数据时代，知识服务是公共图书馆的重要功能。作为图书馆的“一把手”工程，图书馆知识服务的能力和水平是衡量新时代图书馆形象的重要因素。总的来说，目前公共图书馆知识服务的意识明显增强，但是也有一些公共图书馆，尤其是地方公共图书馆，其管理者不仅对开展知识服务重视程度不够，还很少参与图书馆知识服务活动。这导致图书馆知识服务功能无法完全实现，图书馆知识资源和信息技术基础设施的作用未能得到充分发挥，不仅浪费了资源，也影响了图书馆的形象。

（三）专业技术人才队伍建设仍有差距

尽管现在公共图书馆知识服务的专业技术人员有一定程度的增加，专业结构、学历结构、职称结构、年龄结构等方面得到明显改善，但公共图书馆，尤其是地方公共图书馆，对知识服务工作的专业技术人才队伍建设的重视程度还不够，专业技术人才的规模、学历结构、职称结构、知识结构、业务素质和能力、经历与经验都存在明显不足，很难适应新时代公共图书馆知识服务工作的需要，严重制约着知识服务工作的开展。

（四）知识服务业务流程还不够科学

目前，公共图书馆的知识服务流程基本上沿用的是传统参考咨询工作的业务流程，未能充分利用现代信息技术。按照时代性、科学性、效益性、客观性、网络化、智能化等来设计知识服务流程的图书馆还不是很多，与国外公共图书馆的知识服务业务流程设计还有一定差距，图书馆知识服务流程还存在用户与知识服务人员交流沟通不充分、现代大数据等信息技术作用发挥不充分、不能最大限度地满足用户需要等问题。公共图书馆必须要结合现代信息技术和先进的知识管理思想，体现“以用户为中心”的服务理念，对现有知识服务流程进行全面审视和分析，利用业务流程重组的思想，科学设计适合新时代公共图书馆知识服务实践的业务流程。

（五）知识服务组织机构设置还不尽合理

目前公共图书馆多数设置了专门的知识服务机构，主要是信息咨询部，也有的叫参考咨询部、知识服务部（中心）、情报部、信息中心等。这些机构设置基本上与读者服务部、资源建设部等平行。知识服务作为现代公共图书馆的主要功能，在机构设置上应体现其重要性，建议由图书馆副馆长兼任部门负责人。

（六）知识服务的制度建设还比较滞后

制度建设是确定公共图书馆知识服务合法、规范、质量的重要保障，知识服务涉及知识人员的岗位职责、业务流程和规范、管理制度、资质要求、收费标准等各方面。公共图书馆在知识服务制度方面取得了一定成绩，但也存在一些问题，主要是知识服务制度建设不完善，有些制度的建设还比较滞后，时效性和时代性都不足，有关大数据环境下知识服务的制度建设不能做到与时俱进，有关知识服务的绩效评价、知识服务人员的管理等方面的制度建设还有差距。

（七）官方 App 微信平台功能亟待完善

有的县级图书馆，公众号里只有简单的馆藏检索功能和信息发布，网上续借、网上缴费功能都没有。现在支付宝、微信如此普及，还只能用现金进行支付，很多读者表示确实不太方便。而市图书馆的微服务大厅，只要绑定一个手机号，读者的在借、临过期、已过期图书和借阅清单就一目了然。那么图书馆微信服务平台可不可以实现区县“通用”呢？就像借阅系统一样的原理，全市通用一个系统但是独自拥有各自的账号，这样既可以免去读者重复绑定账号的麻烦，又可以弥补很多区县因为经费不足导致的微服务滞后的现状。

三、公共图书馆知识服务产生问题的成因

（一）理念落后，创新不够

公共图书馆知识意识不强、知识服务业务流程和组织结构设计不尽合理等的主要原因是：长期以来，有的公共图书馆管理还没有解放思想，改革创新，仍然

按照传统的理念来经营和管理图书馆，服务对象定位存在偏差，参与社会化服务的积极性不高，社会化的服务功能弱化。

（二）认识不到位

互联网、大数据、人工智能、移动互联等现代信息技术，高质量发展、数字图书馆、智慧图书馆等理念和思想，对新时代公共图书馆的建设发展和管理提出了全新的要求。智慧图书馆以数字化、网络化、智能化的信息科学为基本手段，通过物联网来实现智慧化的服务和管理，是感知智慧化和图书馆服务智慧化的综合。新时代的公共图书馆要为社会提供高质量的服务，要积极开展社会化服务，实施创新转型和可持续发展策略等。目前，有些公共图书馆管理层对新时代公共图书馆发展的趋势认识不到位，对数字图书馆、智慧图书馆建设了解不多，重视不够，资金和精力投入都不足，对图书馆面对时代的挑战，实施创新发展思考不多，严重制约着图书馆的发展。

（三）改革创新力度不大

目前，我国大部分公共图书馆在社会的重要地位没有显现出来，因此从管理层到专业人才队伍建设都受到影响。有些地方公共图书馆对图书情报专业人才重视不够，对专业人才的吸引力不足，致使公共图书馆的管理层缺乏专业化人才。有的是外行领导内行，对图书馆知识服务和管理缺乏顶层设计和科学化的规划，从而对知识服务业务不重视，业务流程和组织机构设置不合理，制度建设不健全，对公共图书馆开展社会化服务工作认识不到位。

（四）治理能力不高

在现代信息技术快速发展的高质量发展时代，公共图书馆在自身治理体系和治理能力现代化建设方面与现实需要还有一定差距。图书馆在战略发展的顶层设计、制度和文化建设、制度执行力等方面，都还不能完全适应新时代对图书馆治理体系和治理能力现代化的要求。因此，公共图书馆要突出自身特色，主动担当作为，全力推进高质量内涵式发展，全面提高知识服务的能力、水平和质量，加快治理体系和治理能力的现代化建设步伐。

（五）业务能力不能满足需求

在互联网时代，传统文化获取途径被越来越便捷的网络信息化途径所替代，读者不满足于通过文献资源获取信息，读者阅读需求更加多样化，阅读资源越来越信息化。公共图书馆因其历史原因，大多数无法满足读者越来越快捷的信息获取需求。现阶段，公共图书馆想提供多元文化服务，需各种社会力量参与，并继续保持优势，扩大读者群体。

第二节 公共图书馆知识服务能力评价

一、知识服务能力的影响因素

（一）图书馆馆员职业因素

随着社会经济市场结构的不断调整，知识价值与专业水平已成为衡量职业地位的主要标尺。由于薪资报酬低，图书馆馆员这份工作在部分从业人眼中属于“底层”工作，在实际工作过程中未能重视实现自我价值。相关调查报告显示，图书馆馆员这一职业在求职意愿中的占比较低。职业因素直接影响着图书馆馆员的工作态度，亦与图书馆知识服务能力的高低有着一定关联。除此之外，在各项体制的制约下，部分图书馆出现人才结构失衡的问题，这一问题致使馆内岗位竞争氛围不足，限制了图书馆知识服务模式的创新与优化。

（二）服务理念因素

在传统管理观念下，公共图书馆将收集、整理、保管书籍作为最核心的工作要点，并将侧重点放在如何更加高效地管理馆内文献资源上，同时馆员的身份也处在“教育者”层面，并不是服务者。尽管现阶段各级图书馆已经重视起“以读者为本”“服务质量第一”等管理理念的渗透与实施，但从本质上来看大多数馆员的服务理念并未及时更新，仍旧存在着一定的缺陷之处，主要体现为服务模式单一、服务水平较低以及服务体系不完整。由此可见，传统观念下的图书馆服务模式难以满足读者需求，也阻碍着图书馆的长远发展。

二、知识服务能力评价原则

（一）科学性原则

科学性原则主要是指，用于评价公共图书馆知识服务能力的评价指标体系应能够客观真实地反映公共图书馆的知识服务能力发展现状，从而有利于发现各公共图书馆知识服务能力的发展差异。因此，公共图书馆知识服务能力评价指标的选取必须要有科学依据，从客观实际出发。换言之，所选取的具体评价指标的定义、单位和计算公式必须以相关理论为依据，不可凭空捏造。

（二）系统性原则

对公共图书馆知识服务能力进行综合评价是一个系统工程，在构建指标体系时应综合考虑内部环境和外部环境等多种因素的影响。因此，必须从系统的角度构建公共图书馆知识服务能力评价指标体系，应包括影响公共图书馆知识服务能力的各种关键影响因素和评价内容，能够全面、系统和准确地体现科技情报机构知识服务能力，指标层次结构要科学合理、分类准确、层级明确，确保评价结果的全面性和系统性。

（三）客观性原则

由于公共图书馆知识服务能力是独立于人的主观意识之外并能被人的意识所反映的客观现实，公共图书馆知识服务能力评价的高低不能被评价者的主观意识确定，因此，公共图书馆知识服务能力评价指标的选取应与知识服务业务过程的客观事实相符合，所选取指标应采用定量指标，涉及的数据要尽可能使用官方统计数据，避免因数据统计误差导致评价结果失真。

（四）可操作性原则

可操作性即可行性，主要是指在尽可能准确反映公共图书馆知识服务现状的同时，选取各公共图书馆的共性指标，以保证数据的可操作性。在具体实施过程中应注意以下两点：一是数据的可获取性。公共图书馆知识服务能力评价指标所涉及的数据应是简洁的，便于收集、加工、处理的。二是指标的可量化性。公共图书馆知识服务能力评价指标应尽量选择定量指标，避免选择可量化性较弱的定性指标。即使由于客观条件限制只能选取定性指标，也应当运用合适的数理统计处理模型将其转化为易于获取、加工、处理的定量指标。

（五）代表性原则

在公共图书馆知识服务能力评价指标选取过程中，各评价指标往往存在着相互联系、相互影响又相互制约的关系，在对评价对象某种特性进行评价时，往往可能有多个指标可以进行反映。因此，在构建公共图书馆知识服务能力评价指标体系时，要避免选择所反映特征相同或极其相似的指标，筛选出具有较强代表性且能全面衡量公共图书馆知识服务能力的指标，从而科学评价各公共图书馆知识服务能力的发展现状。

（六）目的性原则

构建公共图书馆知识服务能力评价指标体系的根本目的是衡量各公共图书馆知识服务活动的成效。因此，所构建的知识服务能力评价指标体系必须能够客观地反映各公共图书馆知识服务的本质特征，能将各公共图书馆知识服务活动发展工作标准化，进而推动其知识服务活动的高质量开展。是否满足目的性原则是衡量评价指标体系构建合理性和科学性的重要标准，是公共图书馆知识服务能力评价指标体系构建的前提。

（七）发展性原则

互联网、大数据等新一代信息技术的快速发展必然给公共图书馆知识服务理念、模式等方面带来重大影响，并提出新的机遇和挑战。因此，公共图书馆知识服务能力的评价指标体系不可能是一成不变的，必须要结合时代发展对公共图书馆知识服务的影响等因素，动态调整评价指标体系，以适应新时代对公共图书馆知识服务的新要求，体现评价指标体系的发展性和时代性。

（八）主客体原则

主客体原则是指图书馆自身与读者体验两者的有机连接，在此基础上体现整体服务水平。主体是图书馆知识服务，在实际工作过程中相关人员应当结合实际情况为读者提供优质服务，满足读者的各项要求，并及时解决其存在的问题。客体是读者对图书馆服务的评价与建议，读者可从多个角度出发，根据自我体验对服务质量进行打分，及时指出问题并提出相应建议，为图书馆改进知识服务提供更多的方向。归根结底，要想构建高质量知识服务评价体系，就必须坚持此项原则，在两者的共同作用下展开更加全面的优化与完善。

（九）专业标准原则

评价标准是对图书馆知识服务质量进行打分的基础依据，为了确保评价的合理性与科学性，公共图书馆在选择评价基准的过程中应遵循专业性与统一性。专业性是指评价标准的制定与规划，应当结合图书馆的实际情况与战略发展方向，针对服务滞后、模式单一、资源过少等问题提出一对一的解决措施。统一性则是指此评价标准应当贯穿于服务工作的全过程，要求相关人员严格按照此项标准展开工作，不断提升服务质量，为读者提供更加全面、更加适宜的知识指导服务。

（十）模型与实际相结合原则

此模型是指图书馆综合管理模型，其重点突出馆内特色服务，并与实际情况相协调。第一，公共图书馆应当优化评价方式，借助大数据、互联网等先进技术来实现数据的收集、整理与分析。第二，图书馆应当结合新时代发展需求以及读者的阅读需求，及时调整评价标准，逐渐形成完整的评价模式。第三，图书馆应借助先进技术及时更新馆内实际情况，如人员变动、书籍资源变动、评价方式优化等，在此基础上展开协调发展，最大程度避免一系列缺陷问题的发生。

三、知识服务能力评价依据

为满足新时代背景下用户的个性化知识需求，各公共图书馆应对自身知识服务能力进行评估，发现自身的长处与不足，为用户的知识创新与知识应用活动提供有力保障。

（一）知识服务人员

知识服务人员不仅是开展知识服务的关键要素，也是公共图书馆开展知识服务活动的直接主体，公共图书馆的知识服务过程实际上是知识服务人员与知识使用者之间的知识交流过程，是知识服务人员向用户提供知识和智力支持的过程。在用户获取知识服务的过程中，知识服务人员独特的专业知识背景和知识处理方式，可以给用户带来基于自身专业和能力背景下所难以形成的具有个人特色的知识产品。

因此，知识服务人员队伍的建设水平直接影响知识服务的效率和质量。而知识服务人员队伍建设水平的高低，则取决于知识服务人员的结构和专业素养。其中，知识服务人员结构是指图书馆内所有从事知识服务工作的人员组成，包括性别结构、年龄结构、学历结构、专业结构等。知识服务人员结构是知识服务人才队伍建设的基础，合理的人员结构是公共图书馆提供高质量知识服务的前提。知识服务人员专业素养代表着公共图书馆知识服务人员的业务能力、专业能力、组织能力和沟通交流能力，是高质量知识服务开展的依托。

（二）知识服务资源

大数据背景下，公共图书馆面向用户的知识服务过程，其实就是对图书馆内外部知识资源和知识资源库进行挖掘分析、发现知识并提供给用户的过程。丰富多样的知识服务资源是公共图书馆开展知识服务的根本。可以说，公共图书馆拥有的知识资源和知识资源库存越多，其提高知识服务的能力可能越强，用户的满意度就可能越高。可以看出，公共图书馆拥有知识资源和知识资源库的结构和质量是影响其知识服务能力的关键因素。其中，知识服务资源的结构体现了公共图书馆知识服务资源的类型和容量，不同的资源库可以解决不同用户的问题，为不同用户提供有针对性的、个性化的知识服务。知识服务资源的质量则体现出公共图书馆知识服务资源满足读者需求的优劣程度，一般可从广度、深度、更新频率等方面进行衡量。高质量的知识资源是公共图书馆满足用户知识服务需求的根本保证。

（三）知识服务平台

随着互联网、大数据、人工智能、物联网和移动互联等新兴信息技术的快速发展，以及公共数字图书馆、智慧图书馆建设进程的持续推进，现代公共图书馆知识服务的开展需要以计算机、数据采集器、PC 服务器、无线网设备、网络安全设备等基础信息设备为基础，以数据挖掘技术、云计算技术、人机交互技术、智能传感技术等技术为支撑，基于完备的知识服务平台，为用户提供个性化的知识服务。知识服务平台是公共图书馆开展知识服务活动的重要保障。公共图书馆要想拥有较强的知识服务能力，为用户提供更高质量的知识服务，就必须运用更加先进的硬件设备和信息技术，建立更加完善的知识服务平台。

因此，公共图书馆服务平台的基础设施和支撑技术对公共图书馆知识服务能力具有重要影响。知识服务基础设施体现了公共图书馆对知识服务的投入，基础硬件设施越优越，知识服务活动开展得越顺利。知识服务平台支撑技术的先进性与安全性则直接影响公共图书馆知识服务的效率和质量。因此，可从基础设施和技术支撑两个方面反映知识服务平台准则层。

（四）知识服务手段

现代互联网、移动互联等现代信息技术的快速发展以及社会积极推进数字图书馆、智慧图书馆建设，使得公共图书馆愈加注重满足特定用户的个性化信息需求，从用户角度出发，为用户提供学科化知识服务、创新创业知识服务、面向科研的知识服务等个性化知识服务模式。因此，知识服务手段为衡量大数据背景下公共图书馆知识服务能力的重要因素。具体来看，知识服务手段主要包括知识服务方式和知识服务内容。其中，知识服务方式是公共图书馆知识服务人员为满足用户个性化、多元化、深层次的知识需求，所采取的多样化的服务方式。公共图书馆能够提供的知识服务方式越多，覆盖的用户范围越广，对用户需求的满足程度越大，其知识服务能力越强。知识服务内容是知识服务人员充分利用公共图书馆知识服务平台和知识服务资源，进行信息资源的整合、存储与分享等操作，能为知识服务用户提供各类知识，这是知识服务活动的关键。

（五）知识服务环境

知识服务环境是公共图书馆所处的内外部环境，是公共图书馆开展知识服务活动的基础条件。为保障公共图书馆知识服务活动的高质量开展，务必要营造良好的政策环境、创新环境、行业环境，完善相关法律法规，建立能够适应用户多样性、个性化需求的知识服务机制，从根本上为公共图书馆知识服务能力的提升提供动力。具体来看，公共图书馆知识服务外部环境是指知识服务活动开展的政治环境、法律环境、经济环境、社会环境等，可以为图书馆内部各单位良好运作提供支撑；公共图书馆知识服务内部环境是指行业和事业发展环境，包括组织文化、学习氛围、创新文化等。良好的知识服务环境，能明显激发公共图书馆知识服务的热情和主动性，增强知识服务能力，提高知识服务效率和质量。

（六）知识服务成效

知识服务成效主要是指公共图书馆知识服务的质量和效果，直接体现出知识服务活动的发展趋势，是用户对公共图书馆知识服务活动最直接的体验。公共图书馆知识服务成效的度量，一般包括两个方面。一方面是对用户知识创造、知识应用活动的支撑。公共图书馆知识服务就是面向知识内容的，以满足用户需求为准则的，贯穿用户整个知识获取、组织、分析、重组的过程，并为其知识应用和知识创新活动提供有力支撑的服务，因此，公共图书馆知识服务的专业性、创新性、时效性、个性化程度将直接反映出公共图书馆的知识服务质量。另一方面是公共图书馆用户对知识服务活动的体验观感。公共图书馆用户是公共图书馆开展知识服务活动最直接的体验者，服务能力的强弱、服务质量的好坏、服务效率的高低均可通过用户体验进行反映，用户满意度越高，资源再利用程度越高，图书馆知识服务活动开展成效越好。

四、知识服务能力评价

（一）各方的参与

对于公共图书馆而言，要想使自己所开展的知识服务工作变得更好，首先要做的便是将自己与其他群体间的关系处理到位、处理好，即实现图书馆、政府与读者之间的紧密融合；而对于知识服务能力的评价来讲，同样需要三方积极参与其中，只有这样才能将知识服务能否达到既定目标进行全面、客观且准确的评价。

公共图书馆是知识服务的积极引导者、组织者，同时还是实施者，为了能够促进知识服务能力的提升，改进知识服务方案，公共图书馆需要对自己所进行的知识服务实况实施评价。从既往研究得知，有关公共图书馆评价知识服务的报道并不多，但针对高校图书馆的一些馆员而言，却发表了诸多文章。此情况之所以会发生，究其原因，可能是高校图书馆当中的读者群体较为集中，并且还十分单纯，因而有助于评价活动的更好开展。而针对那些规模不同的公共图书馆来分析，其面向的是社会，读者年龄不一，且职业多样，可以说是覆盖所有年龄段，因而在进行知识服务能力评价时，有着更突出的难度。针对政府来考量，其在整个公共图书馆架构当中，扮演着重要角色，发挥着积极作用，其在知识服务所对应的评价目标上，通常情况下，与图书馆在自我评价方面所对应的目标存在较大差异。针对公共图书馆来分析，在推广、评价阅读工作中，起到重要的辅助作用，并且还是推广评价的参与主体，不仅是为了使图书馆更加注重知识服务，以此来刺激图书馆，使其不断健全知识服务模式，切实履行社会教育职责，而且还能够推动社会的发展，有利于文化体系建设。

（二）评价方法

公共图书馆在具体的知识服务评价方法上，已经有了许多比较实用的方法，除了有座谈法、数据分析法之外，还有访谈法、问卷调查法等。在现实工作当中，通常会将多种方法融合在一起。在进行评价时，首先，需结合现实情况及具体需要，对知识服务的最终结果进行采集，而对于此种结果而言，不仅可以是文字描述，还可以是数字记载。在此环节中，需结合当前实况，以评价的具体内容、目标作为基本对象，对评价的各项指标给予深层化明确，进而对采集的结果内容加以明确。需要指出的是，指标体系的不同，最终所得到的评价结果也会存在差异。

其次，围绕所采集到的结果，展开深入且广泛的分析、处理。有学者根据实际需要，积极构建了云模型，成为围绕采集结果开展深层次分析、处理的新手段。数据统计分析始终是图书馆评价的基本依据。针对常规的知识服务评价来讲，其多将手工采集到的数据作为基本依靠，且以手工方式来进行统计分析，因而效率较低。步入数字时代后，扩大了数字采集的范围，数字采集的具体方式也变得更加全程化、自动化。通过应用大数据技术，能够更加及时、准确且快捷地处理数据。因此，针对公共图书馆来讲，在进行知识服务评价时，应把信息技术所具有的各种优势充分发挥出来，与大数据技术相结合，以此使整个知识服务评价工作在手段、技术、方法上均得到大幅提升。

第三节　公共图书馆知识服务的提升策略

一、国外公共图书馆的经验借鉴

（一）美国公共图书馆

美国公共图书馆协会（Public library Association）在 1987 年发布《公共图书馆使命陈述及其对服务的必要性》，围绕公共图书馆的具体使命和职能，提出了相关发展指导文件，将美国不同城市社区的图书馆打造成该社区范围内的情报交流、市民教育以及文化沟通中心。公共图书馆聚焦于所处社区内居民的信息诉求，并作为该城市社会组织的重要组成部分，服务于社区日常生活，一方面为本地区居民提供各项信息类服务，另一方面为本地区的商业企业和相关机构提供数据服务和咨询服务，同时也承担着该社区文化活动的供给职能。

美国公共图书馆职能服务体系内是聚焦于多元化服务供给的，与其他图书信息管理机构相区别，公共图书馆是美国免费公共空间的组成部分，在其城市职能的决策中扮演着免费的、最为普遍存在的公共空间，为美国不同种族的人群提供免费的书籍阅览等相关服务内容，同时也为美国的新移民提供语言、美国文化类别的基础课程与讲座，发挥着为本地社区居民提供免费社交与集会的重要平台功能。美国公共图书馆在其文化供给职能结构中也承担着推动社会信息公平的关键作用。如波士顿图书馆的核心宗旨是致力于公民的学习教育，维护秩序和自由，并向公众免费开放。美国公共图书馆也承担着社区基础数字化信息服务供给的功能。市图书馆下属各社区分馆，为本社区没有计算机的公民人群，尤其是为收入与经济水平较差的黑人群体，提供免费的计算机网络和数据信息化技术的应用，在一定程度上缩小了不同社区不同收入阶层之间的数字鸿沟。

美国公共图书馆在传统图书借阅服务之外，进一步拓展了其公共文化的教育功能，实现知识的传播与技能的讲授，注重公民和社区之间的沟通与理解，推动公共文化服务的公平化、均等化。

（二）德国公共图书馆

德国公共图书馆采取的是双轨制模式，政府为部分图书馆提供相应的业务支持，而其余部分图书馆则采取社会化经营范式，由地方教会等主体从图书馆的公共文化服务到其结构设计均自主开办。德国公共图书馆在其层级设计上采取的是总分馆体制，以德国政府所主导建设的公共图书馆，主要涉及州、城镇、乡村三个不同层级。

德国公共图书馆在其公共文化服务职能发挥的过程中，具有类型多元化与数据信息化的特征。第一，德国公共图书馆会根据群体的差异性，进行不同类别和发展方向的服务细分，以实现满足多元化需求的供给服务。如面向音乐为主题的专题馆，服务于医疗设施和康养机构的病人专属图书馆等。德国共设置 10 个专业服务于盲人的图书馆，220 所监狱内设置了专属图书馆，约有 10%～15%的医院内设置有专门服务于本院病人的图书馆，在一定程度上实现了公共文化服务供给的细分与精细化管理。第二，德国公共图书馆较为重视其公共文化服务内容的电子化与数字化。目前，在德国公共图书馆馆内数据和文献体系中以音像电子制品占比较高。且德国社区或城市基层小型图书馆，在其馆藏内容设计和系列规定中强调必须有 20%以上为多媒体馆藏数据资源，部分地区图书馆在数字化媒体和文献转化比例达到总馆藏的 50%。从德国图书馆公共文化服务的内容和相关功能设计上，可以看出是将服务公民实质需求放在其服务供给的首位，尤其是针对青少年、老年读者与残疾人等社会弱势群体，展开了特殊化的公共文化服务供给，包括图书馆专业人员送书上门、为电脑操作不熟悉的老年人提供电话服务、设立社区流动图书馆等。

（三）日本公共图书馆

日本图书馆事业正式走向规范化是在 1950 年颁布《图书馆法》《图书馆实施规则》等法规之后，上述法规推动了日本图书馆事业开始实现运营机制和管理模式上的标准化与规范化。1986 年国际图联在东京召开第 52 届国际图书馆联合大会，并以此为契机推动了日本图书馆实现全方位的开发与转变，更强调管理机构之间的互鉴及与其他图书馆之间的合作模式。伴随着现代化信息技术的不断发展，日本的传统公共图书馆也实现了对网络信息资源的有效整合，以实现更优质的文化服务供给。在该过程中，日本公共图书馆提出了基于课题和需求导向的“课题解决型图书馆”，将图书馆人力资源管理和现代化数字信息技术相结合，以解决目前日益多元化的公共文化服务需求为目标，推动图书馆服务内容和职能定位的新时期转型。日本将公共图书馆的核心职能界定为地区的情报汇集中心，以贴近日本图书馆所在地区的实际情况，提供针对性的信息综合服务。第一，在公共图书馆文化供给职能设计中，课题解决型图书馆与传统图书馆的定位存在着较大的区别，打破了传统公共图书馆基于自身资源为读者提供单一的图书借阅和社交场所的服务定位，基于公共图书馆服务读者的核心诉求，从不同读者自身生活习惯、学习与工作的需求、受教育程度等因素出发，对区域图书文化资源进行整合，接入社会经营主体，转变了传统图书馆所面临的经费不足与数字阅读边缘化的困境。第二，在日本公共图书馆转型后，公共文化服务主题内容设计上，基于“课题解决支援”的理念，以读者所能够利用的文献资料服务效能出发，结合图书馆自身所保有的专业知识，将顾客需求的资料按照其生活工作特点进行分类与编目合理地排架与展示，改变传统的单一类别，进而提高其公共图书馆服务职能发挥的附加价值。

二、公共图书馆知识服务的提升策略

公共图书馆不断实现服务模式创新，通过对网络技术的合理应用，借助图书馆本身作为衔接，推动区域资料、情报与知识、政府、社会文化组织以及层级化图书馆之间相互作用、相互衔接，推动各类信息的有机结合，加强各层级图书馆的资源共享和功能互补，逐步提升用户的图书馆应用效率和应用满意度。

（一）优化知识服务资源

知识服务是公共图书馆建设的目标，知识服务资源建设则是公共图书馆维持其核心竞争力的前提。

1. 完备公共图书馆知识资源储备

公共图书馆用户对知识服务的需求更加多样化，这就需要公共图书馆拥有更加丰富多样的数据、信息和知识资源储备。因此，公共图书馆应建立合理的知识资源存储体系，完善公共图书馆知识资源储备。

（1）建立合理的知识资源存储体系

图书馆知识资源的存储主要包括传统资源和数字资源两种形式，而在信息技术快速发展的时代，由于电子文献具有较大存储量，且更新频率较高，获取方式更加便捷，使得用户阅读偏好逐渐由纸质文献转向电子文献，对传统资源的需求量逐步下降。但与电子文献相比，传统文献仍具有强大的生命力，图书馆馆藏纸质文献是其多年累积的成果，可以展现出公共图书馆独特的发展历程和学科背景，具有不可替代性。因此，公共图书馆应兼顾传统资源和数字资源，合理规划知识资源分配比例，使其在数量与结构上能够良好搭配，从而建立科学的知识资源存储体系。为此，公共图书馆一方面可以针对使用频次较低或较难保存的纸质文献资源，采取分布式合作存储模式，将其进行扫描转化为电子文献从而节省馆藏空间，降低成本，方便知识资源的存储和调用；另一方面，针对各类学科专业的知识资源进行收集，增加图书馆馆藏文献数量和知识资源库的拥有量，丰富公共图书馆知识资源储备。

（2）加强公共图书馆特色知识资源库建设

各公共图书馆知识资源的存量不尽相同，为提高自身影响力和核心竞争力，各公共图书馆需加强特色知识资源库建设，打造各公共图书馆自身特有的文化优势。一方面，部分文献资源在特定的研究领域中具有重要的导向作用和参考价值。公共图书馆在满足知识服务需求的同时，可以根据公共自身性质、研究方向与发展目标，加大对潜力高、权威性强、具有代表和动态性的纸质资源及国内外优秀数据库的采购力度，提高馆藏资源质量。另一方面，公共图书馆可以借助网络技术、知识挖掘技术等先进的科学技术与方法，将科研成果进行收集、存储与处理，建立特色知识资源库。

（3）加快公共图书馆知识资源更新速度

信息激增时代，公共图书馆用户的知识需求量逐渐增多，知识需求面愈加广泛，为满足其日益增长的需求，公共图书馆需强化数字资源库建设，加快知识资源的更新速度，通过线上线下多个渠道获取各类知识资源，满足用户个性化、多样化的知识需求。此外，公共图书馆知识服务人员在保证知识资源数量充足的同时，也需要对海量信息进行甄别，以筛选出符合图书馆需求的高质量资源，促进公共图书馆知识服务能力提升。

2. 挖掘知识资源深层利用价值

传统检索方法只能获取公共图书馆内部馆藏知识资源中的显性知识，而图书馆馆藏知识资源不仅包括显性知识，还蕴藏着丰富的隐性知识。因此，公共图书馆可以采用新兴信息技术，深入挖掘其潜在的隐性知识中蕴含的深层利用价值，为公共图书馆知识服务用户提供深层知识服务。

（1）深入挖掘公共图书馆知识服务资源的价值

面对信息资源数量庞大、覆盖范围广阔的互联网资源，公共图书馆应实施解析组织手段，加大资源投入力度，发挥数据挖掘、数据处理等新兴信息技术在知识发现与识别过程中的优势，对互联网信息及公共图书馆馆藏知识资源进行采集与处理，对数据挖掘、智能分析产生的信息进行二次处理，从而挖掘具有深层利用价值的知识资源。针对结构化、半结构化的显性知识，公共图书馆可以对其进行分析、组织和集成化处理，挖掘出能满足用户需求的知识单元；针对非结构化类型的信息数据，运用可视化技术将其整理建设为视频知识资源库，以方便用户的检索和提取，提高知识服务资源利用效率。

（2）建设公共图书馆知识网络体系

知识网络是基于知识参与者之间的社会网络，能够实现知识在用户、组织内与组织间的流通和传递，知识用户可以通过使用知识网络进行信息沟通与合作，从而实现知识创造和知识应用。公共图书馆可以利用引用链接技术和知识元链接技术等，根据文献资源间的印证关系、知识概念等关联进行引文链接，再结合主题链接、行为关系链接、聚类关系链接及属性链接等关联途径，将公共图书馆内中文文献数据库、各知识资源库进行整合，建立公共图书馆知识网络体系，实现数据之间、信息之间及知识单元之间的内容关联，从而挖掘其潜在的隐性知识资源。

(3) 实现公共图书馆知识服务资源共建共享

新型信息环境背景下，公共图书馆在知识服务资源建设过程中，应以资源共建共享为理念，发挥自身学科背景优势或地区优势，建立系统化或地区化公共图书馆知识服务联盟合作机制。以互联网为媒介，构建知识服务资源共享平台，开展合作、联合服务，以实现知识服务资源共享、知识服务团队共建的目标，提升知识资源的利用价值，进而促进公共图书馆知识服务能力的提升。

3. 提高公共图书馆知识整合水平

知识整合是指以知识管理方法为手段，通过对知识资源库进行数据整合和信息整合，将其内部知识资源进行重新整理、凝聚，形成多维多层且相互关联的知识体系的一种知识处理方式。公共图书馆知识整合的目标是按照一定的原则，利用信息技术手段，对公共图书馆内现存的大量处于无序状态的数据、信息及知识资源进行整理和优化，使其处于有序化状态，从而便于知识的获取、存储、利用和传递。通过对知识资源进行整合，实现知识的创新与再生，已逐渐成为大数据背景下公共图书馆知识服务资源建设的重要发展趋势。

公共图书馆在对知识资源进行整合与处理时，可以利用各类信息技术，以知识单元为基础，利用不同内容知识单元间的印证关系，将图书馆内部各数据、信息、知识或文献紧密联系起来，便于知识服务用户的获取和应用。对于现有文献资源信息较为密集、复杂，缺乏结构性与系统性的某些领域，公共图书馆知识服务人员可以利用各类信息技术，进行知识挖掘、关联与回溯，探索隐性知识结构，对现有文献进行一定的整理加工、分类归纳，然后根据用户需求在原有文献基础上形成二次文献、三次文献，帮助用户实现数据信息资源的有效处理，为用户提供一站式服务，满足其研究需求，并提供决策参考。

(二) 政府完善知识服务机制

1. 完善知识服务供给管理政策体系

目前我国知识服务管理政策体系可以进一步划分为环境型、供给型和需求型。根据曹树金、刘慧云、王雨（2019）的研究，在 147 个与知识服务相关的政策文本中，为知识服务供给提供良好的环境相关政策工具占比为 37.3%，供给型工具占比为 31.8%，需求型占比为 30.9%。目前公共图书馆在基础设施建设、服务管制、数据平台建设、政府与市场合作、政府采购、海外交流在内的相关政策制定仍然相对不足，并且在针对图书馆领域内的各项法律法规和应用政策呈现较大的地域化差异。在此，以四川省图书馆为例进行分析。

第一，提高公共图书馆特色空间服务利用率。四川省图书馆目前正在逐步构架起“总馆—分馆—社区图书点”的空间体系，随着现代化图书馆信息技术的发展，智慧服务已突破了传统的空间局限，逐步形成线上线下联动的智慧图书服务供给模式，用户的整体阅读习惯与资源获取方式也呈现多元化态势，书籍的电子化出版与线上阅读已成为出版行业的重要组成部分。四川省图书馆也在逐步实现线上资源的整合与平台的构建，并尝试与线下基础设施实现空间联动。四川省图书馆立足于本地区知识服务供给的核心机构，可以强化其基础设施的智能化投入，其中公共图书馆特色的空间服务体系是重要的发展方向。四川省图书馆智慧化建设是地区社会文化与公共服务融合的重要体现，应当具有自身的图书馆特色建设理念，而非对其他传统图书馆建造空间的复制。四川省图书馆内部包括书籍收藏、公众阅读、组织展览以及文化传播等功能，还应当进一步拓展，呈现多样化的文体载体与展示范式。在实体空间结构的营造上，实现内部装修与基础设施配备的个性化、艺术化、智能化建设，依托地方传统文化理念和现代化智能图书馆发展的共享进行空间上的改造，实现馆藏特色陈列、休闲阅读、现代信息服务、图书馆文创融合等不同模块的构建；同时进一步完善线上平台的搭建，营造良好的线上信息资源空间，实现线上线下渠道功能的有序衔接与及时响应。

第二，完善图书馆智能服务终端建设。四川省图书馆不断完善各级场馆智能服务终端体系的建设，在公共图书馆和地区政府资金预算支持的基础上，强化图书馆内部不同智能设备的整体投入与规划，从而为层次化、体系化的智能服务体系提供强有力的智能设备物质基础，其中包括与线上平台相联动的自助借还机器、基于 RFID 物联网反馈技术的智能书架；通过优化图书馆核心借阅业务的流程，提高图书馆的整体服务效率，加大馆内智能机器人、移动图书馆平台、3D 打印机、自助打印机等设备的投入和应用，提升公共图书馆现代化、信息化水平，强化图书馆智慧服务平台投入，实现基于传统图书借阅业务之外的智慧服务附加功能；同时加强各平台的大力宣传与推广，激发公众的阅读兴趣。与此同时，四川省图书馆依托流程再造理论，结合智慧化图书馆建设标准和要求与本图书馆实际现状，建立起高效便捷的智慧服务平台，实现对传统书籍借阅空间的打破和检索程序的优化。四川省图书馆智慧服务平台在建设过程中，充分调度各层级图书馆平台内外的核心资源，探索四川省图书馆“线上平台+手机应用+智能终端”相结合的智慧化服务平台模式，实现移动图书馆、手机官网与公众号平台、场馆内信息接口充分融合，以多屏互动融合的形式满足各层级图书馆读者个性化、多样性的知识需求。

2. 引入多方主体提升知识服务的实效性

向公众提供知识服务，全部依靠图书馆等文化机构，或者政府部门，很难实现高效性，还需要在知识服务体系当中，有效地引入社会力量参与，一方面，对事业单位法人治理结构进行强化建设，确保公立图书馆等建设相应的理事会产生较强的吸引力，并鼓励他们参与部分管理实践；另一方面，还可以在社会或民间组织中选拔具有一定专业能力或特长的志愿者，进行辅导培训、提高完善后，组织他们参与知识活动，这在一定程度上可以解决人才队伍匮乏的问题，也进一步提升文化服务人员的数量和质量。通过引导鼓励社会公众积极参与知识服务，不仅可以节约财力、人力，更能提升知识服务的质量和效果，增强公众的满意度和认可度。

（三）完善知识服务环境

公共图书馆知识服务能力的提升是一项复杂的系统工程，不仅受公共图书馆自身内部环境影响，同时也受外部环境影响。因此，公共图书馆应大力营造开放、共享的知识服务环境。

1. 营造良好的政策环境

为进一步提升图书馆知识服务的多元化和智能化水平，国家和政府应出台相应政策法规和标准规范，完善图书馆数据建设的相关服务协议。公共图书馆要根据国家、政府的有关政策，制定适合自身的管理和发展规范，推动图书馆知识服务活动顺利进行，提升知识服务效率。

（1）强化知识产权保护力度

知识产权是指权利人对其智力劳动所创作的成果和经营活动中的标记、信誉所依法享有的专有权利。网络资源的兴起，方便了资源的获取、存储与传播，带来便利的同时也加剧了侵权问题，阻碍了创作者的积极性。为营造良好的创新环境，国家应从宏观角度强化知识产权保护力度，授予创作者专有权利以内化创新成果的外部性，并严惩侵权行为。同时，公共图书馆和专家学者也应要严格遵循知识产权有关规定，协调彼此产权关系，为公共图书馆知识服务营造良好的发展环境。

（2）落实供给侧结构性改革

为深入贯彻全面发展理念，公共图书馆应将自身发展战略与政府宏观调控相协调，深入推进知识服务供给侧结构性改革。为此，公共图书馆应从投资、制度、人才、创新等要素出发，综合提升知识服务的供给质量。首先，公共图书馆可以采取激励政策，改进资金投入准则，充分调动图书馆知识服务建设的积极性，优化知识服务产权结构、要素结构，促进资源整合；其次，图书馆要加强服务团队建设，坚持职业素养和文化素养并重的原则，建立健全素质培训与绩效考核机制；最后，升级知识开发技术、知识共享技术、知识应用技术和知识创新技术，打造智能化服务，为用户提供创新型知识服务链，满足用户获取多样化知识的需求。

2. 开展知识服务协作机制

随着传统公共图书馆服务转变为精细化知识服务，在满足用户个性化需求和自身数字化建设方面，公共图书馆的发展环境已经发生了深刻变化：图书馆馆藏资源形式由单一纸质资源转为纸质、数据、音频多种形式资源共存；图书馆提供的服务由被动提供转变为主动智能、个性化推送；图书馆服务时间维度由按时转变为按需即时等。个性化服务和泛在服务虽然在一定层次上实现了即时、个性化、主动提供知识服务，但大数据时代背景下单凭某一公共图书馆馆藏资源和服务已不能满足用户多元、多样、深层次的个性化需求。在此背景下，通过与其他公共图书馆或资源供应商等信息机构协议合作以组建知识服务联盟就显得尤为迫切。公共图书馆可以根据自身的优势与不足，以共商、共建为原则，同其他地方图书馆或区域内相关的科研机构开展合作，实现合理分工、知识融合、资源共享、优势互补。由于合作主体之间存在资源和能力的差异，合作之前应签署相关协议，明确彼此责任，保证各方利益的合理性。

（1）与其他公共图书馆组建图书馆知识服务联盟

传统图书馆联盟是指图书馆之间为降低馆藏成本、共享信息资源和利益互利互惠而协议建立起的一种联合体。我国图书馆之间进行合作组建图书馆联盟可追溯到20世纪90年代，但由于未形成有效管理机制、联盟经费受限和联盟价值未得到广泛认可，图书馆知识服务的共建共享一直还在理论探索阶段。而随着信息技术的迅猛发展，公共图书馆之间不但可以组建不再仅限于馆藏资源的共建共享服务机制，还应开展协作知识服务的图书馆知识服务联盟。

（2）与资源供应商等其他信息机构组建知识服务联盟

如何对数量繁多且分布散乱的互联网信息资源进行分类、挖掘以及纳入自身知识服务体系，并将知识转化成果面向社会推广是公共图书馆知识服务过程中不容忽视的问题。首先，公共图书馆应高度重视企业的知识需求，实现馆企合作，打造中介式的知识服务协同中心，搭建公共图书馆和企业沟通渠道，紧密两者间的合作关系，为公共图书馆创造了解社会需求的路径和窗口，同时也为企业提供知识资源和技术合作的机会；其次，公共图书馆在组建知识服务联盟的过程中，应充分整合知识资源和服务主体，为图书馆馆员提供适合自己专业的合作机会，同时将具有应用价值的知识转化成果供给于社会创新创业。

（四）提高知识服务供给效率水平

1. 提升资源整合利用水平

第一，构建区域公共图书馆资源共享系统。省图书馆是属于区域公共图书馆管理体系中的核心领导地位。在县区级的图书馆体系中，每个图书馆均应提供各自的相关馆藏书目以及线上数据平台的检索。以四川省公共图书馆与下属各分馆、街道社区阅读站为例，读者在四川线上公共平台查询过程中，受限于四川省图书馆和其他层级图书馆之间的定位差异和书籍数量，使得读者更倾向于在上级大型图书馆实现文献查阅，在一定程度上限制了四川省公共图书馆与下属各分馆、街道社区阅读站的发展。为了进一步扩大四川省内图书馆读者对于文献检索和相关数据的综合应用，应当建立起四川省区域图书馆协同检索模式，并将该模式对接到四川省公共图书馆与下属各分馆、街道社区阅读站体系中。协同发展模式共包括三个核心系统，即馆藏书籍与电子资源采集系统、储存系统和检索系统。在采集系统中，将包括四川省公共图书馆与下属各分馆、街道社区阅读站在内的四川省范畴内不同图书馆相关馆藏书目、地区古籍与数字资源进行统一采集并汇集到图书馆协同发展数据库中。在储存系统内实现整体图书馆系统不同分管之间数据的集合，并创建其配套的数据索引系统。在检索系统内，为在任意图书馆线上公共服务平台进行书目检索的用户提供全省范围内多维度的综合式检索结果。

第二，强化基础社区街道与省、市、区县图书馆资源协同效用。强化区域知识服务协同发展体系，各图书馆在进行自身公共图书馆现代化建设过程中，应充分发挥省公共图书馆与下属各分馆、街道社区阅读站升级改造过程中的重要引领作用，积极探索“全民阅读+媒体社交”的新兴经营理念，引入社会协作模式，实现社会公共服务供给的完善，创新图书馆现代化经营市场机制。借助互联网、物联网、人脸识别等核心技术，建立起在全国范围内技术领先、经营模式优异且服务质量高的共享书屋模式。作为智慧社区生态系统的组成部分，强化“图书服务圈”惠民辐射幅度，形成社区、商场、公园、企业协同发展新模式，充分利用现有的资源，打通文化为民服务的“最后一公里”。

2. 树立需求导向性工作服务理念

第一，在图书馆服务供给优化层面，加强对现代知识服务体系，特别是图书馆服务体系的理论研究及技术应用探索，通过组织实施重点文化工程、开展文献信息资源建设与联合服务、组织优秀师资面向全国图书馆开展馆员培训等多种方式，不断深入公共图书馆五级联动文化宣传与服务，特别是为农村及偏远、贫困地区图书馆的发展提供支持，推动图书馆机构对知识服务的积极促进作用，并注重中华文明成果的传播与知识服务职能。

第二，完善信息资源共享网络与联合服务机制。依托全国联合编目中心，以全国图书馆馆藏文献元数据集中仓储为基础，推动实现全国各级公共图书馆馆藏各文献信息数据资源的联动服务。依托全国省级公共图书馆决策咨询服务协作平台、政府公开信息服务平台、国家少年儿童数字图书馆、中国残疾人数字图书馆等联合服务平台、地区图书馆服务平台等，实现各平台间的互联互通，共同参与到构建覆盖全国的公共图书馆联合服务网络进程中。

3. 完善人才储备与绩效评价机制

第一，加大公共图书馆队伍培训工作。加大省公共图书馆与下属各分馆、街道社区阅读站先进人才培训和馆藏服务人员的服务培训。在智慧城市建设背景下，省公共图书馆与下属各分馆、街道社区阅读站馆藏管理队伍应当同时具有图书管理专业和智慧化、数字化信息技术专业方面的知识体系。在不同的岗位适配专业化的人才，满足省公共图书馆与下属各分馆、街道社区阅读站优化升级过程中各智慧服务对于馆藏工作人员的要求。在省公共图书馆与下属各分馆、街道社区阅读站部分馆区，工作人员应当具备计算机和图书管理学类的专业知识，同时要掌握一定程度的外语能力。

第二，优化馆内岗位职能设计。在公共图书馆智慧管理队伍人才培训过程中，根据其具体专业特长和知识技能进行岗前服务与专业技能培训，从而优化省公共图书馆与下属各分馆、街道社区阅读站不同层级、不同功能模块的馆员专业水平和服务水平。同时，对公共图书馆现有工作人员依托所掌握的知识经验和能力，在不同的智慧化岗位和相关部门进行合理分配，继而盘活人力资源存量。对于满足公共图书馆智慧化发展要求的员工应当集中划归到公共图书馆管理部门，并鼓励公共图书馆工作人员实现自我能力的提升和创新意识的培养，建立合理的智慧化图书馆岗位轮调制度，帮助图书馆管理人员对不同岗位职能与服务体系的了解，提升其与下属各分馆、街道社区阅读站不同岗位员工的业务素养和服务能力。

第三，构建配套的监督考核体系。建立省公共图书馆与下属各分馆、街道社区阅读站业务流程相配套的绩效考核体系。在省图书馆与下属各分馆、街道社区阅读站现有服务供给框架下，线上数字平台是重要的公共图书馆发展方向，线上数字化平台运营管理人员与线下工作人员的工作时间和空间存在较大差异，无法按照传统图书馆绩效评测标准进行衡量，因此，应当建立切实可靠的公共图书馆业务流程绩效考核评价制度。在公共图书馆管理员考核体系建设过程中，可以借鉴国内外图书馆的先进评价考核体系，依托智慧化、数字化服务为内容，构建起以员工考核绩效评价、激励政策和馆员行为监督为代表的智慧馆员考核管理模式，从而实现用人机制的稳定与创新，引导各级图书馆工作人员全身心投入到知识服务供给中去。

（五）多渠道收集藏书，提高知识服务水平

经费短缺是制约公共图书馆发展的重要因素。由于引入市场竞争机制，各发行单位打破了原有出版界限，不再局限于本单位的专业性质，都以读者需求作为调节图书出版发行的依据。资金有限的图书馆应根据实际情况，分别对待并采取一些相应的对策与措施，尽量将有限的资金合理购书，购好书，压缩文艺性、消遣性书籍，增加为用户知识服务的图书，认真做好读者、馆藏利用率及出版发行动态三方面的调研工作，提高馆藏质量。要积极动员社会力量为公共图书馆藏书建设助一臂之力。例如，实行“呈缴本”制度，开展捐书活动等。充分收集闲散在社会上的大量宝贵文献资料。

（六）建立地区性情报网络

要实现资源共享，避免资金浪费。我国各级各类图书馆隶属于不同的行政管理部门，没有总体规划，缺乏合理布局，各馆之间互不通气，造成重复购书，资金浪费。要解决图书馆资金有限、资源贫乏与满足读者需求的矛盾，可以采取协调建设的措施，树立藏书建设的全局观念，从整体利益出发，建立统筹共享的图书馆藏书保障体系。可以通过编制联合目录，实行联机检索，发放通用借书证，从而达到资源共享的目的。

（七）构建知识服务平台

随着信息技术的发展，数据资源更加多样，数据来源更加复杂，为公共图书馆的信息检索、知识发现、智能采集等知识服务流程造成阻碍，在一定程度上限制了公共图书馆知识服务能力的提升。因此，建设具有数据获取、存储、组织、分析及知识共享、协作与创新的智慧平台是公共图书馆知识服务的关键要素之一，利用知识服务平台强大的数字处理功能对公共图书馆馆藏资源进行充分挖掘和深入分析，为用户提供全方位一站式综合知识服务成为公共图书馆追求的目标。

1. 完善公共图书馆信息基础设施建设

信息数据已经成为数字经济时代的生产要素，驱动着国家、社会和知识密集型机构的数字化转型，能够围绕数据资源进行深度整合计算、识别和提取的信息基础设施是公共图书馆传统 IT 基础设施面向数字化、智能化演变的必然结果。加速公共图书馆信息基础设施建设、构建完善高效的信息技术体系成为公共图书馆知识服务平台建设的基础内容。首先，针对公共图书馆建设现状，考虑到未来公共图书馆发展规划，树立大数据思维，智慧布局、统筹规划公共图书馆升级改造。如加大高容量数据存储、服务器等硬件设施部署力度，实现有线无线网络全覆盖建设，加快信息管理系统有机组合，提升信息基础设施支撑力，构建物联网应用及移动互联平台，完成公共图书馆基础设施互联互通。其次，公共图书馆为提供全方位、多层次、宽领域的知识服务，需要联结图书馆所有互动要素。如馆藏文献资源、数字化网络资源、数据库、知识馆员及用户等构成一体，统一嵌入智能网格，从而深入统计分析、挖掘、整合互动要素产生的海量数据，为公共图书馆知识服务朝着多样化、智能化、个性化的方向发展以及数据管理、智慧服务提供精准支撑。最后，公共图书馆信息基础设施完善升级是一个长期规划，因此，公共图书馆应结合自身实际，融合多部门和社会各界的力量，综合研判、审慎研究，借鉴智慧图书馆发展经验，结合实际情况和定位目标，在各级主管部门的指导下，制定科学、合理的公共图书馆信息基础设施建设规划，系统推进公共图书馆数字化转型升级。

2. 构建公共图书馆智能化机构知识库

机构知识库是指利用网络信息技术依附于某一特定组织机构而建立的信息化

学术数据库，它将组织内部和相关社区成员的学术产出进行收集、整理并长期保存，这些数据经过分类、规范和标引设置后，允许机构社区内外部成员按照规范的开放标准和交互协议通过互联网免费获取和使用。智能化机构知识库的构建是提升公共学术影响力和成果展示度的核心环节。公共图书馆构建的智能化机构知识库可作为开放获取的模式之一，全面客观地为机构人员提供科研学术数据支撑，进一步增强学术交流和学术氛围，促进公共学术研究的发展。目前国外公共图书馆和科研机构已普遍关注并开展了智能化机构知识库建设，同时国内大多数公共图书馆技术能力和馆员素质已足够构建智能化机构知识库，但由于尚未形成完善的机构知识库理论基础和管理机制，缺少相应的架构规范。因此，公共图书馆亟须将先进的信息技术与学科理念有效集成以加强图书馆和管理部门的联结，建立起完善的智能化机构知识库机制和规范。通过馆员和图书馆用户的沟通合作，共同促进公共图书馆智能化机构知识库的构建，以此建立公共图书馆智能化机构知识库，确保各类产出成果的收全率，在成果利用和科研实践中可以使既有产出成果真正成为他们接续研究的延伸基础，确保知识服务的深入和拓展。

3. 打造公共图书馆知识共享空间

在信息网络化、图书馆数字化的泛在知识环境下，公共图书馆的服务正逐渐由以图书馆为核心转变为以用户为核心，公共图书馆用户信息行为由单一形式获取固定载体的信息资源转变为利用多种方式获取泛在各种信息载体上的各类型信息资源模式。公共图书馆必须与用户有效结合构建知识共享空间，实现用户在任何时间、地点通过个人倾向的多种路径无缝获取所需的信息资源。泛在知识环境下借助大数据信息技术和各类智能化信息服务工具构建一个由公共图书馆馆员和用户共建的知识交流和共享空间，将信息资源获取和知识创新相结合，为用户提供持续高质量的个性化、专业化知识服务，实现知识发布方式和交流模式由单向、线性的传统知识链转变成密网型知识共享信息网络。在知识共享空间中，用户不再单纯是知识需求和利用者，对于公共图书馆的反馈也不再仅仅是提出改进建议，而是利用自身专业知识和实践能力使公共图书馆资源建设更加合理的参与者。同时，公共图书馆馆员也可以在与用户的交流互动中，一方面辅助用户高效利用图书馆数据资源，另一方面不断填充自身知识漏洞，持续提高知识服务能力。

泛在知识环境下构建知识共享空间有多种形式，公共图书馆可以根据自身的技术条件和知识服务状况选择不同的形式或集成多种方式构建知识共享空间。

（1）基于维基共撰构建知识共享空间

维基（Wikipedia）是多人协作、共同撰写开放内容的写作工具系统。一般而言，维基站点由多人共同维护，即多人相互协作，每个人都能发布自己的观点，也可以与他人探讨拥有共同兴趣的内容。泛在知识环境下，一方面，图书馆馆员可以在用户提供的信息资源的基础上，提取高价值的信息，将其分门别类地组织成百科全书为用户提供高质量的知识服务内容；另一方面，由于其具有对用户完全开放的特性，用户可以对信息质量进行筛选继而由图书馆馆员对信息结构进行组织分类。

（2）基于播客共创构建知识共享空间

信息时代，传统的文字和图片信息资源已无法满足用户的需求，公共图书馆可以通过播客（Podcast）技术发布音频和视频资料以开展知识服务。这主要体现在两个方面：第一，公共图书馆馆员可以联合技术部门制作相关学科的音频和视频资料，同时鼓励用户积极自制并共享有价值的视频资源；第二，图书馆可以制作检索方法和课件视频资源为用户建立网上平台，以供用户在方便的时间、地点进行自主学习。

（3）基于微博、微信共建构建知识共享空间

微博、微信的出现，使知识共享空间的构建有了更加便捷的路径。公共图书馆微博、微信可以提供资源推荐、开闭馆时间调整通知、培训、讲座活动预告以及最重要的公共图书馆意见箱等功能。同时，微博、微信具有实时交互、精准锁定等特点，可为用户提供更有针对性的知识服务。在这个过程中，用户不仅仅是信息的被动接受者，也是信息的主动传播者和制造者。

（八）提升馆员知识服务的素养

现代化的管理，需要进一步优化专业队伍，以提高办馆质量。强化信息情报意识，提高科研水平。公共图书馆馆员应具备一定的情报服务能力，在做好本职工作的同时，应努力钻研科学文化知识，争取获得跨专业第二学历，积极参加学术活动，不断拓宽知识面，以适应新时代的要求。建立和完善评估机制，调动各种积极因素。制定评估标准，是实施竞争机制的关键。公共图书馆要不断完善馆员职务聘任制、岗位责任制、部门和个人工作检查评估条例，采用定期检查和不定期抽查的办法对馆员的服务态度和科研能力等方面进行考核，并直接与奖金、职称挂钩，以促进馆员不断提高。

（九）树立科学的知识服务理念

公共图书馆具有普遍教育性，它在提升人们的素质方面具有重要的作用。人们可以利用它来获得信息与知识，通过阅读书籍和翻阅资料来不断地提升自己的精神层次，来实现自己的精神上的追求和体验。国家应该注重对于基础硬件设施的建设，通过对公共图书馆内部的功能介绍，提供相应的支持，不断提升图书馆的服务效率。在公共图书馆建设的同时，设计师需要考虑到公共图书馆在建设完成后是否能够达到一定的服务范围，尽可能给读者营造那种阅读氛围。所以，在公共图书馆场馆的选址以及建设方面，就要以方便读者作为原则，制订相对合理和便利的建设方案，最大限度地发挥公共图书馆的服务功能；一个人的心情可以

影响人的感受体验，在公共图书馆的阅读过程中，读者必不可免地需要和工作人员沟通和交流，这就需要公共图书馆工作人员具有较强的责任心和耐心；制定相关的奖罚政策，提高工作人员的工作效率。总之，需要确定工作目标，把重点放在工作人员的服务上面，以知识服务为核心和信息化时代为背景，从而对组织工作进行展开，为读者提供更为广阔的服务平台，在组织结构上发生本质性的变化，建立一个良好的公共图书馆知识服务系统。

（十）开展特色服务，提升竞争力

就目前来讲，公共图书馆知识服务能力的孱弱化从某方面来讲，除了与公众自身观念息息相关外，最主要的原因还在于自身特色服务的缺失，致使社会服务竞争力在激烈化的市场竞争中不断被削减，长此以往，对知识服务体系的构建造成了十分不利的影响。国家提出了“大力加强文化事业”的具体要求，为此作为公共文化建设的中坚力量，公共图书馆在建设时需打破传统的服务模式、范围和对象，在内容和服务方面推陈出新，以便在确保特色化服务顺利开展的同时，提升服务的内涵职能，最终保障独特服务效益的获取。

除此之外，当前公共文化活动和服务日益丰富化，为在激烈的竞争环境中提升图书馆的社会服务竞争力和竞争优势，在公共图书馆建设过程中，领导层还需加强对服务品牌创建的重视度，即通过融入现代化的服务理念、服务精神以及图书馆文化，打造具有地方性和区域性的图书馆，由此在帮助图书馆树立公众形象的同时提升其高品质的服务质量，为图书馆知识服务能力的提升打下坚实基础。

（十一）调整公共服务方式

在知识服务中，服务方式也是影响图书馆知识服务能力发挥的重要因素，在当前图书馆规模化建设过程中，为进一步确保图书馆社会职能的充分发挥，对服务方式进行不断调整已迫在眉睫。经大量调研数据分析可知，公共图书馆日常业务的开展主要致力于知识产品的快速提供，服务过程的理想化在影响图书馆社会职能发挥的同时，也不利于区域地方知识产业的进一步发展。

为进一步提升图书馆的公共服务能力，一方面图书馆需对服务方式和手段进行不断创新，加强与地方教育系统的有机结合；另一方面通过大量宣传图书馆的社会作用，增强公众对图书馆的认同感，进而能主动地参与到图书馆的文化建设当中，由此不仅为图书馆事业的可持续发展注入了新动力，也为国家可持续发展目标的实现创造了良好条件。

第四节 面向企业创新发展的知识服务

一、面向企业提供知识服务的优势

（一）建立多类型知识资源库

随着我国公共图书馆的高质量发展，国家加大了对公共图书馆建设的经费投入，加快了图书馆数字化、智慧化建设进程，图书馆的知识资源库建设取得明显成效，尤其是在数字化知识资源、特色知识资源库建设方面成效明显。

（二）拥有专业技术人才队伍

近年来，公共图书馆为了提高自身知识服务能力和竞争力，积极进行知识服务专业技术人才队伍建设，通过引进、培育、稳定等措施，专业技术人才队伍建设取得较明显成效。专业、学历、年龄和职称结构等更加合理，团队合作精神、服务意识和能力、业务素养和能力、大数据等信息技术能力等都有明显改善。

（三）构建网络化、集成化知识服务平台

在现代信息技术快速发展的大数据环境下，国家加大了资金投入，积极推进公共图书馆数字化建设进程，重视网络化、集成化知识服务平台建设。

二、公共图书馆在企业信息服务上的探索

公共图书馆提供给公众的核心业务之一就是咨询业务。公共图书馆的参考咨询服务在多年的发展中，构建了一系列的应用服务系统组成，包括咨询业务管理体系、公司数据服务平台体系、趋势监控体系、馆间借阅和文件传输体系、企业应用程序支持平台体系等。

随着大数据时代背景下计算机技术的不断发展，对公共图书馆的参考咨询提出了更大的挑战。怎样把客户视为核心，把握客户私人需要，为他们提供有针对性的“增值”服务，是目前公共图书馆在提供参考咨询服务方面需要考虑的重要内容。公共图书馆参考咨询部作为公共图书馆对外提供文献信息咨询服务的部门，是较早提供信息咨询服务的咨询服务机构，该机构根据公共图书馆的丰富资源、成熟的网络科技和整体管理体系，向全国的教育、科学和生产机构提供多层次的信息服务。

目前机构用户的文献信息需求主要形成了在以专题文献信息为主要内容、基于互联网的实时文献获取为主要手段、以机构用户共性需求为前提、兼顾个性化的文献信息需求为补充的文献信息需求格局。

以中小成长型企业为代表的机构用户是公共图书馆参考咨询服务的重要服务对象，在多年的合作中，公共图书馆能更好地了解机构用户的个性化需求，同时这些机构用户的信息需求主要集中在他们所处的机构的特定领域。在这种情况下，参考咨询馆员发挥自己的专业技能，结合用户所在机构的行业特点，以及对机构用户的本身的个性化分析，从大量不集中散布的数据中，获得满足企业用户条件的数据，定时为他们进行推送，从而能够满足不同机构用户的知识需求。

公共图书馆参考咨询部长期以来坚持为包括中小企业在内的重点教育科研生产单位提供咨询服务，助力我国科学技术创新发展。参考咨询部以往为中小企业提供的咨询服务包括媒体监测、舆论趋势监测、科学和技术研究、论文文献、产业研究等，取得了良好的效果，也深受用户的好评。但是同时也存在用户较分散，用户的深层次、综合性需求挖掘不足，未形成整体服务等问题。

三、面向企业知识服务存在的问题

我国公共图书馆与发达国家公共图书馆相比，企业知识服务的能力和水平，无论在知识资源库建设，还是在知识服务平台水平、服务广度和深度等方面都存在较大差距。基于实践，我国公共图书馆企业知识服务存在的突出问题主要表现在以下几个方面。

（一）图书馆主动服务企业的意识不强

大部分公共图书馆还没有充分认识到开展社会化服务是其责任和义务，因此，主动寻求为企业提供知识服务的动力不足，多数公共图书馆的企业知识服务以被动式为主。对企业来说，选择知识服务的主要机构，首选企业自己的知识服务机构，其次是科技情报研究所、专业知识服务机构、咨询公司等，真正选择公共图书馆的比较少。其主要原因有两个：一是公共图书馆知识服务的业务开展宣传不到位，二是企业对公共图书馆知识服务的能力和水平认识还有偏差。

（二）面向企业的知识服务内容比较单一

目前公共图书馆为企业提供知识服务的内容主要集中在科技查新、专利和标准服务等方面，为企业提供新产品、新技术、新材料、竞争性情报、金融和法律等方面知识服务还比较少，真正开展企业发展战略、创新发展方面的知识服务还很有限，能向企业提供有深度的行业、企业知识分析服务、问题解决方案的就更少。

（三）面向企业的专题知识资源库建设不到位

目前公共图书馆开展面向企业的知识服务专题知识资源库主要是文献数据库、网络资源库、特色资源库、联盟知识库和国际联机检索知识库等。公共图书馆购买或者自建企业专题知识资源库并不多，这必然会影响公共图书馆开展企业知识服务质量和效果。

（四）面向企业的知识服务专业技术人才缺乏

公共图书馆开展面向企业的知识服务，对专业技术服务人员的知识结构、综合素质和服务能力等提出了较高要求。专业服务人员应该熟悉和精通企业经营管理所涉及的新产品、新技术、专利标准、金融、会计、法律法规等多方面知识，但目前公共图书馆，尤其是地方公共图书馆从事知识服务人员的职称结构、学历结构、专业结构等都很难满足新时代企业知识服务的需要，制约着图书馆面向企业提供知识服务的能力和水平。

（五）公共知识资源优势和作用没有得到充分发挥

目前从公共图书馆开展企业知识服务的实践来看，大部分图书馆仅限于自身的资源，并没有充分利用社会的优势资源，真正发挥社会作用的并不多见，进行隐性资源挖掘、提供竞争性咨询服务、企业问题解决方案等较高层次知识服务开展还非常有限。

四、优化面向企业知识服务的对策

为满足企业创新发展的知识资源需求，公共图书馆一方面要充分发挥自身知识资源和智力资源的价值和优势，另一方面要充分利用所在区域的优势资源，积极主动开展面向企业的知识服务，为企业科学决策、科技创新、可持续发展、提升竞争力提供知识和智力支撑，践行公共图书馆的社会化服务责任。具体来说，要重视以下几方面工作。

（一）进一步提高面向企业的知识服务意识

公共图书馆要进一步提高开展面向企业的知识服务必要性和现实意义的认识，要清醒地认识到，面向企业开展知识服务是图书馆应尽的社会责任，是社会化服务的重要内容。因此，公共图书馆要充分发挥自身知识资源和专业服务优势，进一步提高主动服务企业意识，积极为企业创新发展提供专业知识和智力服务。

（二）加大投入，提高面向企业的知识服务能力

公共要进一步加大经费投入，积极推进数字图书馆、智慧图书馆建设。图书馆要积极借鉴发达国家公共图书馆知识服务的成功经验，统筹规划，按照共建共享的理念，加大多类型知识资源库建设力度；同时要充分利用大数据、人工智能、物联网、移动互联等现代信息技术，基于企业多样化和多层次知识需求和服务，建立网络化、集成化的先进知识服务平台，进一步提高面向企业的知识服务能力。

（三）建设一支结构合理的专业人才队伍

企业知识服务要求服务人员不仅要提供知识支持，而且还要提供智力支撑。可见，这对企业服务人员的综合素质和能力要求很高。因此，公共图书馆要高度重视知识服务队伍建设和人员的选配工作，综合素质、专业能力、服务能力、外语能力、信息技术能力，年龄、学历和职称等都是在队伍建设中要重点考虑的因素。

（四）重视企业专题知识资源库建设

公共图书馆除了满足自身知识资源需求外，要根据现代企业战略决策、科技创新等方面的知识需求，合理配置知识资源的结构和品种，善于挖掘和开发自己独特的知识资源优势，积极建设企业专题知识资源库，丰富面向企业知识服务的知识资源，进一步开展面向企业的战略决策、技术创新、竞争情报等方面的知识服务，提高面向企业知识服务的质量。

（五）加强对企业知识需求的调研、跟踪与分析

企业知识需求是公共图书馆开展面向企业知识服务工作的前提和基础，因此，公共图书馆知识服务部门要定期对不同类型企业在战略决策、科技创新、经营管理等方面的知识需求进行调研，并进行汇总分析和研判。这样做一是可以发现图书馆面向企业知识服务的优势和不足，做到心中有数，对可能存在的不足及时进行整改；二是可以为制订和优化企业知识服务方案提供依据；三是可以主动对接企业，说明自身的服务优势所在，争取企业用户；四是可以充分挖掘隐性知识资源，为企业提供多层次高质量的知识服务和智力支撑。

第六章

打造公共图书馆精细化服务品牌

公共图书馆的发展进入了一个新的时代，知识和信息的规模化、集成化趋势日益凸显。在这种全新的社会经济形态之下，公共图书馆要适应社会发展所需，必须重新定位自己的角色和发展战略。打造精细化服务品牌，加快公共图书馆建设的步伐，发挥其应有的作用，已成为公共图书馆当前紧迫的工作任务。我们一定要努力转变观念，采取“多形式、多渠道、多功能”的方法，走出一条既有时代特色，又切合实际的公共图书馆建设道路。本章主要论述打造公共图书馆精细化服务品牌，分别从增强品牌意识，找准品牌定位；立足本馆实际，彰显图书馆特色；联合社会力量，提升品牌影响和不断创新发展，维护服务品牌成长这四方面详细介绍。

第一节　增强品牌意识，找准品牌定位

著名社会学家费孝通先生说过：“各美其美，美人之美，美美与共，天下大同。”“各美其美”指不同特色的地方文化、世界文化之所以丰富，源于其特色。“美人之美”就是尊重不同特色，承认世界文化的多样性。“美美与共，天下大同”就是要推动文明的交流互鉴，丰富人类文明的色彩，让人民享受更有内涵的精神生活，实现人们对美好生活的向往。实现“各美其美，美人之美，美美与共，天下大同”，就公共图书馆工作者而言，其中一项重要的工作，就是要保存、推广多元化的文化，增强图书馆的品牌意识，找准公共图书馆自身的品牌定位，使更多的读者了解、尊重文化的多样性。

一、品牌定位相关理解

品牌的主要概念是指消费者对于商品以及产品的了解。广义上的“品牌”是一种拥有经济价值的资产，它用抽象的、独特的、可识别的心理概念来表达它们之间所存在的差异，从而在人们的意识中占据一定的地位。严格地说，“品牌”是指具有内在和外在双重性的“标准”或“规则”，它是一个识别系统的总称，通过概念、行为和行为的标准化、规范化，使其具有独特性、价值性、长期性和认知性，以及视觉和听觉。该系统也称为 CIS（企业识别系统）。

品牌是一种无形资产，可为所有者带来奖励并产生附加值。其载体是名称、术语、符号、标记或设计及其组合，用于区别于其他竞争对手的产品或服务。附加值来源于消费者对其载体的印象，品牌给更多的人带来了对其产品和服务的认可，是一种源自品牌功能和客户购买行为的产品。品牌概念应包括基础和延伸概念。我们必须保持品牌概念的统一性和完整性，包括商业部门、企业形象、企业文化、产品定位、产品风格等。品牌也是一种识别标志、精神符号和价值观，培育和创造品牌的过程是一个不断创新的过程，只有具备创新能力，才能在激烈的竞争中立于不败之地，才能巩固品牌的原有产品，参与多层次、多角落、多领域的竞争。

品牌价值作为品牌管理最重要的内容，也是区分同一竞争品牌的重要标志，品牌活动一般体现在品牌的基本价值上。商标的基本价值也是商标的本质，商标的价值最初是由价值观念转化为经济的，商标的价值观念表明商标具有价值和使用价值。一家公司如何克服发展的约束，是否能突破自身发展的瓶颈，这就取决于公司品牌的基本价值。

品牌有以下几层含义。

第一，品牌最基本的作用就是供消费者识别，这就要求不同的品牌要具备不同的特征、不同的辨识度。

第二，同一个品牌在不同消费者的眼里有不同的形象，品牌由品牌方拥有的商标和消费者拥有的印象和感觉共同构成，准确地说，有形的商标属于品牌方，而无形的印象和感觉属于用户。

第三，消费者拥有品牌，品牌方做的工作就是用尽办法优化消费者拥有的品牌，这个过程其实就是品牌管理。

品牌就像人的美，这种美由物象和意象共同构成。人通过身形、服饰、声音、肢体语言等外在呈现美的物象，物象属于人本身。而美的意象来自物象，存在于每个欣赏并认同一个人美的那些人的心智中。美丽和魅力互相依存、互为表里，有美丽才有魅力，有魅力才有美丽。

关于定位的理解：

（1）定位的对象是产品

定位始于产品，定位的对象可以是一件产品、一项服务、一家公司、一个机构，甚至是一个人。可以说定位针对的对象是非常具体的事物，更准确地说任何想参与竞争、赢得关注的实体、实物都可以是定位的对象。

（2）定位的主体是品牌

定位不是改变产品，而是基于当前产品本身，调整产品（服务）在消费者或者潜在消费者心智中的认知，使该产品与众不同，而产品在消费者印象中建立认知和再认知的结果是由品牌带来的。

特劳特在《定位》一书中曾说，真正有效的战略常常不符合逻辑，胜负并不是见于市场，而是见于顾客的心智，因此品牌定位需要与普遍真理反向行走，才能发现差异点。如何建立品牌，做出差异化，让消费者感受到该企业的品牌价值，进而让消费者选择该企业的商品或服务，甚至产生对企业的品牌忠诚度，而不断地吸引顾客回流，是企业需要关注和研究的重要课题。

品牌分成五个构面，品牌忠诚度、品牌知名度、质量认知度、品牌联想以及其他资产，从这些构面观察企业，并且管理经营，即能创造强势的品牌。企业用品牌建立自己的定位，图书馆同样可以站在品牌的角度思考，是否也能与其他竞争关系的机构区别。从许多国内外的案例也能看到，有许多的图书馆致力于品牌的规划及经营管理。

二、公共图书馆品牌

公共图书馆品牌指的是“公共图书馆通过自己的某种独特性，或一定规模和馆藏，或某一信息产品信息服务等，把它们加以规范和传递，使自己在信息服务领域及社会中享有较高的知名度，从而建立起与众不同、个性独特的形象并在行业中形成竞争优势”。因此，品牌是品牌的经营者和消费者之间的相互认同。对于公共图书馆，其品牌建设就是通过品牌载体将自己的服务更好地提供给读者，得到广大读者的认可。

从图书馆的服务角度来说，如果公共图书馆能够建立自己的服务品牌，那么不仅能帮助自身提升馆内的服务质量与水平，增强运营管理的科学性及专业性，还能使其自身更具辨识性，吸引更多的用户。在信息爆炸的时代，随着网络技术的不断发展，各种信息类平台不断涌现，再加上各种智能终端设备的出现，不仅极大地丰富了读者获取信息的渠道，也在很大程度上方便了人们的阅读，人们可以利用碎片化时间在任何地点享受阅读带来的乐趣。随着大众传媒的不断发展及普及，公共图书馆受到了前所未有的冲击，其传统的信息服务模式与现代化的信息服务平台相比已经不能很好地适应社会发展的需求，因此，公共图书馆必须充分认识时代变革带来的新变化、新需求，积极引进现代化的科学技术，加快自身的信息化建设，树立清晰的品牌意识及发展目标，立足自身优势，通过对自身服务模式的改革来保证未来的发展之路。

三、服务品牌建设的必要性

（一）顺应时代发展需求的必由之路

当今社会是一个信息大爆炸的时代，人们获取信息的途径及方式变得更加多样化和便捷化，随着各类信息机构的增多，再加上各种新兴媒体的出现，分流了很大一部分的传统受众，使得在传统的社会环境中原本处于信息中心地位的图书馆受到了较为严重的冲击，读者流失现象严重，市场份额急剧减少。而图书馆原本存在的目的就是为社会大众提供公共文化服务，但是如果它所提供的服务与当下人们的需求并不相适应，那么其社会地位就必然会受到冲击，影响其自身的发展。所以，公共图书馆必须清晰地认识当前人们不断增长的文化需求现状，改变传统的服务模式，通过打造高品质的服务品牌来加强自身与时代发展趋势的联系。

（二）满足广大用户需求的必然选择

虽然网络的快速发展给人们带来了丰富的信息，但是网络信息的缺点与其优点一样突出。其一，因为缺乏有力的监管，网络信息良莠不齐的现象一直是一个十分严峻的问题，人们在获取信息时无法进行有效筛选，要想真正找到自己所需的信息还需要花费大量的时间进行筛选，所以，从一定程度上来说，网络信息并不能十分完美地满足用户的需求；其二，网络信息因为提供者身份的不同而会出现千差万别的现象，再加上无处不在的广告，以及其他一些污染与限制等，使得读者在获取信息时存在较大难度；其三，当涉及某一专业时，普通用户很难获取一些深层次的信息资源，尤其是涉及国际科研尖端领域的情况时更甚，因为很多领域的最新研究成果等在网上都是以英文的形式传播的，这就给一些不精通英语的用户造成了较大的限制。针对这些情况，用户自然希望存在一个机构能够对网络上纷杂的信息进行筛选、辨别、翻译，从而整理成方便用户获取的信息。所以，作为提供公共服务的机构，图书馆应当顺应用户的需求，利用自身的优势，建立丰富的中文资料信息库，为用户提供更加便利和专业化的服务。

（三）应对激烈的市场竞争的必要策略

随着时代的发展，人们对文献信息服务的要求也在发生变化。社会各界都认识到了信息资源的重要性，对于信息服务的需求量也就有了持续的增加，而且知识经济时代人们对信息服务的质量也有了更高的要求。在需求不断增加的刺激之下，各种信息服务机构的数量也不断增多，而且因为术业有专攻的原因，这些机构从一定程度上来说往往比公共图书馆更受欢迎，图书馆的发展受到了较为严重的冲击。不仅如此，在市场经济的刺激之下，这种竞争态势还会愈演愈烈。要想从激烈的竞争中牢牢守住自身的优势和地位，公共图书馆就要顺应市场发展需求，积极进行服务模式的改革，通过挖掘自身的优势资源，以及提高自身的服务质量及水平，创建独具特色的服务品牌，从而提高在市场上的知名度，树立良好的形象。

四、树立公共图书馆品牌的意义

体验，是刺激人们引发消费者联结的重要的方式，透过体验营销的方式，加深消费者对于企业的正面印象，进而吸引消费者选择该企业的产品或服务。体验经济当道，传统的营销已无法提供足够的信息让顾客选择，透过消费时的情境或服务，提供更多信息给顾客参考，成为非常重要的营销方式。公共图书馆从品牌体验的角度分析，找出读者对于图书馆品牌体验重要的要素，并且创造有价值的体验，从而吸引更多读者前往图书馆。公共图书馆的运营除了传统营销重视的功能效益外，更应从事自我营销与自我定位，创造出体验营销中强调的、予以读者难忘的体验感受，以吸引人们到图书馆阅读并体验相关设施，此外，通过国内外不同的案例，可以了解许多图书馆也尝试着创造有别于竞争对手的不同体验，验证“不只是图书馆”是否予以读者不同的体验，进而影响图书馆的使用率，甚至进一步影响图书馆品牌形象的建立。

读者活动是公共图书馆最生动、最直观和最具有活力的公共文化服务产品，也已经成为公共图书馆展示自身形象和传播影响，提升服务效益的有力抓手。公共图书馆要想让文化服务产生深远影响力，激发群众接受文化服务的兴趣，树立品牌无疑是最好的方式，也是充分发挥图书馆文化服务职能的重要方式之一。通过树立品牌，对服务内容进行浓缩和升华，提炼出特色形成品牌传达给大众，从而获得大众的认可和信赖，提升读者对图书馆的忠诚度和认可度，延长图书馆精细化服务的生命周期。目前，很多图书馆都将阅读推广等读者活动朝着品牌化方向运作，比如国家图书馆的“文津图书奖”、山东省图书馆的“大众讲坛”等。事实上，公共图书馆拥有丰富的馆藏资源，所以，公共图书馆应该增强自身的品牌意识。要想打造有人气的公共图书馆活动品牌，对活动团队综合能力有着较高要求，首先，要有一支综合能力强的具有品牌意识的人才队伍，善于挖掘本馆特色，将读者活动个性化、特殊化，打造独特品牌。其次，要注重服务体系化建设，对服务资源进行有效整合，增强服务活动的完整性和体验性，提升读者的使用体验。最后，重视品牌活动的持续性。品牌之所以有大的影响力，可持续性是非常重要的一点，如果一类活动只举办几次就销声匿迹，则称不上品牌活动。所以，品牌建设是持续、动态的过程，在品牌建设过程中要注重开展新形式、开拓新内容，防止读者出现审美疲劳，吸引读者参与品牌活动。

树立公共图书馆品牌，有助于公共图书馆推动阅读推广活动的进行。在数字化全媒体时代，品牌的作用和影响力大大提高，品牌不仅代表着一个企业的实力，还能够提高人们对企业的认可度、在社会上的知名度，因此公共图书馆进行品牌的树立能够有效地提升自身的关注度和对人们的影响力。公共图书馆可以通过对自己的藏书资源和服务特点进行分析，突出自身的优势与其他图书馆、书店、阅读组织的差异性，树立自己的品牌，提高大众对公共图书馆优点的认可，增强公共图书馆在社会上的知名度；另外，还可以通过举行多种阅读活动，积极向大众进行推广和宣传，通过多种方式增强人们对公共图书馆品牌的认知，保证公共图书馆塑造自己品牌时能够起到良好的效果，提升社会影响力，促进公共图书馆对大众产生良性的引导和教育功能。

即使网络与科技快速发展，公共图书馆依旧有存在的价值及重要性。从以前的知识难能可贵到现在信息唾手可得，风格书店、网络书店等的逐渐增加，提供了与图书馆重叠的功能，公共图书馆应关注如何营销及经营管理，吸引民众前往查阅信息，新增什么样的专业服务，让图书馆发挥应有的功能。公共图书馆除了是典藏书籍、保存人类智能的藏书阁，更是提供专业的知识检索服务的信息中心，更进一步，甚至应体现图书馆的教育价值，让民众愿意前往图书馆吸收新知识。信息爆炸的时代，或许知识容易取得，但图书馆提供筛选及分类的典藏数据，仍有其优势以及功能。因此，在这竞争者林立的环境，如何活化图书馆的角色成为非常重要的议题。透过体验增加顾客的愉悦感，让品牌特色深植人心，是一项重要的课题。

五、公共图书馆品牌建设现状

（一）缺乏品牌意识

目前我国公共图书馆品牌建设的最大问题就是缺乏品牌意识。在我国公共图书馆的建设过程之中，相关人员一直以来都严重忽视了对于品牌建设的有效提升，因而不能用积极的态度面对资源的共享与整合，也不能深入采取有效措施进行公共图书馆的精细化品牌建设。公共图书馆是为了保障人民群众基本权益而设的公共文化服务场所，应该不断加大品牌建设实施的力度，提升品牌建设的水平。然而，许多人对这个问题的理解却局限于认为只要有一定的文化资源即可，因而很难做出与提升品牌建设密切相关的举措，从而自然造成了公共图书馆的品牌建设低下。

（二）品牌建设的整体水平较低

目前，我国各省、市、县级的公共图书馆的普遍问题是品牌建设的整体水平较低。根据调查研究发现，我国各省市公共图书馆已经达到了拥有图书馆上千所、工作人员十万余人的规模，平均每个图书馆一年接待到访读者的次数也达到了万余次。然而，尽管公共图书馆的规模大、到访人数众多，但图书馆品牌建设的整体水平却不是很高，还存在着诸如内部文化设施规划性差、文化资源不健全、品牌建设策略不完善、资源配备不齐全等问题，严重影响了公共图书馆品牌建设的整体水平。

（三）缺乏科学准确的绩效分析

当下，我国不少公共图书馆都实行了品牌建设绩效、品牌建设措施，但却缺乏科学准确的绩效分析数据报告。尽管我国文化部会对公共图书馆进行评估定级，但也只是对公共图书馆的品牌建设做出初步评价，并不能准确表现出公共图书馆的品牌建设方向，这就无法对公共图书馆品牌建设工作的提升起到实际的促进作用。

六、公共图书馆品牌定位

（一）精心打造文化品牌

举办读者活动是发挥公共图书馆服务效能的重要举措，也是创建公共图书馆文化品牌的有效措施。各级公共图书馆立足于丰富的馆藏文献资源和专业服务体系，举办各种推介馆藏资源和阅读服务的活动，同时积极开展跨区域、跨行业合作，逐步形成特色文化品牌。阅读活动区域联合推出的品牌活动，如“4·23世界读书日”推出的“共读半小时”活动，在“读书月”推出的“阅在深秋”活动，都取得了较大的社会反响。

（二）创建公共图书馆文化品牌地标

近年来，各级公共图书馆纷纷建设了新馆，图书馆在设计之初就以打造文化地标为目标，更具特色的外观，更现代、更人性化的服务设施和服务理念，让读者眼前一亮。通过微信、抖音等社交媒体，许多新馆成为“网红”地标吸引众多游客纷纷前来感受文化氛围。如：四川省图书馆新馆于2015年12月26日开馆运行，2017年全年接待读者近197.93万人次，新增注册读者证3.75万个，外借纸质文献近63.95万册次，现场参与活动读者59.36万人次，线上参与读者达到150多万人次。2017年10月天津滨海新区图书馆对外开放，作为天津新的文化地标，获评2018年《时代》周刊“全球最值得去的100个地方”之首，凭借极具未来感的颜值与不断丰富的内涵，成为众多游客与读者必选的“网红”打卡地。滨海新区图书馆为读者和游客提供了强烈的视觉冲击，让读者可以在阅读的同时，带来更多美好的体验，让每一位到馆的读者都能在书山中有所感悟。

同时，将图书馆与书店结合，打造品牌特色。以“方所书店”“言几又”等为代表的高颜值书店通过阅读空间、氛围的打造带给读者阅读体验，受到很多读者的喜爱，也成为都市“网红”地，引来读者纷纷“打卡”。2018年4月初，由成都图书馆首创的“城市阅读空间”项目正式启动。该空间作为成都图书馆分馆，公共阅读服务部分纳入成都图书馆统一管理，统一考核。

（三）构建特色红色旅游品牌

1. 红色文化和旅游产业的内在统一性

红色文化和旅游产业存在内在的统一性。一方面，红色文化为旅游产业提供了新的经济增长点，促进产业内部的优化升级，并使旅游者找到红色文化身份认同感，增强旅游产业生产力。另一方面，旅游产业为红色文化的传播提供了有效途径和重要载体，从横向、纵向上扩大了红色文化影响的广度和深度。红色文化和旅游产业融合发展的红色旅游能够助推文化强国建设，增强文化强国对内的吸引力和对外的影响力。

（1）红色文化增强旅游产业生产力

红色文化进入旅游市场，将红色元素与市场经济相结合，拉动文化产业和旅游产业经济新的增长点，实现新的就业并创造新的文化产品，促进旅游产业优化升级。

红色文化为文化产品带来“红色印记”，红色文化产品不仅具有经济属性，还具有社会价值属性，为旅游产业带来经济产品的同时，也赋予旅游产业深刻的意识形态内涵，扩展了旅游产业文化内涵的广度和深度。红色文化使旅游者找到了红色文化身份认同感，文化使旅游具备了身份标签的意义，文化也因此具备了旅游吸引物的属性，而其根源在于旅游者寻找文化身份认同。

旅游者在红色纪念地、标志物旅游过程中，受到红色文化熏陶，使其社会责任感和爱国情操不断得到提升，不断地构建和再建自身的红色文化身份认同，寻找自身的红色文化归属感，这种红色文化归属感，驱使红色旅游产值增加，带动旅游产业进一步优化升级，增强旅游产业生产力。

（2）旅游产业扩大红色文化影响力

旅游产业作为红色文化传播的有效途径，能够从横向上扩大红色文化影响力的广度。红色旅游资源是红色文化的实体化形态，是红色文化传播的主体。一方面，旅游产业能够使更多的人了解红色文化，在旅游过程中，旅游者受红色文化熏陶，受到红色文化教育，强化红色文化在旅游者认知体系中的地位，引发旅游者对红色文化的思考，并以此影响旅游者今后的学习生活；另一方面，旅游产业作为红色文化传播的有效平台，通过各种传播媒介进行红色文化宣传，定期举办红色文化主题庆典，鼓励旅游者充分参与红色文化活动，能够有效地弘扬红色文化、加大红色文化的宣传力度。旅游产业作为红色文化传播的重要载体，从纵向上挖掘红色文化影响力的深度。红色文化作为一种无形的精神资源，需要有形的、可见的载体进行传播。红色旅游载体的物质形态主要有以下几种形式：纪念地、旧址、遗址、纪念碑、陵园、故居、纪念馆、历史遗产等。不同的红色旅游载体承载着不同的红色文化价值和意义，例如，山西忻口战役遗址、上海淞沪抗战纪念馆（塔）等遗址类载体，激发旅游者爱国主义情怀和渴望和平的心情；

毛泽东故居、李大钊故居、宋庆龄故居等故居类载体，通过一位位伟人的故事，激励旅游者在工作和生活中顽强拼搏、奋斗上进。不同的红色旅游载体，在不同的价值维度上给予旅游者对红色文化的深思。

（3）红色旅游助推文化强国建设

红色文化自身具有先进性，是中国共产党领导中国人民进行革命和建设保留下来的宝贵精神品格和思维方式，是国家文化软实力的重要组成部分。以红色文化为精神内核和以旅游产业为载体的红色旅游，有利于激发旅游者集体主义和爱国主义情怀，提升自身对红色文化的认知体系，共筑自力更生、艰苦奋斗、不怕牺牲的美好品格，增强文化自信和文化自觉。红色旅游能够提升文化强国对外的影响力，即文化传播。讲好中国故事，传播好中国声音，打造美好中国形象是中华文化对外影响力提升的重要内容。

红色旅游为国际旅游者讲出一段段红色的中国故事，让睡土炕、喝米粥、打手枪成为国际游客的体验项目，这样的故事和体验可以让游客们进一步了解中国历史和文化。中国形象正在被越来越多的外国人认知，但是整体上对中国文化的认知仍然偏低，在红色纪念地、标志物旅游过程中，国际游客对中国文化和中国形象的认知会经历一次从模糊的刻板印象到具体的深刻印象的过程，这一过程有利于中国美好国家形象国际传播的进一步发展。

2. 红色旅游发展遵循的基本原则

红色旅游具有特殊的政治和意识形态属性，在发展中要坚持社会效益，强化教育功能；红色旅游具有社会效益，其发展需要财政资金投入和市场规范引导，在发展中要坚持科学规划，保障基础需求，不能用孤立、片面、静止的眼光看待红色旅游，在发展中要坚持全局意识，促进各类旅游资源融合发展；红色旅游要打破过去不合理的理念和管理经验，在发展中要坚持创新思维，增强发展活力。

（1）坚持社会效益，强化教育功能

发展红色旅游要注重社会效益，红色旅游不同于其他的旅游产业形式，具有政治属性和意识形态属性，因此要把社会效益放在首位。红色旅游具有丰富的红色文化内涵，有利于对旅游者进行爱国主义和革命精神的宣传，提高旅游者的社会责任感和爱国情操，引导人们的精神价值取向，培育和弘扬社会主义核心价值观。在保护红色革命标志物、纪念物的同时，要不断地深入挖掘红色文化的内核，寻求红色文化的当代价值，让更多人接受红色文化，热爱红色旅游。发展红色旅游要开展丰富多样的红色文化教育活动，让红色旅游和红色教育相结合。教育功能是红色旅游的目的和方法，将红色文化融入青少年思想道德建设过程中，在党员、团员的学习教育中加大红色文化教育的篇幅比例，使红色教育成为理想信念教育的课堂，并使之常态化与大众化。将红色旅游和红色文化理论教育相融合，开设参观红色革命标志物、纪念物的相关课程，让更多的青年学生可以接触到红色文化。

(2) 坚持科学规划，保障基础需求

发展红色旅游要坚持科学地、客观地规划建设，发展不能过快、过急，要坚持适度原则，要充分利用好现有的主客观条件，坚持实事求是的方针政策，在实地考察和科学分析、评估后，确定合理的建设内容和规模。尽可能保持原有的历史氛围，保持红色旅游的基本底色，防止盲目追求红色旅游的宏大规模和新颖设施，旅游设施的建设要同当地的红色革命标志物、纪念物等相辅相成、相得益彰。发展红色旅游需要财政资金投入和市场规范引导，以此保障其基本的管理需求。在经济上，尤其是红色旅游项目建设早期，要给予专项资金支持，在发展过程中要定期进行专门考察，确定合理的拨款额度；在管理上，完善红色旅游产业管理体制机制，避免红色旅游完全资本化、市场化、娱乐化，发挥红色旅游的公共性和社会性效益。

(3) 坚持全局意识，促进融合发展

红色旅游要加强统筹规划能力，不能片面、单一地看待红色旅游产业，要坚持全局意识，立足经济社会发展各领域、全方面，尤其要注重与区域发展和城乡建设相结合。依靠红色旅游资源寻求贫困地区新的产业模式，打造红色旅游经济新的增长点；根据不同地区红色旅游资源特色，发展独具风格的红色旅游方案；发挥红色旅游的区域辐射作用，带动城乡联动的红色旅游项目。

发展红色旅游要坚持融合发展战略，促进红色旅游与其他旅游产业形式相融合，例如将红色旅游与乡村旅游相融合，用红色文化打造乡村旅游的文化底色；将红色文化与研学旅行相融合，用红色文化培养青年学生的责任使命感和爱国情操；将红色文化与生态旅游相融合，共建可持续发展的旅游产业模式。红色旅游产业要在统筹和融合两个维度上找到其新的发展模式，以此提升红色旅游的吸引力和影响力。

(4) 坚持创新思维，增强发展活力

发展红色旅游要坚持改革创新思维，充分发挥各级党委政府的主导作用，改革红色旅游管理机制。各级党委政府要将过去零散的文化旅游资源进行整体化、全局化的整合，形成一体化的红色旅游产业链，打造整体化的红色旅游品牌形象；与此同时，各级党委政府要进行有效的规划和管理，提升管理部门的地位，创新原有的传统工作模式，积极引导社会参与，定期开展公民参与的红色文化活动；应用信息技术，利用互联网媒介完善线上、线下，虚拟、现实的联动能力，实现线上宣传和虚拟体验服务，打破红色旅游的空间界限，激发红色旅游的发展新活力。

3. 加强红色馆藏资源建设的重要意义

红色文献是历史文物的重要形式，是承载红色记忆、传承红色基因的重要载体。读者通过图书馆藏的红色文献，既能了解先进思想在中国大地传播发扬的过程，也能看到百年来无数仁人志士为了国家的繁荣富强，为了人民能过上幸福美好的生活，抛头颅、洒热血前赴后继、浴血奋战的奋斗历程。图书馆不仅是优秀文化的守护者，更是优秀文化的传播者，我们每个图书馆人都有责任和义务把红色资源研究好、传承好、弘扬好、利用好，让红色文化资源更具时代魅力，并与当地的旅游发展相结合，展现出当代特有的价值和风采。

4. 红色文化资源挖掘利用现况

(1) 地方红色文化资源馆藏不够丰富

从某种意义上来说，“图书馆是一个城市的文化灵魂”。同时，公共图书馆也是城市文明的象征。公共图书馆的地方文献工作一直以助力当地的政治经济文化发展为己任。时代在发展，技术在进步。在发展建设旅游城市、文旅融合已经深度发展的今天，作为公共图书馆，关于红色文化方面的地方文献资源还相当有限，征集收藏的方式还停留在传统的“等资料上门”的被动工作模式上。同时，图书馆地方文献工作人员也缺少主动与相关工作部门的协调与沟通，这些因素直接影响了馆藏红色资源的建设，使得红色地方文献资源的资料来源比较单一，数量有限，而且资料也较散乱，缺少统一分类、归纳、编目和整理，系统性和连续性较差。对于红色资源的挖掘研究还处在较浅层次，在历史文物、遗迹、史料等方面的挖掘整理力度还需加大。地方文献工作中，需要不断加强服务创新、资源共享的工作理念，特别是加强红色地方文献资源的收集整理和完善工作。

(2) 红色资源的品牌文化宣传不到位

目前，公共图书馆红色资源品牌意识不强，宣传力度不够，影响力也较弱。我们要充分挖掘和利用红色资源，把握红色资源的文化内涵，强化红色资源保护，推出形式多样的系列红色资源品牌宣传，加强红色旅游信息化建设，传承红色精神，丰富红色旅游内涵。让红色文化资源成为我们发展旅游的一笔宝贵的精神财富。

(3) 文旅融合复合型专业人才紧缺

加强红色文化资源的挖掘，打造红色品牌文化和绘制精美红色旅游路线，以及加强红色旅游信息化建设等，需要一大批文化和旅游复合型专业人才，因此，挖掘红色文化资源，传承红色革命精神，打造旅游城市更需要加强人才队伍的建设。由于诸多因素的制约，专业人才非常紧缺。随着文旅融合的深度发展，高端复合型文旅专业人才将成为推动县域旅游发展建设的主力军。

（四）利用图书馆影音资源打造“文化艺术馆”

随着时代的发展，公共图书馆提供的服务不断增加。例如，读者在图书馆浏览书籍、阅读、小憩的过程中，传统的环境是“死气沉沉”的，再加上嘈杂的声音，导致图书馆的环境并不优良。影音资源的运用，在于通过舒缓的音乐，让读者在一个较为宁静的氛围下阅读、学习，通过不同形式的声音媒介传播设备，播放注意事项和阅读要求，提醒不同读者群体去遵守，减少矛盾和摩擦。视频影像资料，在于对图书进行宣传和指引，同时帮助广大读者对想要购买的图书有一个更好的把握，对读者提供建议和指导。公共图书馆影音资源的挖掘利用，让公共图书馆从传统的“藏书馆”转变为“文化艺术馆”。随着当代读者的文化诉求、文化素养的不断提升，影音资源的运用给读者带来更加完美的文化艺术体验，从而推动阅读的推广和公共图书馆的相关业务增长。

1. 影音资源发掘利用的必要性

（1）有利于解决读者不断变化的喜好和需求

公共图书馆运营体系当中，传统的书籍运营模式并不能得到高度的支持和肯定，而且伴随着网络发展和媒体进步，大家获得信息和文化以及学习技能的途径更加多样化。相比传统的图书模式，其他手段的应用更加便捷。因此，公共图书馆的运营必须居安思危，在新时代的发展过程中，努力探索新的前进路线。公共图书馆影音资源发掘利用，可以更好地解决读者不断变化的喜好、需求。一方面，影音资源的存在，并不能完全替代图书，但是可以与图书起到相辅相成的作用。例如，部分读者非常喜欢小说，可是在场景描述、人物塑造等方面，仅仅依靠个体读者的自我想象，缺少足够的媒介来辅助，因此在阅读过程中造成了一定的障碍。通过影音资源的利用，对于小说的架构、人物、场景、事件背景等做出一个有效的分析，让读者在阅读过程中，能够得到更多的指导，在阅读和学习、欣赏等方面，实现视听与阅读的多重体验。另一方面，读者的喜好和需求，会伴随社会流行文化的变化而变化，公共图书馆影音资源的挖掘和利用，可以更好地满足读者的诉求，对自身的运营体系做出改变。

（2）有利于公共图书馆管理服务提升

目前，公共图书馆影音资源挖掘利用，成为必然的发展趋势。同时也成为一种全新的竞争手段。各类公共图书馆为更好地改善图书馆管理服务，也在此方面做出努力。公共图书馆的传统服务，缺少与读者的沟通、交流，阅读推广和指导等方面完全按照被动服务来完成，缺少主动问询，对于读者提供的帮助较少，难以给读者留下良好的印象，从而导致公共图书馆的品牌形象建立存在一些问题。公共图书馆影音资源挖掘利用以后，公共图书馆环境塑造从内到外改变，转变为主动服务和多元化的咨询，部分公共图书馆通过智能化的机器人应用，提升了阅读体验和服务管理水平，受到了读者的欢迎。

2. 利用影音资源进行品牌定位的措施

（1）发挥管理层面的作用

对于利用公共图书馆影音资源进行品牌定位，在具体的措施、方法上，建议对管理层做出有效的改良、优化，促使公共图书馆影音资源的挖掘利用，从而做出一定的成绩。第一，针对影音资源的管理，从筛选到过滤，从使用到反馈，从改良到创新等方面，进行全面的优化，以更好地解决影音资源的一些问题。例如，影音资源的选用过程中，需要与公共图书馆本身相互匹配，而不是为了博噱头。如打造“影院”概念的模式，既无法较好地向读者提供阅读服务，又导致图书馆本质发生了变化。正确的管理模式，在于通过影像技术手段的匹配来完善，图书业务仍然占据主导，一方面改善阅读体验，另一方面定期对影音资源进行调整。第二，管理层的作用变革。该项工作需要拥有专业的岗位，由专业的人员来完成，并不是追求短期效果，而是要长期努力，因而需要对图书馆影音资源挖掘利用的团队进行创建。

（2）进行阅读环境的调整

利用图书馆影音资源进行品牌定位，阅读环境的调整是比较重要的内容，同时对阅读的综合感受转变，以及读者的想法改善，包括长期阅读获得的知识学习效果，具有较大的影响力。第一，图书馆影音资源挖掘利用的初期阶段，针对音乐的配备要通过整个图书馆所能够达到的音乐覆盖效果来分析。例如，部分图书馆通过粗放的设备来完成，看似拥有音乐，实际上造成的杂音较多，根本无法提供优良的阅读环境，因而饱受读者的诟病。通过对音乐覆盖设备、播放方式、播放内容进行调研和反馈，站在读者的角度来分析，掌握好音乐的类型和播放的音量、播放的曲目等，才能在阅读环境的塑造过程中，达到柔和的效果。第二，影视资源的运用过程中，从图书馆的各类书籍出发。例如，在政治书籍、学习书籍方面，需要对新闻联播、国家重要会议、探索频道等影视资源进行挖掘利用。这样可以更好地帮助读者学习，从而提升影音与图书的匹配程度。

（3）构建良好的视听资源共享机制

利用图书馆影音资源进行品牌定位，在图书馆影音资源挖掘利用方面，针对视听资源共享机制的建设成为主要的方向和手段。对于长期发展而言，可以产生较大的积极作用。第一，资源共享机制，在于促使公共图书馆影音资源的挖掘利用，能够带来全新的体验和感受。例如，某些限量版的小说、故事发售，能够引起读者的关注，为了拉动阅读推广，可以专门创建小型的视听资源空间，将人数控制在 50 人左右，让大家免费欣赏网络 VIP 电影，还可以提供一些免费的饮品，从而实现图书购买、阅读、影视资源欣赏、学习、身心舒缓的多重资源共享。这对于读者而言，不仅有了更多的学习和休息空间，同时在公共图书馆主体业务上，也能进行更好的辅助。第二，视听资源共享过程中，搜集同类图书馆的一些创意，对于国外图书馆的布置和机制进行借鉴，从读者群体中得到更多的反馈，在图书馆影音资源挖掘利用过程中，按照循序渐进的方式来改良。

七、公共图书馆品牌建设的新要求

公共图书馆是一个具有综合性、服务性、公益性的公共服务机构，因此，公共图书馆品牌建设必须定位于公共图书馆的使命，即其核心是以用户为中心，其追求是让读者满意。

（一）更新观念，转变作风

品牌的表现在于形式，而服务是支撑。做好服务的前提是更新观念，观念创新是先导，要学会运用互联网思维去开展工作。另外要做到工作作风的转变，应从以读者为本、以需求为导向出发，换位思考，不断增强服务意识、责任意识。把服务要求具体化、责任化、网络化，工作上求实、求严、求细、求深、求快，共同维护品牌的形象。

（二）明确责任，提高绩效

抓住关键流程、提高关键绩效是品牌创建的具体抓手。公共图书馆是全额拨款的公益性事业单位，对于管理成本、投入产出极易忽略不计，容易造成流程运作复杂、效率低下。因此，要在公共图书馆内部建立规范的流程体系，以用户需求为流程起始，以用户满意为流程终止，厘清部门职能和各岗位职责，实现部门和岗位工作目标的可衡量性；另外，要结合评价考核激励机制，建立保障流程，有效运行支撑工具；要积极运用技术手段，固化流程，以电脑管住人脑。

（三）开放沟通，与时俱进

在全球化、信息化的时代，公共图书馆的品牌建设既需要把握传统有效的服务管理模式，更需要更多的开放内容、更好的互动交流、更丰富的服务资源和更有效的服务手段，使品牌建设既规范科学又具有时代精神。

（四）以人为本，科学管理

品牌是由全体员工共同经营的，如果公共图书馆把员工看作同舟共济的“伙伴”，那么就会形成把个人生命价值与品牌经济价值融为一体的团队，使每个人在团队中发挥个人潜力，实现自我。因此，要以人为本，由经验管理到科学管理，通过品牌创建建立规范化、精细化的管理体系。

八、公共图书馆品牌建设的措施

（一）问意于民，公众参与

公共图书馆是为读者服务的，其品牌应该是读者认可的品牌，图书馆怎么做好服务、怎么取得发展，最好的办法是问意于民，充分利用互联网时代的网络普及度，让更多读者广泛地参与进来，以公众的需求作为图书馆建设发展的依据，以公众的满意度作为图书馆的工作标准，以公众的监督增强图书馆服务的责任感和主动性。

（二）增强品牌意识，增加品牌内涵

公共图书馆应该增强品牌意识，不断增加品牌内涵。树立品牌意识是公共图书馆进行现代化建设的首要前提。品牌意识树立起来了，才能为公共图书馆的全体工作人员指明工作的目标以及行为上的规范，才能为进一步提升图书馆全体工作人员的感召力和凝聚力、进一步强化全体工作人员的学习能力和创造能力提供保障。要将公共图书馆的品牌意识落到实处，就要明确品牌建设的具体要求，不断增加品牌内涵，并通过积极宣传深入到每一位工作人员的内心之中，从而形成一种极具公共图书馆特色的精神力量。在公共图书馆的品牌建设过程当中，只有品牌极具内涵，发展才具备坚实的底蕴。

（三）坚定品牌服务理念

行动只有在先进的、科学的思想意识及理念的指引之下才能更彻底地执行，才能取得更好的效果。随着生活质量的提高，人们对于生活中各方面服务的要求也更高，而快节奏的生活方式使得人们没有更多的时间花费在信息的搜集及阅读上面，因此，人们在寻求文献信息服务时对于时间及效益等方面有了着重的要求。而公共图书馆要想让更多的读者满意，在服务方面就必须做出改变。在很长的一段时间内，公共图书馆在文献信息服务领域都牢牢占据着独一无二的地位，很少有相关机构能够与之匹敌，因为地位的超然，也就造成了图书馆服务及管理模式的僵化，在社会飞速发展的时候，图书馆依然未进行相应的改变，导致其在激烈的竞争中丧失了很大一部分的市场份额。所以，对于公共图书馆来说，最紧要的事情就是要转变自身的经营管理理念，树立服务意识，通过对馆内工作模式的变革来提高服务水平，树立起自己的服务品牌，从而在市场上形成有辨识度、有吸引力的竞争实力，在稳固现有用户的基础上，将被分流走的市场份额逐渐抢回。通过坚定的品牌服务理念的树立和坚持，明确以服务创效益的运营管理方针，不断在服务方面下功夫，从而形成自己无可取代的、有着较高客户满意度和黏性的服务品牌形象。

（四）科学定位服务品牌，明确发展方向

公共图书馆要想建设自己的服务品牌，首先要做的就是明确自身的定位。也就是要在详细分析自身所处的时代特征及发展趋势、行业发展状况、主要竞争对象的状况以及自身所具有的优势等方面信息之后，明确自身的发展方向，清晰地认识到自己应该走一条怎样的发展道路才能脱困，从而获得长久的发展。何为图书馆的服务品牌定位？简单来说也就是图书馆的经营管理思路，通过确定清晰的发展思路来指导图书馆的改革及日常运营管理工作。

从现阶段公共图书馆的发展状况而言，可以将其分为三大类，分别是大众型、学习型和研究型。各个图书馆在进行品牌定位之前要先辨别自身到底属于何种类型，这种类型到底适不适合当前的市场环境及自身的发展需求，如果合适就在此基础上对服务方式进行优化，如果不合适就要考虑转型的问题。而如果图书馆本身并没有明确的类别归属，那么就要在详细调研和考察周边市场状况的基础上，通过挖掘和整合自身的优势资源来确定自身的发展方向，树立明确的品牌定位，然后在此基础上对馆内不相适应的理念及模式进行改革。在进行品牌定位时必须同时考虑自身的条件及市场需求，切忌贪大求全，要注意突出自身的特色。以上海图书馆为例，因为占据着优势的地理位置，在全国乃至全球都是重要的经济、文化中心，因此它在充分整合了所能利用的优势资源之后，将自身的发展方向定位为“世界级城市图书馆”。

（五）建设特色文献信息资源

对于公共图书馆来说，建立服务品牌最快、最省的办法就是建设特色文献信息资源。因为与其他信息服务类机构相比，图书馆存在的时间较久，而且大多是由政府部门建立的，是社会中的公共文化机构，承担着提供公共文化服务等职能，所以其地位是超然的，在社会大众中的认可度较高。而且经过较长时间的发展，图书馆搜集的图书资料以及信息资源是十分丰富的，而开发信息资源也是其本身职能之一，所以，公共图书馆在信息资源方面有着天然的优势。图书馆通过利用自身的资源优势来建设特色文献信息资源，不仅能够充分利用其自身馆藏丰富的文献资料，提高资源的利用率；也能够在建设的过程中对馆藏的现有信息资源进行更加合理的布局与利用，提高资源管理的有效性。

不仅如此，在信息化时代，随着信息资源的数字化，公共图书馆除了可以建立自身的信息资源库，还能与其他图书馆建立联系，形成信息共享平台，扩大自身的资源库，更好地为用户提供服务。为了使文献信息资源建设更具特色，公共图书馆还应该明确自身的目标客户群体，然后进行针对性建设，更应该考虑自身所处地区的地域及文化特色，建立与本地区经济、文化环境以及用户需求相适应的特色数据库，突出自身独有的特色，树立品牌形象。

（六）推进个性化服务

随着社会的发展，用户需求也出现了多种多样的变化，图书馆在建立自己的服务品牌时还应该切实考虑用户的需求，建立个性化服务理念，提高服务的满意度。公共图书馆可以充分利用大数据技术在搜集用户阅读喜好、行为习惯方面的优势，通过详细分析用户需求的特点，对用户进行细分，为其提供多样化的个性定制服务，从而提高用户黏性。

（七）整合资源，突出特色

信息化时代，公共图书馆要在保留传统的“大而全”的信息服务模式的同时，以大数据分析挖掘为基础，加大学科化、个性化的知识服务，实现用户信息需求的多样化、个性化、动态化，从而实现服务品牌化、特色化。首先，可以利用图书馆多年积累的信息资源优势，突出馆藏特色资源建设，深入挖掘馆藏文献，加大数字化专题开发力度，提高高层次知识服务能力；其次，加强馆际合作，加强与政府、档案部门、科研机构的合作，充实民众关心的政务信息、专题信息，通过深层次加工，提供更为专业的信息服务。

（八）拓展渠道，创新模式

充分利用现代信息技术，提供特色化、亲情化、便捷的服务。如利用网络社交平台，建立网上小型社区，提供专业图书馆与定向专家、学者等人群之间的实时交流；利用移动互联技术，通过图书服务 App、支付宝、微信城市服务等第三方互联网服务方式，为读者提供更为便捷的指尖服务；通过网上阅读辅导和学科讲座，深化读者服务；为各种层次、各种类型的读者提供专题学习等。

（九）加强宣传，营造氛围

在品牌建设过程中，宣传对于全面拓展品牌、深入探索理念起到决定性的作用。因此，公共图书馆在品牌建设过程中，要不断探索新形势下宣传工作的方法，尤其要学会利用网络、多媒体等现代信息技术，更为重要的是，要探索建立与读者互动式的宣传，以宣传工作促进自己的管理和服务，树立自己的品牌。

（十）构建正确的品牌体系

公共图书馆要积极构建正确的品牌体系，加强品牌外延。在公共图书馆品牌体系的构建过程当中，相关的工作人员一定要立足于图书馆的发展实际，按照图书馆的不同特性来培育不同的品牌体系。品牌体系的建设对于公共图书馆的成长来说具有至关重要的意义，能够作为一种无形的资产帮助公共图书馆形成健康良性的发展趋势。同时，正确的品牌体系又是公共图书馆发展建设的核心内容，是支撑并反映公共图书馆的核心力量。积极构建正确的品牌体系，加强品牌外延，是服务于全体读者及市民的要求。

（十一）优化图书馆文化，塑造品牌形象

公共图书馆应该优化公共图书馆文化，塑造品牌形象。公共图书馆在品牌的建设过程中，需要不断优化自身形象，对读者和社会发展形势进行解读和定位，不断构建品牌建设的新思路、新策略、新模式，积极进行品牌的创造创新，不断加强资源整合，从而塑造出最符合自身特点及发展需要的品牌形象。公共图书馆作为本地区最突出的文化场所，在建设过程中需要充分整合地方资源，充分集结相关的文献资料，并在本地精神文明的指引下加强各类讲座、展览会等活动的展开，牢固树立文化品牌意识，不断打造更多优秀的文化品牌产品。

（十二）提高品牌建设水平

要实现公共图书馆品牌建设的最大效益，应该有效提高公共图书馆品牌建设的水平。针对公共图书馆的品牌建设，相关部门需要积极根据公共图书馆的现状以及发展趋势进行品牌建设机制的改革，可以采取对外学习品牌建设方式、对内

加强策略贡献等方式来扩大内外部品牌建设机制，不断实现品牌建设方式的多样化。相关部门可以积极构建公共图书馆品牌建设绩效考核与激励机制，不仅有利于激发内部品牌建设人员的热情，调动工作的积极性与主动性，还有利于培养工作方式的创新意识，从而提升服务的质量，进一步提高公共图书馆的整体服务水平，为国家及社会做出更多的贡献。

此外，公共图书馆品牌建设人员的品牌建设水平与公共图书馆品牌建设工作的质量密切相关。要提高公共图书馆品牌建设的质量和水平，就必须加强公共图书馆品牌建设人员的综合素质和专业技能培训，不断提高公共图书馆品牌建设人员的专业素质，不断加强品牌建设人员在品牌建设上的技能强化与知识吸收，调动相关工作人员的积极性，从而使公共图书馆的品牌建设工作更有效率，进一步提升公共图书馆的品牌建设质量和水平。

第二节　立足本馆实际，彰显图书馆特色

公共图书馆发展较快，在打造公共图书馆精细化服务品牌方面可以借鉴外地的成功经验，但更重要的是要立足公共图书馆的实际状况，大胆创新，采用多种方式彰显公共图书馆特色，走出了一条可喜的成功之路。

一、公共图书馆立足实际，彰显特色的意义

（一）提高公共图书馆的价值

首先，公共图书馆是一个地区或城市不可缺少的文化单位和服务机构，不但为城市的经济、政治、文化以及社会发展提供更加多元化的信息资源服务，还为区域内的群体公众提供基本的文化和信息服务。每个地区都有自己的特色，发展和建设所需要的信息资源不同，形成的社会文化特点也不同，所以，在全国范围内，如果使一个区域的公共图书馆区别于其他地区的公共图书馆，就需要不同地区的公共图书馆形成自己的特色资源。公共图书馆只有立足本馆实际，彰显本馆特色，提供个性化服务，才能在万花丛中凸显自己的独特，吸引更多的读者和用户，同时增强公共图书馆的可利用价值，使得自身的整体价值不断地提升。

（二）提高读者满意度

读者在进行信息资源的利用时，由于需求不同，对信息资源的需要也发生了变化。例如：一些学术型的研究人员，对图书资源的需求更加注重专业知识性，而对于一些文学爱好者来说，可能更加趋向于一些散文诗集。所以，针对上述现象，公共图书馆立足本馆实际，彰显图书馆特色，能够最大程度地满足不同读者

对图书和信息资源的需求，同时也能增强整个图书馆的综合实力，进而为开发独具特色的资源建设和服务系统提供前提条件，做到全方位地服务读者，提高读者满意度。

（三）为区域发展提供文化基础

公共图书馆是一个区域和城市固有的承载文化建设的地方，同时也是展现区域软实力的地方，对于一个地区的文明以及文化发展，都起着关键性的作用。同时公共图书馆特色资源建设和服务，能够在一定程度上融入地方文化特色，将地区特色文化以及优秀传统文化深深融入区域发展建设中，从而为区域经济发展以及文化发展做出巨大贡献。

（四）符合相关规章制度的要求

《图书馆服务宣言》中明确指出：各级各类图书馆要以坚决贯彻传播知识为责任使命，积极发挥传承社会文明发展的职能。公共图书馆进行特色资源建设，是不断地履行职责、发挥职能的过程，公共图书馆要引领其他文化建设部门，积极承担文化建设的责任，提高图书馆传承与传播文化的能力，认真贯彻图书馆服务的相关条例条规。

二、公共图书馆典型实践分析

打造公共图书馆精细化服务品牌是其自身事业发展的要求，而彰显图书馆特色则是公共图书馆改革的一个生长点。图书馆的特色越彰显，用户对图书馆的印象就越深刻，图书馆的宣传推广效果就越有成效，图书馆的作用和效益发挥得就越大，图书馆存在的价值也就体现得更好，就能得到社会认可，从而形成良性循环，使图书馆的活力增强，在新的社会环境中立于不败之地。在此，分析几所立足本馆实际，彰显图书馆特色的公共图书馆。

（一）成都图书馆

1. 构建公共图书馆研学旅行品牌

研学旅行是近年来兴起的一种新型旅游方式，传承了我国传统游学“读万卷书，行万里路”的教育理念和人文精神。研学旅行是对古今中外教育文化启示的理性思考，既是一种教育和学习方式，也是一种阅读方式。早在 2011 年国家图书馆就超前捕捉到研学旅行的发展趋势，于 4 月 23 日，陆续推出了“阅读之旅”等一系列研学旅行服务项目，将阅读、旅行相结合。这种跨界融合是研学旅行未来发展的方向。2016 年 12 月，教育部、旅游局等首次多部门联合发文落实推进研学旅行。因此，研学旅行日益成为教育文化的一部分，受到了方方面面的广泛关注。四川是中国文化旅游资源大省，也是中国的世界遗产大省，拥有丰富的文旅资源，更有绚丽多彩的历史人文底蕴，资源数量和品位在全国名列前茅，具备研学旅行的所有类型。独特的文化性和体验性，为更好地应对文化旅游市场的恢复发展提供了更多可供选择的新产品。四川于 2020 年 7 月 18 日，发布 2020 年首批研学旅行主题线路。“读着名著去旅行”，研学旅行将书本知识与课外实践结合起来。

公共图书馆研学旅行服务是一种新型服务形式，在开展阅读活动中要将这一新形式融入图书馆暑期阅读推广计划中。寻找公共图书馆与社会教育、文化传播、旅游促进的契合点，推动文化、旅游资源与学校教育资源的交流融合，是公共图书馆实现文旅融合的最佳切入点和着力点，从而为在校学生研学旅行活动提供服务，充分发挥图书馆的社会教育职能，探索图书馆文旅融合新模式，也为研学旅行创意项目的后续开展打下了良好的基础。

2. 利用馆藏资源宣传天府文化

成都是国务院首批公布的 24 个历史文化名城之一，也是文化和旅游部与世界旅游组织联合命名的“中国最佳旅游城市”之一。得天独厚的历史文化资源，是成都旅游开发的核心资源。加强天府文化的研究与宣传，既有利于成都城市文化形象的打造，也有利于丰富旅游文化的内涵。成都图书馆发挥传统文献服务的优势，深入开展地方特色文化资源的开发和利用，主动承担起研究、宣讲天府文化的责任。

传承巴蜀文明，宣讲天府文化。成都图书馆先后推出了“读城”系列讲座、“天府文化系列”精品讲座，邀请了天府文化研究院、四川大学、澳门大学等机构的专家学者围绕成都城市文化特征、天府文化的历史脉络等主题开讲。与此同时，成都图书馆还针对少年儿童推出了“品天府文化系列活动”，邀请专业教师为未成年读者介绍天府文化的形成与发展。

公共图书馆具有收藏、传播文化的功能，既为当地社会发展和经济建设服务提供文献保障，又是推广地方传统文化的重要手段。公共图书馆对天府文化古籍和文物的保护、整理和研究，能深入挖掘古蜀文明遗存和人文历史的独特魅力，使更多人了解、认识天府历史和文化，并通过典籍、方志、文献等多种形式对天府文化进行长期深入的宣传，记录城市的发展。作为基础性公共文化设施和基本的公共文化服务机构，公共图书馆在满足人民精神文化需求方面扮演了重要角色。公共图书馆拥有来自政府的财政支持，为市民免费提供丰富的文献资源和信息服务，组织免费的文化活动，有责任和义务不断整合自身的优势资源，推广优秀传统文化，传承与发扬天府文化，积极促进当地文化事业的发展。因此，加强公共图书馆建设对天府文化的发展和繁荣具有重要意义。

公共图书馆另一重要的职能是保存社会文化遗产。随着国家对公共文化事业的重视，各地的购书经费也在不断增加。成都公共图书馆通过有目的、有侧重、多途径地收集、采购有关天府文化建设文献资料，极大地丰富了天府文化馆藏资源，记载了天府文化的发展进程，为传承和弘扬天府文化提供了有利条件。

天府文化资源具有丰富性、多样性，有利于公共图书馆形成办馆特色，丰富公共图书馆的馆藏资源。公共图书馆应加强地方特色文化资源的收集和整理，设立地方特色馆藏，将收集到的文献加以整合、发掘，设置天府文献收藏室、陈列室、多媒体展厅等，建立天府文化文献专藏库或天府文化主题专区，构建“天府文化藏书体系”，通过地方文化的实物和多媒体宣传片等方式，帮助大家迅速、直观地了解天府文化的发展脉络，全面认识天府文化特色，感受天府文化历史的厚重，增强对地方文化的认同感，为地方经济建设和社会文化服务，推动文化创新发展。

成都图书馆致力打造“成都文献中心”，并在地方文献部设置“袁庭栋文化书库”，将突出天府文献特色的书库藏书与成都图书馆现有 2 万余册馆藏地方文献资源恰当地融合起来，构成较为完备的“天府文化藏书体系”，使它成为天府文化传承的新名片、新地标，并形成本馆特色，以更好地服务于地方文化建设；通过天府诗歌经典诵读、天府文化精品讲座、天府老照片等各类主题阅读推广活动，增强市民的文化认同感，涵养天府文化气质。还可以依托地方文化研究的影响力，主动参与学术会议，聘请当地知名学者进行天府文化专题讲座，开展读者交流活动，扩大图书馆的知名度和影响力，更好地为当地文化建设服务。如成都图书馆推出了“天府文化精品讲座系列”，涉及成都历史、民俗、音乐、名人故事等，邀请省内外专家，讲述《杜甫与成都》《天府名人趣闻》《天府文化古今谈》《成都音乐故事》等，从更丰富的角度呈现天府文化内涵，帮助读者了解成都、了解天府。

3. 成都图书馆大熊猫主题分馆

成都图书馆与成都市熊猫路小学联合开办大熊猫主题图书馆，大熊猫主题图书馆馆舍面积 382 平方米，有 9482 种、23000 多册图书，其中 111 种、2000 余册为大熊猫主题图书。该分馆致力于收集大熊猫相关图书和音像资源，建立大熊猫文献资源库，成立大熊猫文创实践活动中心，打造“熊猫讲坛”。未来还计划成立研学点位，并依托互联网技术，创建大熊猫主题图书馆云平台。

（二）山东省图书馆

山东省图书馆创建于 1909 年（清宣统元年），是中国十大图书馆之一，国家一级图书馆。现有总馆、国学馆、省少儿馆三处馆舍，总建筑面积 6.34 万平方米。三个单体馆分布于省城东、北、南部，与西部的济南市图书馆一起，形成合理的公共图书馆布局。截至 2020 年底，山东省图书馆现有藏书近 900 万册，古籍超 75 万册，山东省图书馆设立的分馆、流通站达 60 个，将服务触角延伸至社会的各个角落，大大拓展了服务范围，着力打造覆盖全社会的馆外流动服务网络。

1. 立足职能拓展阵地服务

山东省图书馆认真践行公共文化服务全覆盖的理念，充分发挥阵地服务职能，在新冠肺炎疫情形势下，2020 年持证读者数量 47.4 万人，外借图书超 42 万册，接待到馆读者 83 万余人次。坚持公共服务普遍均等的原则，不断拓展延伸服务范围，重点加强分馆及流通站的建设，积极推进分馆建设。截至 2020 年 11 月底，山东省图书馆设立的分馆、流通站达 60 个，将服务触角延伸至社会的各个角落，大大拓展了服务范围，着力打造覆盖全社会的馆外流动服务网络。

2017 年上半年，山东省图书馆与新华书店联合推出“您选书，我买单”活动，读者可持山东省图书馆的读者证至新华书店或山东书城，选择自己想看的图书，由山东省图书馆“买单”，读者看完后可直接将图书归还至图书馆。2021 年，山东省图书馆升级了“您选书，我买单”活动，单次借阅图书数量增加，年借阅总量增加，扩大借阅图书馆的首次出版时间，让读者的选择性更多，活动得到读者的一致好评，解决了图书加工上架周期长造成图书上架时效性差的问题，同时图书馆能精准掌握读者阅读需求，避免了资金浪费，大大提高了服务效能。

在特殊群体延伸服务方面，于 2014 年正式设立光明之家，作为山东省图书馆关注社会弱势群体读者的一项重要举措，它是专为老、弱、病、残读者、外来务工人员设置的公益性阅览室，配备电脑、智能听书机、盲人手机及盲人音响等设备，联合各级地方残疾人服务机构和公共图书馆开展丰富多样的培训和服务活动，受到社会各界及弱势群体读者的热烈欢迎。少儿部针对盲聋哑儿童开展阅读点亮心灯——弱视弱听群体阅读提升项目，为其提供阅读指导服务；针对自闭症儿童开展“会说话的绘本”帮扶自闭症儿童康复项目，以故事的形式，引导儿童养成良好习惯，让他们了解基本的认知常识，并锻炼其语言能力，截至目前山东省图书馆已举办活动 199 期，被授予关爱特殊儿童“爱心单位”荣誉称号。

山东省图书馆承担山东省文化信息资源共享中心职责，积极推进数字化建设。为了让拥有读者证的读者足不出户享受到该馆的数字资源，山东省图书馆积极探索利用新技术打破接口壁垒，让读者在馆外也可正常访问馆内数字资源，疫情防控期间，该馆开放多种数字资源库，2020 年累计服务读者 17342 人次。

2. “图书馆+书院”弘扬优秀传统文化

为了使传承中华优秀传统文化形式更多样更有效，推动公共图书馆服务转型升级发展，山东省提出“图书馆+书院”的形式，以公共图书馆为主要阵地，让现代与传统结合，图书馆与书院结合，在省、市、县级图书馆设立“尼山书院”；在城乡基层建设儒学讲堂，充分彰显优秀传统文化的价值，这也是现代公共文化体系创新传承优秀传统文化形式的重要体现。山东省图书馆积极推行“图书馆+书院”服务模式，坚持公益性原则，创新服务内容与方式，注重用户的互动体验，开展了多种诵读、国学讲堂、道德模范讲座等活动，与学校、社区合作，引导群众阅读经典、学习国学，开展各类公益活动，倡导社会主义核心价值观。同时，普及礼仪教育及其他传统民间艺术活动，让群众现场体验碑刻拓片等传统技艺，培养文化情趣。2020年在疫情形势下，举办各类活动近200场次，直接参与读者超7000人次，虽然活动规模和场次比以往有所减少，但线上观看人次达300万，是以往的近10倍。山东省图书馆通过“图书馆+书院”模式，以自身的历史和馆藏文献资源为基础，充分发挥图书馆文化服务职能。

（三）上海图书馆

上海图书馆对其信息资源进行了数字化和网络化的建设，借助于感测和采集等一系列的方式将各项关键信息输入到核心系统中，由此而获得了大量的数据资源积累。上海图书馆基于“一城一网一卡一系统”模式，将图书馆集成、读者管理、电子资源访问、门禁等有效融合，从人、书、地三个实体理解数据，综合各类数据的特征值形成主要维度，再辅以时间维度，建立了数据分析与挖掘系统，呈现了图书馆的智慧化和智能化。整体来看，上海图书馆先进经验主要集中在以下方面。

第一，深化推进全民阅读服务。上海图书馆拓展办证借阅服务，持续推进办证服务进公共、进企业、进两会、进书展、进社区；优化退押金预约管理系统并推进存量信用退押金等相关工作，实现非接触式读者证的更换；同时拓展覆盖移动客户端的知识发现和原文索取服务，完善一卡通电子资源远程访问和短信服务，以模块优化更新探索微信推送式服务。

第二，开办多样化的特色活动。上海图书馆以世界读书日、端午节等节假日、纪念日作为重要的宣传契机，开展特色艺术、旅游、读书沙龙等丰富市民文化生活的特色服务。

第三，创新媒体的服务模式。上海图书馆以微信、微博等新媒体平台内容推送为基础，整合多个融媒体渠道的宣传频道，并进一步探索建立了数字阅读统计指标体系，完善“微文堂”“听书馆”“悦视频”等阅读品牌。

第四，推进中心图书馆建设。上海图书馆研究制定了《中心图书馆联盟章程》《中心图书馆准入标准》，推进区域总分管管理培训机构设计。展开公共图书馆的一卡通服务研讨会，推动城市24小时自助书房建设、大型居住社区配套图书馆等。并探索互联网的运行模式，完成知识管理平台升级改版需求的调研，实现了操作的易用性优化，强化数据后期开发研究成果的交流。

第五，强化数字资源的开发力度。上海图书馆结合中国数字文献资源中心的建设目标，积极实现PC平台服务向移动终端媒体服务方向升级，从而由传统的机构服务向个人与机构服务并重的格局升级，由单一的报刊资源向综合文献资源服务升级。同时完善数字人文应用服务平台，并进一步改善历史文献统一检索平台。

（四）浙江图书馆

浙江省各级公共图书馆一直积极关注文旅融合现象，为全国其他地区提供了示范。图书馆和民宿的结合，改善了相对单一的阅读模式和旅游状态。淳安县下姜村“杭州书房”拥有22大类7000余册图书，涵盖传统报刊阅览、电子图书阅读、VR体验及文创产品展示等功能，已与淳安县图书馆联网，实现图书通借通。德清县莫干山，是全国著名的避暑胜地，县图书馆根据民宿的规模档次、地理位置等，在莫干山周边选择了11家民宿作为县图书馆的流通点，图书利用率达60%以上。莫干山镇通过发展文旅相结合的系列民宿，旅游人数呈现爆发式增长。“图书馆+民宿”阅读方式让游客从中了解当地的人文历史、风土民俗，推动地方文化资源与旅游结合，带来了文化气息。“图书馆+民宿”模式成为带动当地旅游民宿产业发展的新引擎，助力了地方乡村振兴建设。

（五）深圳市图书馆

2003年，深圳市文化局提出建设“图书馆之城”的新思路，首先在制度上发布了三年实施方案，方案指出，“图书馆之城”基于图书馆的各个网点以及庞大的信息网，串联起各个图书情报系统以便能够资源共享，建立全城化的信息资源网络，为全民阅读提供最大便利。深圳市图书馆不断加强规范化、体系化、标准化建设，在理念、技术、服务和体制上进行创新，全面推动图书馆体系建设。

深圳图书馆在利用新技术方面一直走在前列，积极引进整合先进的科技成果，以科技应用驱动服务创新，设计并自行研制出“图书馆之城”中心管理系统ULAS（United Library Automation System），全面支撑“图书馆之城”各项业务。不断完善ULAS基础应用平台，建立网站服务、电话语音服务、短信服务平台，微博、微信等新媒体平台等，拓展业务范围，打造全媒体服务平台。研制“RFID文献智能管理系统”，运用互联网、数字化、多媒体技术等科技手段，跨越馆舍的界限，让读者在不同的平台拥有全城化、无差别的图书馆服务体验。合作研发城市街区自助图书馆服务机，同时构建智能化运营管理平台，保障整个自助图书馆网能够正常提供服务以及运营。联合构建跨系统的文献资源整合与服务平台“深圳文献港”，整合了深圳图书馆、大学图书馆等多个图书馆的元数据与对象数据，包括电子图书、OPAC数据及各类商业等自建数据库，并加入“全国图书馆参考咨询联盟”，为读者提供更快捷、覆盖更为广泛的文献信息服务。针对图书馆编目经常出现重复数据，影响编目数据质量的问题，规范成员馆的编目流程，深圳图书馆搭建了“图书馆之城”联合采编平台，对所有成员馆的书目编目流程进行规范，制定统一标准，保障书目数据质量，形成了相对完整的书目数据质量控制体系。深圳图书馆在“图书馆之城”框架体系下构建起强大的“图书馆之城”网络与数据中心，并树立科技意识和创新意识，紧紧把握物联网、云计算、大数据等科技潮流，不断探索创新，尝试大型图书分拣系统、智慧图书馆系统等技术，不断拓展科技应用范围和领域，推动图书馆事业的发展。

（六）济南市图书馆

济南市图书馆作为省会公共图书馆，是文化知识保存和宣传的重要阵地，在济南地方特色文化资源的保存、传承与推广方面进行了一系列有益的探索与尝试。

1. 建立“二安”文献研究中心

宋词大家辛弃疾和李清照，作为济南名士的杰出代表，并称“二安”。他们为后世留下了大量的诗词作品和文化史料，这些都是建设“文化济南”的宝贵资源。为深挖济南名士文化资源，济南市图书馆于2017年建成开放“李清照、辛弃疾文献中心”，这是“二安”文化的首个实体研究中心。

济南市图书馆多次采访征集，多种渠道全社会征集、采购共近千种约8000余册与两位词人相关的专著、论文等文献资料，文献中心还有我国港台地区出版的相关研究资源，反映李清照和辛弃疾经历和社会活动的碑帖拓片、电影剧照等影像资料；另外还包括社会各界爱心人士的捐赠资料，来自稼轩故里四风闸村研究稼轩文化的五位老人，捐赠20余万字的《幼安忠义录》；临港街道办事处市民捐赠20篇《辛弃疾少年传说》（被评定为济南市第二批非物质文化遗产）。现古籍与地方文献部整理再造大批“二安”相关的古籍文献，向读者开放，提供免费借阅。通过自制馆员荐书短视频或宣传片的形式，宣传推广“二安中心”及相关特色文献。今后，还会围绕济南名士文化文献及资料研究，开展更多形式多样的读者活动，让名士文化、传统诗词文化再现新的生命力。图书馆还藏有《马戏图谱》等原版古籍资料，再造文献《章丘县志》《历城县志》等方志资料。

2. 复建泺源书院

泺源书院是山东大学的前身，为“近代山东文化命脉之所系”，为齐鲁传承文脉和培养栋梁之材做出了卓越的贡献。为复原展示书院文化形象，济南市图书馆积极落实复建工作，投资50余万元对泺源书院的展示厅进行了升级改造，为匡源、何绍基等鸿儒名士塑像，购置整理相关文献600余种，其中古籍文献330余件（册）。并整合资源，逐步恢复书院的功能，依托馆藏资源，积极成立国学专家库，设置国学专题文献区。新馆借阅区开设了多个国学图书专架，五楼古籍阅览区也设置了泺源书院国学专区，供市民查阅、浏览相关文献资料。

另外，泺源书院展示厅还配备了古色古香的书架和桌椅等相关设施，可同时容纳20余人进行茶艺体验、棋局对弈、古乐欣赏、书画创作交流等活动。书院以全民阅读为抓手，举办国学讲座、读经活动、围棋对弈等传统文化学习交流活动，通过丰富的国学传习活动，弘扬书院精神。2020年10月，泺源书院在济南市图书馆新馆复建开放。济南市图书馆通过展厅展览、全媒体宣传等形式，让书院走进了“寻常百姓家”。

3. 共同发起成立"黄河流域省会城市阅读推广联盟+"

为深入挖掘黄河文化蕴含的时代价值，讲好"黄河故事"，作为黄河下游中心城市，济南主动谋划，积极作为，全力推动黄河文化保护传承弘扬，挖掘母亲河的文化意蕴。

2020 年 7 月，为挖掘传承黄河文化，在黄河流域九省文化和旅游厅、省会城市宣传部的指导下，济南市图书馆与西宁市、成都市等 8 个城市的公共图书馆共同发起成立跨地区合作组织"黄河流域省会城市阅读推广联盟+"。联盟充分发挥九省会城市图书馆的信息资源优势、人才优势，构建联盟技术服务合作支撑体系，借助网站、微博、微信公众号等数字平台，实现基于网络环境下的联盟业务运行机制。联盟图书馆共同建立具有黄河文化特色的阅读推广体系，合力举办研讨会、书展、文化赛事等活动；推动建立"黄河战略大数据库"，加强文化活动交流。以此为基础，共同推进黄河流域文化资源的共知、共建和共享，共同推动优秀黄河文化发展传承。

2020 年，济南市图书馆开展多项黄河主题阅读推广活动。多次举办读者沙龙活动，推荐经典黄河图书、介绍黄河流域旅游城市；阅览区推出"黄河文化"图书专架，从历史、文学、水利、民间艺术、饮食文化等多角度带领大家领略黄河文化。2020 年 11 月，济南市图书馆承办的第四届济南市"童声书韵"诵读大赛以"畅响泉城——童声传颂黄河故事"为主题，提倡展现黄河文化符号、展现城市特征及变迁。

（七）北京市西城区图书馆特色资源建设

作为北京的历史文化名区，西城区是北京建城定都的肇始之地，文化底蕴深厚，文化资源丰富，文化特色鲜明，拥有国家级和市级保护单位 49 处。截至 2020 年 12 月底，西城区共有公共图书馆 33 个，总藏量 251. 4 万册，其中图书藏量达到 217. 2 万册。西城区图书馆是西城区政府兴办的综合性公共图书馆，是承担文献信息资源收集、整理、存储、传播、研究和服务等功能的公益性公共文化与社会场所。作为西城区的公共图书馆，西城区图书馆以建设特色资源为抓手，在为提高人民科学文化素质、促进精神文明、物质文明和经济建设各方面发挥着越来越重要的作用。

特色资源不仅是传统图书馆的精华，而且还是未来数字图书馆内容建设的基础。截至 2020 年底，西城区图书馆收藏地方文献近 4700 种，6000 余册。

1. 西城区非遗文化资源

西城区作为古都北京的核心区，不仅有大量的文物资源需要进行妥善保护，更有在六朝古都历史延续过程中所留存下来的传统文化、历史风俗等人文遗存。西城区入选非遗文化资源的项目，门类丰富，技艺精湛，既有皇城文化的气息，也有市井民俗的韵味，这些项目不仅代表了西城区的历史文化，其深厚的文化内涵也完全可以代表北京市乃至我国的文化发展轨迹。开展好非物质文化遗产保护工作对于保护和弘扬西城区民间传统文化、推动西城区文化兴区战略的实施具有重要的现实意义。西城区将在保护和开发历史文物资源的同时，继续发挥非物质文化遗产在建设和谐社会中的积极作用，全面展示西城区悠久的历史文化底蕴与人文特色，同时推动西城区政治、经济、文化事业的全面发展。

2. 西城什刹海专题资源

什刹海地区有着深厚的历史沉积，从古至今，是名人荟萃、文风鼎盛、人杰地灵的宝地。大量王公贵胄、文人墨客曾在这里留下文化印迹，大量历史事件曾在这里演绎。什刹海的名人故居星罗棋布，如宋庆龄故居、郭沫若故居、梅兰芳故居、梁巨川梁漱溟故居、萧军故居等，可以说专题资源非常丰富。

3. 西城胡同专题资源库

北京胡同不仅仅是北京这个城市的脉络、交通的衢道，更是京城历史文化发展的重要舞台。西城胡同专题数据库收录了西城区的古今胡同共 1593 条，包括胡同的介绍、名称来历、典故、老照片等文字及数字资料。胡同记录了历史的变迁，蕴含着浓郁的文化气息，就像一座座民俗风情的文化博物馆，烙下了人们各种社会生活的印记。

4. 西城名人故居特色资源库

北京西城区作为古老的历史文化名城的中心城区，文物丰富，人文荟萃，许多名人在这片土地上长期居住过，留下了足迹，数据库收录区内的名人故居共 66 篇，包括故居地址、名人介绍、故居介绍、文保级别、保护状况等。

三、公共图书馆提供特色服务

（一）图书馆特色服务的内涵

图书馆特色服务是指在传统服务基础上开创的新的服务项目、服务方式和服务理念。它的显著特点是改变传统阵地阅览的服务方式，发挥本馆馆藏的自身特色优势，为满足不同类型读者对文献信息的不同要求提供更具人性化的服务。综合各家观点，对图书馆特色服务含义的理解有三：其一，特色服务是本馆“独家经营”中的优质服务，即“人无我有”；其二，特色服务是图书馆界“众家经营”中的优质服务，即“人有我优”；其三，特色服务是图书馆系统化建设的综合表现，是建立在“人无我有、人有我全、人全我优”的基础上，在传统服务基础上开创的新的服务项目、服务方式和服务理念，是图书馆服务形式、服务内容、服务效果完美统一的产物，具有独特性、针对性、创新性和多样性的特点。

图书馆特色服务的目的就是以“服务读者”这一宗旨为前提，以本馆的一切资源为基础，为读者提供系统的、有针对性的、富有成效的服务。由于各个图书馆的规模、地域、性质、任务、职能和服务对象等方面的差异，特色服务没有固定的服务模式，但有其共性特征。那就是：因馆制宜、结合实际，多方面、全方位围绕特色馆藏，为特定读者开展特色服务工作。

（二）开展特色服务的必要性

1. 图书馆发展的必然趋势

为读者提供高质量的文献信息服务是图书馆服务的根本宗旨。提高读者对图书馆服务工作的满意度评价，是图书馆改进和完善服务策略，提高服务质量的重要举措。那么图书馆应采取什么措施来提高读者的满意度呢，也就是说，什么路径是最有效的呢？目前，图书馆界的专家学者和工作人员对这个问题提出了许多解决的方法，进行了各种尝试和努力。开展特色资源建设，提供特色服务是图书馆适应时代要求，在改革创新实践中冲破落后的传统观念而开展的主动性、开放性、针对性、系统性的服务，是图书馆一切创新服务的代名词，是信息时代图书馆发展的必然趋势，也是图书馆提高服务质量，增强竞争力的有效途径。

2. 读者需求变化的必然要求

在网络环境下，图书馆的服务对象不断扩大，读者需求出现了新的变化，呈现多元化、个性化、专门化的趋势。读者不再满足于获得某一信息载体，而是更需要某一方面知识单元的提供：所需信息的形式由原来单纯的文字信息需求，扩展为集文字、图像、声音于一体的多媒体形式信息需求；多网络信息资源的要求日益强烈。面对用户需求的新变化，图书馆只有主动提供质量高、及时准确、专业性强、知识超前的信息服务，做到“人无我有、人有我优、人优我特”，这才是充分发挥馆藏文献信息和数据库信息资源作用的主要途径和关键。因此，图书馆立足于网络时代，开展特色服务势在必行。

3. 图书馆自身发展的内在要求

图书馆如何在市场化竞争中体现自己的优势，成为各馆思考的重要问题。建设特色馆藏、提供特色服务恰好能更好地解决这一问题。由于在地域、类型和读者对象等方面的不同侧重，各馆或多或少拥有自己的馆藏特色，这些独有的或者相比之下更为丰富的馆藏，正是读者希望共享的信息资源。因此，图书馆可以利用将特色馆藏进行系统化、有序化加工整理和深层次挖掘，做成新颖独特的信息产品，形成自己的馆藏品牌，开展特色服务。

目前，虽然我国公共图书馆界的特色服务还在摸索阶段，但是可以断定，社会需要图书馆的特色服务。特色图书馆服务符合现阶段建设中国特色社会主义文化事业的发展需要，符合图书馆事业现代化、网络化需要。对于各级公共图书馆来说，只有改变传统观念，发挥主观能动性，广泛寻求全社会及各级政府的大力支持，因馆制宜，积极开展特色服务，才能加大图书馆事业的开放性、服务性和产业化，从而更好地适应和服务于21世纪。

四、立足实际，彰显图书馆特色的建议

（一）提高公共图书馆工作人员的综合素质

过去，公共图书馆的工作人员在工作积极性以及工作的创新性方面有所欠缺。特色资源的建设不仅需要相关意识的提升，还需要制定一系列的建设和服务流程、方法、模式等。目前公共图书馆工作人员的与时俱进以及创新能力不足以适应社会发展的需要，所以针对这种状况，要从根本入手，对所有在职人员进行特色资源建设和服务的意识培养，促进其公共图书馆建设过程中创新能力、适应时代能力的发挥和发展。要定期组织员工外出学习和组织内部培训，从内而外地接受先进思想、先进建设方法，从而为公共图书馆特色资源的建设和服务提供智力支持和保障。

（二）加强特色馆藏建设

特色化和数字化是当代图书馆发展的两大主流，特色文献数字化能够把图书馆特色馆藏的利用推上新的高度——设立特色资源数据库。不仅能突出特色，而且可以利用网络为特色文献创造现代化的管理平台，为读者提供更完备的、多角度的检索系统，从而充分提高图书利用率，并为远程利用打下基础，实现资源共享。公共图书馆要和旅游、宣传等多部门联合，信息互通、资源共享，在自己的门户网站、公众号、数字图书馆等平台向社会发布信息，变被动为主动，改变传统工作方式，采取现代化服务手段，提高自己的信息资源电子化服务水平。

要重视对已有文献进行加工、整理、综合、分析、评述，使它转化为二次、三次文献，既节约读者阅读时间，又满足不同层次读者的需求。同时，搞好专题咨询服务，提高特色服务档次；也可以做专题述评、动态综述、学科进展报告等；也可编写工具书文献，如手册、指南、年鉴、百科全书等。

第三节　联合社会力量，提升品牌影响

随着社会迅速发展，人们对文化的需求在量和质方面迅速增长，公共图书馆文化服务功能的重要性日渐凸显，面对读者日益增长的多样化的文化服务需求，需要社会力量共同参与公共图书馆事业建设。公共图书馆应不断强化自身建设，主动思考谋划，多措并举，引导鼓励社会力量参与服务工作，为图书馆事业的发展注入新鲜血液，丰富服务内容供给、优化服务模式，拓展服务读者工作的深度与广度。在继续强化公共图书馆建设主体责任的前提下，进一步思考研究社会力

量参与的方式和方向，对促进公共图书馆事业发展具有重要的意义。

“社会力量”指除政府机关和下属文化事业单位以外的个人和组织，包括个人、企业和非营利组织。这个定义是针对国内的社会力量而言的，结合公共图书馆的具体实践，社会力量还应包括国外政府及下属机构，国外企业、非营利组织及个人。

一、联合社会力量的意义

（一）有助于激发公共图书馆运行活力

公共图书馆应努力提升社会化水平，引导社会力量参与图书馆管理与服务，制定激励机制政策，鼓励社会资金以多种方式投入图书馆建设；应引导和鼓励民间资本以适当的形式参与图书馆公共文化服务；应动员社会各界特别是对文化旅游产业和社会公益事业具有浓厚兴趣的资深成功人士参与图书馆建设与管理工作，通过捐赠善款与文物及文献档案、资助非遗传承人与非遗项目、援建社教实践基地、资助文创产品开发等形式加快图书馆建设的脚步；应通过设立文创产品开发奖、建立健全荣誉会员制、完善捐赠表彰办法等形式激发社会各界和馆内工作人员参与产品开发、图书馆日常建设管理和社会公共服务的积极性、能动性。

（二）提升公共图书馆服务效能

公共图书馆的重要作用是提供公共文化服务，响应政府积极推广全民阅读、提高全民素质、建设书香社会、推进公共文化服务的政策号召。跨界合作可以实现公共图书馆互联网建设和资源共享，将信息推广作为提升服务效能的先导条件，某种程度上对提升公共图书馆的影响力有重大意义。

（三）与其他机构合作共赢

公共图书馆与其他机构的跨界合作，也可以从自身行业发展模式中提升公共图书馆和其他公共机构服务效能，拓展服务空间，丰富跨界合作的资源、人力和技术。公共图书馆通过跨界合作达到服务效能提升，合作对象也能通过公共图书馆形象的宣传获得一定的利益和成效。

（四）为文化服务提供便利

公共图书馆作为社会公益机构中的典型组织，在传统的公共文化服务中，通常是将重心放在馆藏资料的获取及展示上，因此在服务流程和方式上比较固定。在社会力量的帮助下，公共图书馆可以获得更广阔的宣传和文化输出空间，将自身的文化服务理念、方式以及文化等进行多维度传播，让公众更好地认识到图书馆的馆藏内容、服务方式、书馆特色、运营理念，增加公众体验图书馆文化服务、借阅图书馆馆藏文献的积极性，增强公共图书馆的文化服务属性。

（五）提升文化服务针对性

在社会力量的参与和帮助下，公共图书馆可以充分吸收公众意见，了解民众的阅读需求，将大众的学习和娱乐诉求结合到自身的服务主旨内，在文化活动开展中充分体现其为民服务的宗旨，并在活动中确定文化鲜明的主题，对相关的文化活动进行精准定位，进而根据相关的主题进行拓展，营造具有鲜明特色和针对性的公共文化服务氛围。

（六）丰富馆藏资源

公共图书馆是集社会教育、文化信息服务以及文化活动为一体的机构，具有非常丰富的信息资源，同时，图书馆也是人们接受终身教育的场所。社会力量的参与可以扩宽公共图书馆的馆藏文献收集路径，帮助图书馆搜集各种丰富的信息资源并提供给大众，以实现对自身文献资源的利用和传播。特别是针对公共图书馆地方服务特色的打造，借助地区内的社会力量，公共图书馆可以更方便地挖掘区域内的文化传统、自然特点以及历史记录等，让自身的馆藏内容具备更鲜明的地方文化属性和历史传承意义，不断引导公众对本地区的历史文化进行传承和弘扬，进而将文化服务的内涵深入公众的内心，实现图书馆公共服务和文化传承能力的双向提升。

二、联合社会力量的必要性

（一）服务多元化的需要

当前公共图书馆的职能定位不再是图书资料借阅、查询那么单一，而是变得丰富且多元化，比如学术讲座、专题讨论、文献阅读、学习体验、诗歌朗诵、展览、职业教育讲座、数字化服务等，图书馆逐渐转变为学习体验、教育科研、娱乐休闲等功能的综合体，公共图书馆服务供给主体和方式比较单一，社会力量的参与可吸引不同社会主体提供多元化服务。因为不同文化行业的个体或团体都有自己的优势和特点，能更大程度地激发公共图书馆的文化活力，给读者呈现多样化的文化创新成果。鼓励和引导社会力量参与现代公共文化服务体系，可以实现公共图书馆与社会力量之间良性互动、取长补短，是社会发展的需要。

（二）有利于公共图书馆更好地履行职责

从人才建设角度看，面对公众日益增长的文化需求工作任务在不断增加，现有馆员队伍专业化水平不足以支持创新发展需要，会直接影响到服务读者质量，需要得到更多资金、人力、技术等多方支持，社会力量参与可以整合社会各类资源、丰富公共图书馆服务产品内容，让公共图书馆更好履行职责。

三、社会力量参与公共图书馆服务

（一）与其他公共文化服务机构合作

公共图书馆在自身发展的同时，积极推动和其他公共文化服务的合作，采取多种多样的文化宣传推广方式，可与文化馆、博物馆、美术馆等合作。如：龙泉驿区图书馆和区文化馆、区艺术团等公共文化服务机构合作，连续多年持续开展“世界读书日活动”，增加了宣传推广活动的趣味性，扩大了宣传的影响力，丰富了广大市民的文化生活。目前，世界读书日相关活动已经成为龙泉驿区图书馆的品牌特色活动，在龙泉驿区图书馆文化服务宣传工作中发挥重要作用。

（二）与新媒体合作

目前常见的新媒体平台如微信、微博等，已经成为公共图书馆宣传的主要工具。除了日常的宣传推广，微信目前已经实现图书查询、续借、预约等服务，支付宝也随之加入文化服务阵营：目前已经有相当多的省市公共图书馆陆续开通支付宝线上图书馆服务功能。

（三）与书店合作

互联网时代给传统实体书店带来的冲击可谓巨大，在电商价格冲击、实体店运营成本不断增加的今天，实体书店的经营方式也发生了翻天覆地的变化，如果还以原有的方式经营，只能陷入残酷的竞争环境中。公共图书馆根据目前阅读情况，以“书店+图书馆”模式整合，综合利用书店和图书馆的资源，为广大读者提供更丰富的阅读空间。从传统的行业划分来看，书店只是文化产业服务的一环，与旅游业毫不相干，现如今越来越多的实体书店创新发展，服务内容不再局限于图书销售，而是将图书、艺术、创意、生活融入书店，建立自有的文化品牌。

（四）与基层社区合作

与基层镇、街道合作，落实到村、社区，充分利用图书馆资源，实现区域公共图书馆服务体系全覆盖，提高城乡阅读普及率，从而使全民阅读阵容不断扩大，弥补公共图书馆场馆集中的不足。

（五）与其他企业合作

与数字化服务商和其他公共文化服务商合作，打破公共图书馆因为财政经费、图书馆位置局限、管理体制原因导致的服务效能低下等固有不足之处，共同推进智能化、高效化、集中化的公共文化服务体系。

四、社会力量参与的途径

（一）慈善捐赠

慈善捐赠是社会力量参与公共图书馆发展建设的直接方式，捐赠分间接捐赠和直接捐赠两大类型，捐赠方式包括但不限于捐书、捐款和捐馆等。直接捐赠是以企业或者个人直接和公共图书馆负责人交流沟通，资助图书馆资金、藏书或者设施设备。间接捐赠则是将政府或者民间基金会作为载体，社会力量通过向这些载体进行物资捐赠，再由这些载体将捐赠物资转移到图书馆手中。

（二）志愿服务

志愿服务是志愿者基于自身意愿，无条件帮助图书馆展开各种工作，以此提升图书馆文化服务质量的方式。志愿服务参与公共图书馆的主要方式以“读者服务”引入为主，所谓“读者服务”，是指志愿者在读者享受公共图书馆提供的书籍借阅服务时，帮助读者查找所需信息、提供相关意见。该服务方式在提升如身体残疾、行动不便等弱势群体读者的阅读体验方面有很好的效果。当前，随着志愿服务的囊括范围扩大，志愿者队伍素质越来越高，志愿服务中又增添了书籍整理服务、图书修补服务、外文翻译服务等新服务类型，图书馆的书籍质量也得到了充分提升。

（三）合同外包

合同外包是依靠社会招标的方式将业务外包给中标企业和单位，这些外包企业依据合同规定为图书馆提供服务。和其他社会力量参与方式不同，合同外包是一种有偿的参与方式，外包企业为公共图书馆提供的卫生清洁、图书采配、图书上架等业务服务需要由图书馆管理者提供资金作为回报。传统的外包业务包括上架排架、编目业务、读者业务咨询和图书馆宣传等，随着信息技术的发展，新时期的外包业务又增加了平台建设、电子书制作、软件开发、数据库维护等新内容。

（四）公共服务

政府相关部门购买公共服务是指由政府同第三方企业签订合同，将公共服务委托给第三方企业进行管理运作。政府作为主导力量，相关部门对其有效地负责，社会人员对活动积极地参与从而达到共同监督的目的，这种方式有助于外界高素质人才的引进，在一定程度上改变传统的运营模式，提高相关服务质量，推动公共图书馆更好更快的发展。

五、联合社会力量，跨界合作的案例

（一）龙泉驿区图书馆跨界合作

自 2004 年起，四川省成都市龙泉驿区图书馆联合区关工委、区文化馆、区艺术馆、学校等每年举办少儿诵读比赛，旨在为全区少年儿童坚定文化自信、勇担时代使命提供展示舞台。截至 2019 年，已连续举办 16 届。2019 年 8 月，成功举办“2019 年‘诵读中华经典，传承华夏文明’庆祝新中国成立 70 周年暨少儿国学经典诵读比赛”，影响群众达万余人次，吸引了人民网、中国网、中新网等多家媒体的关注和报道，取得了良好的社会效果。2017 年，成立“龙泉记忆”戏剧社，面向社会提供免费戏剧培训，致力于以“真人图书馆”暨话剧形式讲述龙泉、传播龙泉。以“身边人讲身边事、身边人讲自己的事、身边事教身边人”的形式，创新全民阅读推广路径。在营造全区阅读氛围的同时，进一步繁荣群众文化生活，成为群众易于参与、乐于参与道德建设的平台和载体。

2019 年 3 月 26 日，图书馆成功举办“桃花吟·龙泉礼赞”龙泉人谈龙泉作品分享会，邀请龙泉本土作家和学者分享、讲解自身作品。活动以对话互动的方式，为广大读者及书友带来了一场生动的文化分享盛宴。

（二）成都图书馆与社会力量合作

四川省成都图书馆与社会各界搭建合作，收集、整理成都地方文史资料，已建成成都非物质文化遗产数字博物馆数据库和锦绣成都——成都地方文献专题数据库，另有在建数据库“老成都影像馆数据库”。成都图书馆还承担起对本土文史的研究工作，通过对成都市所藏早期川剧剧本的调查研究，完成了关于“民国间川剧剧本”的课题研究。此外，图书馆还参与了中国新诗百年“百千万”工程，在百年新诗发展历程中挑选出 10000 册诗集纳入成都图书馆“诗歌馆”馆藏，并收入《中国新诗百年大系》出版发行。

（三）铜陵市图书馆“图书馆+”模式

“图书馆+”模式是受“互联网+”模式的启发而提出的新的服务理念，源于《关于加快构建现代公共文化服务体系的意见》，为公共图书馆与其他的领域、平台以及文化服务供给主体等的合作提供了重要依据。安徽铜陵市图书馆创新提出“一切服务读者”的核心理念，以建设“十分钟城市阅读圈”为目标，打造“图书馆+社会”模式，以市图书馆新馆为中心，县市图书馆为总馆，各乡镇、社区全民阅读点为分馆，建设集多种功能于一体的城乡资源共享、管理规范的“一网一卡一平台”公共图书馆服务网络体系。基于新发展理念，为了打破现有体制壁垒，铜陵市图书馆构建“公共图书馆+新华书店+学院图书馆”的“三合一”图书服务综合体，推动公共文化服务资源横向联合，充分发挥公共图书馆、新华书店及学院图书馆的优势，打造公共文化服务体系运行新机制。

为营造创业创新环境，激发创新潜能和创业活力，铜陵市图书馆、铜陵职业技术学院与相关企业采用活动场地与服务置换等多种形式合作，打造 2000 平方米的“图书馆+公共+企业”创新文化创客空间。创客空间可以提供多项服务，比如素养教育、文化论坛等，还可以承办各类展览、培训、产品推介等主题活动。为了保证创客空间充分发挥其效益，铜陵市图书馆还制定了非常详细的考核要求，针对活动数量、参与人次、社会影响力等有详细的量化指标。

针对未成年人服务，铜陵市图书馆走进校园，利用“图书馆+学校”模式，以“书香校园”为主题开展了一系列阅读沙龙、语文课堂走进图书馆等特色活动，还致力于打造儿童阅读空间，为家长和孩子的亲子共读同乐提供空间，让图书馆成为儿童阅读和创意的中心。

在移动服务方面，利用“图书馆+互联网”推出书香铜陵 App2. 0 版客户端，该 App 支持读者证绑定，与实体卡具备相同功能，可在移动端实现续借预约图书、查询借阅历史、查找馆藏图书等功能，下一步还将升级，增加图书漂流、积分管理等功能，引导全民阅读，为读者提供便利。

铜陵市图书馆的发展模式将政府、市场以及学术团体充分结合起来，政府主动转变职能，简政放权，起主导作用，为公共图书馆事业发展提供政策、立法和资金支持；市场充分发挥优化资源配置的功能，提高有效供给，增强图书馆作为文化消费市场主体的发展动力；各类学术团体与图书馆合作，为群众提供更加专业化的图书馆服务，让群众享受更丰富优质的文化服务。

“图书馆+”服务形式是一种新的服务业态模式，通过与其他行业跨界融合，合力打造新的文化旅游项目。借助其他行业的资源优势，延伸图书馆的业务范畴，拓展图书馆服务外延，多方位、多形式地推动图书馆公共文化服务的有效开展。

（四）嘉兴市图书馆邀请社会力量参与推广

浙江省嘉兴市图书馆依托图书馆“南湖讲坛”的品牌，多次邀请社会力量举办与嘉兴地方历史文化有关的讲座。如，2011 年 6 月到 7 月，嘉兴教育学院副教授徐志平做客南湖讲坛，主讲“人文南湖”系列讲座，身处千年历史古城，坐拥众多文化传承，唯有让城中居民了解家乡才会更热爱家乡。2011 年 10 月 22 日，崔泉森先生做客南湖讲坛，讲述了“辛亥革命在嘉兴”的前情后幕。2014 年 8 月 2 日，南湖讲坛邀请了嘉兴日报报业传媒集团编辑于能老师，做了“烟雨楼的故事”专题讲座。2018 年 5 月，邀请袁斐先生在图书馆一楼秀州书局举办了“满目山河空念远——《碧血剑》漫谈”等一系列的金庸武侠地方文化讲座。这些讲座都涉及嘉兴的地方文化，与嘉兴的地方史志高度相关，成为推广地方史志的良好途径。

（五）红河州图书馆文化合作

“红河的月亮——中秋诗歌朗诵会”自 2011 年举办第一届以来，至 2019 年已经连续举办了 9 届，是红河州图书馆的经典阅读品牌活动之一。多年来，云南省红河州图书馆不断丰富社科普及活动形式，联合红河州的总工会、文联、作家协会、红河学院、电视台、广播电台、新华书店等单位，集思广益，精心策划组织，根据群众需求不断创新，积极推进云南省社科普及基地建设。

前八届中秋诗歌朗诵会在每年中秋节前举办，地点都在蒙自，活动形式既有征文竞赛，又有经典诵读，还有文艺表演，内容丰富，形式多样。活动朗诵的诗歌有经典诗词，也有本地作家创作的吟诵月光和乡愁的诗词作品。面对群众广泛发起报名，参与者有天真可爱的孩童，爱好文学的广大职工，还有老骥伏枥的读者，每场活动都有 100 人以上参与。

“红河的月亮——中秋诗歌朗诵会”多年持续举办，融入了越来越多的合作伙伴，形成合力，规模不断壮大，格局变高，影响力日渐增强，深受人民群众喜爱。

2019年的中秋诗歌朗诵会，为推动文化领域的文化交流与合作关系，红河州图书馆和越南老街省图书馆在平等互利的基础上，双方就2020—2024年阶段的合作交流内容达成一致，于2019年6月14日在越南老街省签订了《中国云南省红河州图书馆与越南老街省图书馆合作协议》。主要合作事项如下。

1. 双方合作举办“红河的月亮——中越中秋诗歌朗诵会”

双方每年轮流在越南老街省老街市和中国云南省蒙自市举办“红河的月亮——中越中秋诗歌朗诵会”，采用汉语和越南语朗诵中越两国关于中秋佳节的经典诗歌，加入伴唱、伴舞使朗诵更加生动，同时融入如中国书法、绘画、茶道及越南传统的文化艺术等内容。

2. 互赠图书，分别在对方设立中、越文阅览室

（1）双方每年向对方互赠100本图书，图书内容以两地经济社会发展、招商引资政策、旅游、传统文化的书籍为主。

（2）分别在越南老街省图书馆开设中文阅读室，在中国红河州图书馆开设越语阅读室，为双方读者提供特色服务。

3. 邀请越方参加观摩“红河的月亮——中秋经典诗歌朗诵会”

在“一带一路”建设快速发展的背景下，为深入贯彻习近平同志考察云南重要讲话精神，激发河口口岸文化创新活力，擦亮“国门文化名片”，实施好文化和旅游部确定的“国门文化形象”工程，由河口县人民政府、红河州文化和旅游局主办，红河州图书馆、河口县文化和旅游局承办的“红河的月亮——中秋经典诗歌朗诵会”于2019年9月12日在河口森林公园举行。越南老街省文化体育旅游厅副厅长阮氏素鸳女士带领老街省图书馆一行9人应邀参加诗歌朗诵会，红河州文化和旅游局张艳梅局长、中共河口县委书记杜应昆和红河州图书馆赵正良馆长等同志出席了活动，与近千名中越居民一起满怀激动地欣赏了用不同语言共同歌颂圆月的诗歌朗诵会。

六、社会力量参与公共图书馆的方案

（一）健全相关政策支撑体系

在顶层设计方面，明文规定有社会力量参与图书馆建设、服务及管理条款，但多为方向性和指导性条文。从社会力量参与公共图书馆服务的方式和渠道分析，在日常工作中，捐赠是常见的方式之一，社会力量参与图书馆建设、服务及管理明确了社会力量参与公共图书馆捐赠可以给予捐赠者一定的支持或回馈，以有效调动社会力量捐赠的主动性和积极性。可事实上，捐赠税收优惠政策在具体实践中若要得到有效的实施，还需要制定相应的标准和细则，比如一定的支持，其中“一定”是一个模糊概念，还需要量化和细化，在社会力量参与公共图书

馆服务执行层面，相关部门要贯彻好社会力量参与有规定，并配套建立引导鼓励标准和细则。

在健全社会力量参与机制方面，从合作方式角度看，社会力量参与服务常以签订合作协议方式进行，并没有行业统一相关标准规范，同时，在运营过程中，参与方常常会出于自身利益考虑，尽量压缩成本从而影响服务工作质量。因此，要建立健全完善社会力量参与公共图书馆服务管理的监督、评估考核机制，加强社会力量参与服务项目的监督管理，注重社会力量参与服务的规范性和持续性，推动公共图书馆内容服务体系的规范化、标准化发展。

（二）政府主导与社会力量协同参与

公共图书馆服务管理工作与社会的发展以及稳定建设密切相关，因此政府必须要参与其中，积极承担政府工作责任，确保公共图书馆服务工作的有效落实。我国需要制定以政府为主导、社会力量积极参与的制度，严格按照《中华人民共和国公共文化服务保障法》中的相关要求，通过对公共文化服务事业的发展现状分析以及研究，始终坚持标准化的发展原则，将专业化元素融入公共文化服务方式中。充分体现市场的调节作用，真正实现社会力量与图书馆事业之间的深度融合，确保公共图书馆能够实现良好稳定的发展。

另外，社会力量的协同参与还有助于发展机制的进一步创新，更好地实现建设资源服务资源的合理配置及利用，公共图书馆服务工作也实现了进一步的改革以及优化升级。

（三）公共图书馆承担主体责任

社会力量参与服务对公共图书馆来说是一个“减负”的行为，有利于创新读者工作开展，公共图书馆的公益性性质决定了其主体责任地位，社会力量是图书馆服务的参与者，要坚持正确引导、社会参与、共建共享的原则，引导鼓励社会力量参与公共图书馆服务。社会力量在参与公共图书馆的建设、服务、管理中，要坚持公共图书馆的主体地位、公益属性不能动摇，社会力量作为有益的补充力量，是促进图书馆事业发展的重要组成部分，引入社会力量是为了优化服务结构，协助图书馆更好地承担起公共文化赋予的责任。要进一步解放思想，以积极、开放的态度对待社会力量参加图书馆建设。

（四）构建完善的管理体系

公共图书馆需要结合自身的建设需求，主动引导社会力量参与其中。构建完善的管理机制，始终坚持社会力量积极参与的工作主阵地，构建协同发展平台，确保社会力量能够发挥相应的作用。公共图书馆可以将线上线下相结合，丰富自身的招聘形式，积极开展形式多样的公共志愿服务，确保图书馆建设工作能够获得更多的社会支持。

另外，政策形势的进一步调整也非常重要，管理工作中需要结合这一管理板块的相关要求，以专业化、标准化、制度化为依据，充分彰显捐赠工作的重要价值。在确保社会力量广泛参与的基础上，公共图书馆还可以加强与企业、书店以及社区之间的合作，实现协同发展，更好地构建完善的协同发展平台，确保社会力量的参与。

（五）搭建社会力量参与途径平台

在政策支持下公共图书馆应努力探索创新社会力量参与模式，积极吸取先进地区好的理念和成功经验，与社会力量开展深度合作。关于与社会力量合作方面，进一步丰富“图书馆+”模式和内涵，可与书店、学校、文化企业等社会力量合作，建立“图书馆+书店”“图书馆+学校”“图书馆+文化企业”等合作模式，拓展公共图书馆服务空间和深度。要深化管理体制改革，积极深入探索，重点推进建立法人治理结构改革，激发释放活力，建立图书馆理事会，集思广益，努力吸纳有关方面专家、专业人士、读者代表参与图书馆读者服务。

（六）营造良好的氛围

为了确保社会力量的广泛参与，公共图书馆需要结合目前的制度构建要求，积极加强与社会力量之间的联系，充分利用各种现代宣传平台，构建良好的文化氛围。图书馆需要采取公众比较熟悉的方式，促进宣传工作的有效落实，充分宣传社会力量参与公共图书馆的先进事迹，确保个人以及社会组织主动参与其中，促进公共图书馆的制度创新以及工作内容创新。

除此之外，还需要注重现代智能化技术的应用，积极创新图书馆服务管理制度，有效应对时代发展的压力及挑战。社会力量的参与以及可持续发展非常关键，公共图书馆需要注重利益平衡，保障社会力量都能够发挥相应的作用。不同群体的服务质量以及服务水平有所区别，服务质量参差不齐，这一点使得公共图书馆自身的稳定运作受到了一定的影响。政府需要发挥相应的协调作用，积极寻求三方利益的平衡点，将市场管理运营理念融入其中，真正营造良好的文化氛围以及管理环境，确保整个参与机制的稳定运作。在此前提下，公共图书馆需要注重细节要素的分析以及解读，明确不同制度构建工作的相关要求，进一步调整工作思路以及工作路径。

公众愿意无偿贡献自己的资金或者各类藏书、文献给图书馆，是出于推动地方文化事业、增强公共文化服务力量的责任心和使命感。要将社会力量引入公共图书馆的建设，图书馆就需要构建起博爱和慈善的社会氛围，与慈善组织、文化馆进行积极合作，通过公益讲座、读书节活动等宣传方式帮助民众认识和理解地方文化事业构建的必要性和迫切性。

在信息技术迅速增强的当下，公共图书馆可以借助自媒体作为宣传手段，向广大民众宣传自身的文创产品开发项目，并积极展现该项目所承载的文化意义和对地方发展的推动效果，如展示该文创产品对城市形象的塑造意义，阐述文创项目对市容市貌的宣传作用，让地区民众能意识到该文创项目的建立和完成与自己和自己生活的地区存在千丝万缕的联系，从而激发民众的慈善意识和责任意识，踊跃参与捐赠，丰富图书馆的资源储备和馆藏内容。

（七）发挥信息技术的优势

随着信息技术的发展，各行各业逐渐将信息技术的手段应用到生产之中，对于公共图书馆的建设而言，也应如此。相关的公共图书馆可以借助信息技术的优势为人民群众建立起一个馆藏资源平台，让人民群众可以在网络平台上实现借阅图书以及预约座位的功能。

此外，相关的公共图书馆还应该有效地打破地域之间的限制，与各个地区的公共图书馆进行资源共享，实现图书资源有效利用的最大化，尽可能地满足广大人民的阅读需求。这样就可以发动社会力量参与公共图书馆建设之中，为人民群众文化素养水平的提升起着一定的积极作用。因此，发挥信息技术的优势，树立新时代理念是基于新时代背景下调动社会力量参与公共图书馆建设的重要措施之一。

（八）合理地利用经费

公共图书馆除了要采取发挥信息技术的优势，树立新时代理念的措施之外，还需要合理地利用经费，吸引社会力量参与建设。我们都知道，政府所拨划的经费都是有限的，尤其是对于那些经济相对落后的地区而言更是，在这样的环境下，就需要公共图书馆合理利用相关的经费来购买一些读者阅读需求量大的书籍。此外，相关的公共图书馆还可以发动社会的力量，引导人民群众捐献书籍、资金等，解决图书馆中书籍不足和经费不足的问题，合理利用经费，吸引社会力量参与建设是基于新时代背景下调动社会力量参与公共图书馆建设的重要措施之一。

（九）增强宣传

公共图书馆和居委会、街道办、地方高校等社会机构进行深入且全面的合作，要向地区民众大力宣传文化事业对地方发展的重要性以及公共图书馆在打造特色文化产业过程中的重要作用，在社区党组织以及居委会的引导下提升大众对公共图书馆运营的认识，让民众产生与公共图书馆积极合作的认知观念。公共图书馆要坚持舆论导向的正确性，以所在地区内的居民小区等民众居住地为着眼点，开辟宣传阵地，促使地区民众对公共图书馆以及地方文化产业构建产生更强的认同感。

同时，为了提升志愿者的志愿服务质量，图书馆需要组织志愿者学习相关的经验和技能，优化志愿者的服务意识与服务能力，并实现对志愿者的合理分配，强化其责任意识，在图书馆开展的阅读活动推广工作中，能够全面参与到各个环节中。如志愿者摄影能力较强，则可以安排帮助图书馆设计宣传形象。文案知识较强的人，可以安排负责文案设计。对于志愿服务，图书馆需要恰如其分地结合其专业和能力，分配适当的工作内容，这样才能将志愿服务质量发挥得最好。

（十）外包制度化

对于外包业务，公共图书馆需要建立完善、详备的制度规定，规范外包过程，避免外包中发生业务执行不到位、预算超标等现象，既造成资金流失，业务又未达到预期要求。在外包内容上，公共图书馆要尽量避免将所有业务分包给唯一对象，如书籍编目和排架，尽量选择不同的公司负责，保证公共图书馆在运营过程中的独立性和自由性。

第四节　不断创新发展，维护服务品牌成长

2018 年，中华人民共和国文化和旅游部成立，许多人将之誉为“诗和远方”的结合。“诗与远方”牵手一起前行，文化和旅游融合发展扬帆起航，将原来在公共图书馆领域相对隐性的文旅融合命题显性化了，文化是核心、旅游是平台。旅游和文化相生相伴、相互交融。我国文化和旅游融合大幕拉开，是新的机遇，更是一次前所未有的挑战。

在新的时代背景下，公共图书馆的创新与发展必然要融入文旅融合的理念，将阅读推广、文化传播更有效地渗透到人们的生活中。打造公共图书馆精细化服务品牌，需要不断创新发展，而文旅融合是公共图书馆创新发展的新模式。公共图书馆在文旅融合的时代能够参与到旅游文化建设的工作当中，并且有着较为广阔的发展前景。公共图书馆要在做好传统服务的基础上，充分利用图书馆资源优势，从研学旅游、会展旅游、民宿图书馆以及文创产品上下功夫，推进文化和旅游的深度融合，实现资源利用最大化，推进当地文化资源和旅游的融合。

缺乏文化体验与地域特色的传统旅游项目，不再受到消费者的青睐。文旅融合发展不仅可以促进两大产业的转型升级，形成文化旅游产业业态，而且还可以推动文化旅游的品牌化发展，通过塑造品牌文化、品牌产品、品牌服务，不断满足旅游消费者日益增长的个性化、多元化的文化旅游需求。

被誉为“诗和远方”结合的国家文化和旅游部的成立，让文旅融合迈入一个新时代。作为新时代背景下的公共图书馆人，不得不思考如何开展文旅融合？怎样融合？特别是文化和旅游的融合让传统文化和现代文化融合得有血有肉、有声有色，也让文化感知和文化体验变得更为生动，文旅融合时代下的公共图书馆在弘扬全民阅读的同时，可与景区景点、民宿等旅游发展融合，也可与旅游活动内容融合，促进图书馆发展的同时促进当地旅游的发展。

一、公共图书馆文旅融合发展的意义

公共图书馆在我国公共文化服务体系建设中占据非常重要的地位，在提升全民文化素质、推动文化服务产业发展方面发挥着举足轻重的作用，在促进社会主义精神文明建设和创建书香社会环境的过程中承担着极其重要的社会责任。虽然公共图书馆在优厚的国家政策和政府财政的支持下得到了稳定的发展，但是市场化程度不够高，仍然不容乐观。文化和旅游一体化融合发展模式的推出在很大程度上刺激了文化产业的发展和新型旅游事业的兴起，推进了公共图书馆发展的服务品牌转型升级和高质量发展。

第一，深化了文化资源的进一步开发。公共图书馆是全民重要的文化中心，文化资源的开发和特色服务的创建是促进公共图书馆高质量发展的重要基础与保证。公共图书馆与旅游的融合发展有效地将特色文化资源很好地转化为了优秀的、能够很方便被全民所学习和接受的文化资源。

第二，在很大程度上提升了公共图书馆的文化服务质量。文化和旅游的融合发展给公共图书馆增加了很大的趣味性，增强了读者在阅读过程中的舒适感、愉悦感和获得感，更加优质地满足了读者的精神需求，提高了公共图书馆服务大众阅读的魅力。

第三，为旅游业的发展提供文化传播场所。就目前我国的旅游状况而言，各个地区的旅游胜地只是停留在风景方面的介绍上，既没有体现出文化特点，也不具有独特吸引力。而文旅融合理念的践行，通过对景区相应习俗进行介绍和推广，并创立特色旅游景区，从而丰富各个景区的文化和内涵，尤其是在图书馆的管理中，由于图书馆是文化传播的重要场所，充分体现了文化和历史的变化，因此，在旅游过程中参观当地图书馆，可以从中了解到当地的风土人情和典故历史，并为旅游业的发展提供文化支持。

第四，通过探索现代化文旅融合模式，一定程度上，能发挥更加到位的产业化结构发展效果，具备资源整合能力。在文旅融合发展中，能有效打造既定的产业发展机制，利于各种传统文化的科学传承，在不断进行经济模式的探索中，也能找到可持续化的经济发展之路，发挥旅游产业优势，在带动地区产业经济发展的过程中，也能不断继承和开拓地区的丰富发展内涵，对文化发展具有正面促进作用。

二、公共图书馆文旅融合的研究

针对国内文旅融合的大环境，黄安妮、陈雅通过文旅融合背景下公共图书馆的文化价值观耦合性分析提出公共图书馆可以在寻求国家主导、融合全域旅游、开发主题图书馆和提供全域服务四个方面进行创新。吴晋斐阐述了文化服务为旅游业提供深厚的思想基础，并通过山西省图书馆的实践案例，提出公共图书馆可以通过开展“旅游文化”主题阅读推广活动和发展旅游文创产业来发挥图书馆的文化服务优势，促进文化旅游融合以城市发展的新理念、新动能、新定位、新抓手四个方向为基准，探索其与以前不一样的新发展方式，提出统筹区域布局、特色立馆、加强人文资源开发和提升智能水平的创新路径。金武钢认为，公共图书馆的发展在设施和服务上已经与公共文化服务体系相融合，新时代背景下的图书馆应当侧重促进农村公共阅读服务体系建设，包括设施、资源、环境、服务以及人员队伍等。金龙提出，在文旅融合背景下，公共图书馆可以开展研学旅游，发挥其社会教育和阅读推广职能。

三、公共图书馆文旅融合现状

（一）文旅融合的发展

1. 发展的必然性

文旅如何实现融合，怎样融合，文旅融合的方式和模式成为文化界和旅游界所关注的问题。

（1）文旅融合将传统文化与现代文化融合发展

文化现象是特定社会生产方式和生活方式的结晶，社会形态发生了变化，人们的生产方式和生活方式也会随之改变。我国传统文化大多是在农耕社会形成的，随着社会进程的工业化，传统文化形态的保护和传承就开始变得非常困难。历史赋予的财富都是弥足珍贵的，我们要将这一宝贵财富用遗址、基建、图文展示等现代文化方式保留或保存下来，展示给世人、旅游者，促进旅游业发展，带动地方经济增长，让这些历史财富真正变成宝贝，为后人造福。

旅游，将历史文化古镇、古城、古民居一一展示在旅游者面前；旅游，让各种文化节事活动和礼仪有了观众，有了感受者；旅游，把非物质文化遗产和传人通过各个场景展示给世人、旅游者，让世人、旅游者在体验、感受中体会我国博大精深的历史活态传承文化，让各级非物质文化遗产项目得以传承、保留，也让更多的人参与非遗文化项目的传承，成为非遗传承人。所有这些都是旅游文化力量推动的结果。同样，我们借助旅游业将当地的古城名镇、遗产保护、非物质文化遗产传承等发展壮大，让更多的人熟悉和了解。如：近些年新兴的民宿有的就是在老房子的基础上发展起来的。老房子对当地居民来说，价值没那么大，但对于游客而言，则包含着民俗文化的符号。村落、民宿变成景观，既保留了民俗文化，也发展了旅游。西安大明宫国家遗址公园景区将大明宫以3D情景影片《大明宫传奇》直观地展示给游客和世人，高度还原了唐代大明宫的繁荣状况和雄伟宫殿、大唐公主与外国王子的爱情故事，让更多世人、游客更直观地感受唐代宫殿的雄伟、辉煌，大明宫的美，大明宫的大气磅礴，让历史文化和现代文化相互融合，也让对历史不是很感兴趣的人渐渐喜欢、喜爱上了大明宫，想前往每一处景点驻足观看。这种文化和旅游的融合让传统文化和现代文化融合得有血有肉，有声有色。

(2) 文旅融合以文化感知和文化体验为核心

我们知道，文化是人类与自然共生的结果，是人类社会生产和生活的表现方式。不同的社会有不同的生产生活方式，也形成了与此相对应的建筑、礼仪、风俗、习惯、节日、服饰、音乐、艺术、制度等。当这些生产和生活方式固化、沉淀后，便形成了文化。人们可以在旅游中去感知、去体验我国博大精深的民族文化、各个时期的历史盛况。在西安大明宫国家遗址公园中有一个大明宫全景缩影，这个在历史上比故宫还要大 3 倍、比克里姆林宫大 12 倍的唐朝政治中心——唐朝大明宫已毁于战乱，我们看到的雄伟建筑群虽然只是一个被复原的模型，但从复原基址模型中能感知和体验到唐朝时期的盛况和辉煌。2010 年西安政府在大明宫遗址上修建了大明宫国家遗址公园，2014 年大明宫被列入《世界遗产名录》。作为宫廷建筑的保护典范、世界文化遗产，大明宫国家遗址公园实现了遗址保护与文化展示相结合、文化体验和休闲娱乐相结合，旨在为前来参观的游客提供一种身临其境的文化体验。如果将这些文化用历史文字记载下来，形成地方文献，并将这些地方文献收集在一起，成立地方文献室或地方文献库，通过互联网呈现，就能让世人了解，让游客熟知，同时也让博大精深的中国文化得到进一步传承和保护。

2. 存在的问题

(1) 试点位置选取困难

旅游景点的数量众多，每个景区传递的价值取向以及显示功能大不相同，难以由点及面地进行推广。有些景区与社会的基础生活相结合，盲目开展试点工作会给基础设施建设制造麻烦。若选取一些不具代表性的景点，可利用的信息少，与发展特色文化又背道而驰。因此，在试点选择的过程中，景区所具有的文化内涵、社会功能以及在人民心中的象征形象都是需要合理考量的。

(2) 缺少管理型人才

文旅产业融合所需要的条件是：文化工作与旅游管理工作在管理层面的融合，两大行业人员要具有双向管理的才能，有统筹文旅行业的发展性眼光。然而现实工作中，双方的管理人员只注重本行业的发展趋势，难以与另一行业建立起联系，各自为政，从而延缓了二者的融合速度和效果，降低了处理日常工作的效率。鉴于文旅融合思路提出的时间尚短，缺乏冷静应对双向管理的人才，在日后的人才引进中，要加大此类人才资源的投入力度。

3. 文旅融合的形式

第一种是具有文化特点的文化符号转变为旅游景点，第二种是具有文化元素的休闲娱乐产业成为旅游产业的组成部分，第三种是文化产品本身的知名度使其带动了旅游产品的热度。公共图书馆作为文化传播的重要场所，本身就承担着传播文化、促进文化繁荣的历史任务，而在新时代文旅融合背景下又被赋予促进旅游行业发展的新任务，使其在文旅融合的发展进程中承担着不可替代的作用。

在文旅融合背景下，公共图书馆应当如何进行资源融合与创新发展，推动我国文化和旅游发展的同时促进公共图书馆的创新进步，成为新时代公共图书馆需要研究的重要课题。

（二）公共图书馆文旅融合

1. 发展现状

（1）成立文化旅游品牌

2018 年 8 月，经国家图书馆主办，在北京市海淀区旅游委的支持下，主题为“文旅·融合·创新——首届海淀区研学旅游季”的研讨会在京举办，参与者通过相关案例和理论依据，并结合国内外现状对海淀区发展研学旅游展开探讨，深入分析“海淀模式”，为研学旅游所存在的问题提供改革策略。

2019 年，以“文旅融合背景下的图书馆总分馆服务创新”研讨会在浙江省丽水市青田县召开，参与人员一同探讨了未来图书馆的发展方向及实际举措，并实地考察了青田县图书馆——坐忘阁分馆的建设情况。此馆将多种文化和当地旅游色彩相结合，成为当地别具特色的主题性质图书馆，同时拉动了当地乡村旅游业的发展，使书香墨韵成为融入旅游的重要元素。

（2）拓展文旅阅读平台

2018 年 12 月，在福建省文化和旅游厅的指导下，福建省图书馆与福州植物园一同举办的“清新书苑”在福州森林公园龙潭举行揭牌仪式。根据其自身地理位置及读者群体等特点，还在书苑内特别设立了福建文献、植物花鸟、少儿绘本等专架，并提供了“文化一点通”电子设备，为游客读者查询、了解园内植物花鸟知识提供便利。“清新书苑”成功带动了全省各图书馆的共建，并打造出以“清新书苑”为统一标志的、面向景区游客读者开放的文献阅读场所。

2019 年 7 月黑龙江省拥有 3000 余册图书的首个森林书房落成，并增设公共文化服务一体机、中国文化网络播放终端、资源服务宝等配置，为在景区的游客提供文化旅游便捷服务，进而提高景区服务质量和图书馆资源利用率。

（3）成为特色旅游标杆

近年来，随着我国旅游行业的逐步兴起，“旅游图书馆”的概念开始萌芽与实现。由上海南方区图书馆主办的“旅游博览部”更是开创了公共图书馆开发旅游文化信息部的先河，除此之外，还有广州图书馆、上海杨浦区图书馆、太原市图书馆、徐家汇藏书楼均因拥有独有的观光特色和文化资源成为网红图书馆，为广大游客读者提供更全面的视觉盛宴。

天津滨海新区图书馆受到多家海外权威媒体推荐，其因现代化的建筑设计、科技感强烈被网友称为“最美图书馆”“科幻图书馆”。据相关资料统计，2018年五一假期此馆总接待读者57540人次，日均19180人次，除馆内借读外，假期读物外借10476册；2019年五一假期期间此馆同期接待人次比往年有所增长，日均人次可达两万有余。通过调查在体验网红图书馆的受众群体中，除了读者外还有慕名而来的游客，可见网红图书馆在一定程度上扩大了社会知名度，为文旅融合背景下公共图书馆在今后的发展以及阅读工作的推广带来了新的契机。

2. 存在的问题

（1）缺乏统筹规划

当前，处于文旅融合初期阶段，图书馆开展的文旅融合探索实践，基本上是各自为战，缺乏统筹规划。公共图书馆行业既没有出台专门针对文旅融合实践的战略，各省市县级公共图书馆也缺乏适应于本层级规模、业务的融合规划，因此，对于相关工作无法采取有力的管理措施。如果公共图书馆的文旅融合实践质量长期得不到切实保证，将难以实现长期有效的发展。

（2）立体保障机制尚未建立

文旅融合实践需要经费、人才、物资等各方面强有力的保障。目前来看，大多数公共图书馆文旅融合实践的经费均由图书馆自身承担，图书馆是公益性单位，毕竟能力有限，文旅融合实践需要的人财物难以从图书馆日常运营中得到支持。资金缺乏使得维系高水准文旅融合实践较为困难，具有多学科背景的人才紧缺也是公共图书馆文旅融合过程中所亟待解决的问题，当必需的人财物难以得到保障时，相关工作很可能难以为继。要尽快建立与基本国情相适应、与图书馆承受能力相匹配、与人民群众需求相协调的经费保障机制和政策激励机制，促进公共图书馆文旅融合健康发展。

四、公共图书馆文旅融合发展

在我国产业结构重组改革与融合创新发展的推动下，文化产业与旅游事业的融合发展成为新时代下一种必然的发展趋势。2018年，我国文化和旅游部的正式成立更加推进了二者的一体化发展步伐，随着支持文化和旅游融合发展一系列政策的出台和文旅融合发展事业整体规划的推进，作为文化产业运营模式之一的公共图书馆服务工作也面临着融合发展的新挑战，如何才能更好地将文化产业融合到旅游事业，以文化品质促进旅游经济的发展，以旅游经济提升文化品位。

公共图书馆发展需结合文旅融合大背景，在服务价值的发展过程中，发挥出更加到位的公共图书馆建设效果，探索科学化的文化发展建设，做好公共图书馆的发展定位，全面打造现代化、创新化、大众参与化的服务模式，提升公共图书馆的服务水平，发挥较高的服务管控价值。应积极探索，科学实践，整合地区资源，借助文旅融合发展的大背景，探索科学化文化发展路径。文旅融合发展在一定程度上，需要保障具备更加到位的文化产业发展优势，其是文化产业和旅游产业结合发展的重要开创模式，有利于整合资源，提升文旅融合发展效果。

（一）公共图书馆资源融合机遇和挑战

文旅融合给公共图书馆资源融合带来了不可多得的机遇，促进了公共图书馆进一步创新和发展，但是同时公共图书馆也面临着极大的挑战。

文旅融合背景下，公共图书馆资源融合的机遇主要有以下两个方面：一方面，公共图书馆资源融合具有良好的外部法治环境。2018 年 1 月施行的《中华人民共和国公共图书馆法》明确指出了社会主义公共文化服务体系离不开公共图书馆这一重要组成部分，将公共图书馆的建设格局细化为政府主导、社会参与，提出了公共图书馆要加强资源融合的要求，为公共图书馆资源融合提供了法制保障。《中华人民共和国公共文化服务保障法》等相关法律法规也逐步指出各公共文化机构之间要互相协助、相互借鉴、互联互通，资源的借鉴、融合能够促进各方共同协调发展，显然已经成为公共图书馆的发展趋势。另一方面，随着社会的发展，人们对阅读和旅游的需求有所增加，文化和旅游都急需创新来吸引人们的参与。在经济不发达的时期，人们的需求往往停留在温饱层面，但随着人们生活水平的不断提高，对阅读和旅游的需求也不断增加。因而，全国公共图书馆的流通人次在不断增长，国内旅游人数和入境旅游人数也大幅度增加。大量的需求倒逼文化和旅游行业的发展、创新，从而提供更高质量的阅读和旅游服务。公共图书馆通过资源融合促进自身进一步发展和创新是顺应时代的行为，公共图书馆的文化和历史资源丰富了旅游产品的内涵，提升了旅游产品的品质；同时，旅游行业的发展也为公共图书馆资源注入了新的活力。

文旅融合背景下，公共图书馆资源融合也面临前所未有的挑战。文旅融合意味着公共图书馆必须做好各部门之间协调合作的工作。虽然文化和旅游部的组建在一定程度上解决了文旅融合管理主体不明和职责交叉的问题，但是文旅融合需要制订切实可行的方案，在实际操作过程中仍然需要多部门之间的配合，各部门之间的职责也需要进一步细化。统筹协调各方，促进各方顺利合作是工作的重难点。除此之外，文化和旅游毕竟属于两个不同的区域，公共图书馆更加擅长文化资源方面的服务，在文旅融合过程中需要整合自身资源，发挥自身优势，巧妙地与旅游行业融合，从而真正使两者相辅相成、互相成就。对许多历史、名人、地理的资源记载如何活化运用到旅游发展中，如何将传统文化融入现代文化的环境中，让读者、游客都更加容易理解和接受，如何根据自身特点进行有机融合是值得深入研究的问题。

（二）公共图书馆与文旅融合的文化耦合点

人们在旅行活动中通过吃、喝、玩、看等形式获得直观感受，而阅读主要是浏览文献资料实现情感共鸣，获得精神上的满足，从本质上讲，阅读与旅游是一样的，它们都可以给人们带来主观感受。在信息技术发展下，人们可以通过音频、视频、图片等不同方式进行阅读、旅游，这推动了文化旅游的深度融合。

随着时代发展，人们的实际需求、科技水平、国家政策都发生了一定改变。为了提高市场适应能力，公共图书馆和文旅融合都需要转变，双方具有天然的耦合性，公共图书馆可以为文旅融合提供丰富的文化资源，而文旅融合可以推动公共图书馆的服务创新，扩大受众覆盖面，二者互为表里，相互促进、相互提高。

随着受教育水平的提升，人们的消费心理开始转变，不再“走马观花”式旅游，而是越发注重旅游活动的文化性、独特性，追求沉浸式体验，而公共图书馆可以为其提供专业指导及丰富多样的文化资源，提升服务品质，实现高质量发展。

除此之外，国家政策也是重要因素之一。当今时代，国家间的竞争越发激烈，而推动公共图书馆和文旅融合的发展，可以建立健全公共服务体系，增强人们的幸福感和文化自信，进一步提升综合国力。

（三）公共图书馆文旅融合模式

1. 将公共图书馆作为旅游景点的文旅融合模式

藏书文化是我国自古以来的优良文化传承，在我国很多地区都完好地保存了古代图书馆的建筑，吸引着来自全国各地的很多历史文化爱好者和文学墨客。我国对古代图书馆建筑的保护和藏书文化的发扬与传承非常重视，如今，古代图书馆建筑已经成为所在城市的重要的文化名片和文明发展的重要标志。这样的古代图书馆可以作为旅游景点资源进行开发，创建古代图书馆旅游景点文旅融合模式。

2. 将公共图书馆融入景区的文旅融合模式

旅游景区通常以景观的新奇性和趣味性来吸引游客，文旅融合发展中可以将外观设计独特的图书馆建设在旅游景区，这样既可以增加旅游景区的文化底蕴，又可以提高游客的观赏兴趣。这也是当前文旅融合发展中一种主要的运营模式。

3. 将公共图书馆延伸旅游服务的文旅融合模式

公共图书馆本身就是一种服务性质的事业文化机构，在促进文化传承、提高全民文化素养和提高人们精神生活品质等方面发挥着重要的作用。如果将公共图书馆的这一系列服务功能延伸到旅游行业，可以在很大程度上提升公共文化服务的增长点，这也是文旅融合发展的一个重要模式。

（四）公共图书馆文旅融合发展的重要性

文化和旅游两者融合发展是目前形势中的一个具体表现，同时也是一个重要的课题。党的十九大报告中明确指出：“满足人民过上美好生活的新期待，必须提供丰富的精神食粮。”通过将文化与旅游两者进行融合发展，能够有效解决目前我国社会中存在的矛盾，能够更好地促使人民群众在日常生活中开展阅读，并能够对旅游行业的结构进行调节，使我国公民的文化水平及素养得以提升。

公共图书馆文旅融合创新性发展，需要主动走融合发展的道路，在理念方面也需要进行有效的融合，在遵守时代发展规律的基础上，将高效的阅读方法融入人们的日常生活中，促使文旅的融合，有效拓展人民群众的阅读空间，让更多的人能够深入到阅读中，获得更好的阅读体验。另外，公共图书馆还能最大限度地创新服务方式，对自身的服务内涵文化进行深化，进而促使阅读内容能够直观具体地展现在人们的眼前。文化与旅游的相互融合能够有效推进公共图书馆创新发展，也是能够有效贯彻落实全民阅读的主要途径，能够促使公共图书馆跨界融合发展，使我国文化及旅游事业得到更好的发展。

（五）公共图书馆文旅融合发展的思路

1. 深化对政策的理解和落实

随着公共图书馆文旅融合的深入发展，我国文化旅游事业也得到了进一步的发展。因此，以文化与旅游管理部门的整合建设为节点，全国各地以“宜融则融、能融尽融，以文促旅、以旅彰文”的发展态度，深入贯彻文旅融合相关政策，并将其落实于公共图书馆发展中来，不断满足社会大众对丰富信息文化的需求。

2. 人才、技术的引进与利用

当前，面对文旅融合时代下的发展，要以技术创新为文旅深度融合的突破口，就公共图书馆而言，根据其所在的地域特色和馆藏特色，将数字网络技术与传统服务深度融合，通过将科技的力量和实际的图书馆建设相结合，打造智能化服务品牌特色，为更多的读者提供个性化、人性化、专业化的服务，这对于文旅融合新时代下公共图书馆的长远发展具有重要意义。

3. 探索公共图书馆新模式

公共图书馆的发展定位还可以结合当地旅游区、民宿、风俗文化等地方特色，通过设立相关的游玩路线和别具地方特色的图书角，让外来游客充分了解我国地方文化特色，彰显民族魅力。另外，还可以在馆内设文化走廊，将地方风俗的由来及发展用文字的形式展示出来，同时设立风俗文化专架，放置相关的书籍供游客读者阅读，使游客在领略美景的同时感受当地不一样的文化特色。

公共图书馆文旅融合的发展应深度挖掘中华文化以及旅游资源，致力于加强文旅融合，优势互补、协同共进，为读者提供更优质的阅读资源，同时增强国家文化软实力及影响力。

（六）公共图书馆文旅融合的工作

1. 住宿

提起旅游，住宿是首要环节，将公共图书馆融进这关键环节，是近年来图书馆人已经开始进行的工作。例如，针对现今民宿产业的光明未来，公共图书馆以图书驿站、图书漂流、图书荐读等服务的形式入驻民宿，为游客搭建阅读、沟通和休憩的平台，打通图书馆“书式”阅读“最后一公里”的环节。目前已有浙江省岱山县图书馆的“书屋+民宿”、浙江省桐庐县图书馆的“书吧+民宿”等“图书馆+民宿”融合模式，为当地乃至全国的文旅融合发展添加了新动力，受到民宿、游客的欢迎与好评。对于都市区域内的公共图书馆而言，同样可以受此启发，将目标聚焦在服务范围内的各大酒店、宾馆，通过设立目前流行的智能书柜等设备，配合本地旅游景点、地方文献等相关书籍的推荐，在实现支持旅游资源开发的同时，也丰富了特色馆藏，推广了全民阅读，宣传了当地文化，完善了服务体系，一举多得。

2. 饮食

对于公共图书馆来说，以往饮食是图书馆的禁区，谢绝一切饮食。而随着时代的发展和读者的需求，公共图书馆已经完全扭转了这一过去的旧观点。为读者提供餐饮服务如今已是所有公共图书馆新建馆舍时的标准配置，已建成的图书馆也在积极引入餐饮服务。例如，深圳图书馆就辟有较大区域的咖啡吧和简餐区，将阅读和餐饮很好地融合，“咖啡伴书香”，捧一本好书，品一杯咖啡，既为读者提供了便利，也成为图书馆的亮丽风景线。餐饮服务的改变，恰恰反映出公共图书馆在文旅融合中的自身重新定位，公共图书馆已不再是以往刻板严肃、墨守成规和循规蹈矩的样式，与时俱进的公共图书馆通过打造符合时代潮流的阅读空间来为读者和旅游者提供文化体验和休闲旅游的好去处。

3. 游学

将公共图书馆自身打造成旅游景点，是文旅融合的重要举措。现在越来越多的公共图书馆自带“网红”景点的属性，例如，科幻风格的天津滨海新区图书馆、古典风格的上海杨浦区图书馆以及环保风格的台北北投图书馆，都吸引了大量的旅游爱好者和文化爱好者，成为文艺青年们的打卡必到处。

不具备旅游条件的图书馆，可以在公共图书馆建筑内外设计针对不同旅游者的参观路线，还可以主动与社会旅游资源整合。例如，南京图书馆所处地区，紧挨着总统府景区、1912 商业区以及六朝博物馆，完全可以打造出一条古典精品文化之旅线路。

公共图书馆文旅融合应打破空间界限，主动走出馆舍，以旅游的形式来为文化服务。例如南京市鼓楼区图书馆推出的创新阅读形式“遇见鼓楼”，将实景行走与书籍阅读相结合，达到知行合一的目标。以纪念南京解放 70 周年为主题，由文化学者带领读者踏寻鼓楼红色资源，追访前人足迹，寻访解放南京的战斗旧址，共忆峥嵘岁月等，都取得了良好的效果。

4. 购物

在多年的“免费开放”环境下，公共图书馆往往对于自身盈利和提供购物消费的工作设想避而不谈，但是随着文旅融合的时代到来，公共文化服务场所的文化产业发展得到了高度重视。第六次全国县级以上公共图书馆评估定级工作中，首次将公共图书馆的自主文创产品开发列为考核项目。火爆网络的故宫博物院精致且富有内涵的文创纪念品，在设计理念和内容服务方面都为公共图书馆提供了范例。

现今各级公共图书馆都在积极开拓文化创意产品的设计和营销方面的发展空间，纷纷成立了文创开发部门，并结合所在的区域文化特点，打造体现专属文化特性的文创产品。例如深圳盐田区图书馆，以本馆的海洋文化馆藏为特色，以古代海洋地图为主题设计的丝巾、雨伞和环保袋等，既彰显文化特色，又提升阅读品位。

五、公共图书馆文旅融合品牌服务的原则

（一）突出文化性原则

在文旅融合的发展背景下，文化已经成为旅游的灵魂，是地方发展旅游产业的重要资本，文化的原生性、差异性、特色性是文化旅游产品开发的关键，已经成为旅游目的地聚集人气的核心载体。公共图书馆保存有大量的地方志、家谱、古籍、手札、旧报纸、历史图片等文献，这些文献反映和记载了当地的历史名人、民间传说、民俗风情、自然条件、旅游景点的历史和典故，利用好这些资源可以为旅游景区（点）注入文化内涵，增添文化魅力，具有重要的历史意义和现实价值。

公共图书馆可以通过挖掘和提炼具有地域文化特色的历史典故、节庆民俗、传统技艺、遗址遗迹等相关文献资料，帮助景区（点）塑造文化旅游品牌，建设具有历史传统、地域特色和文化内涵的景观，推动旅游产品和服务质量的提升，提高竞争力。近年来，苏州一直坚持文旅融合，“书香苏州”建设，着力发展全域旅游，将苏州丰厚的历史文化资源和全域旅游有机结合，苏州图书馆积极探索定制服务模式，先后建立了书香公园、书香园区、书香站台、“书香文旅公交专线”。

（二）强调独特性原则

目前，特色文化已经成为旅游品牌构建的不可替代的战略资源，很多地区旅游业因为对自身独特文化的挖掘不足，导致新建、翻建的景区古镇千篇一律，景区（点）售卖的文创产品和纪念品雷同化、同质化现象严重。开封市的清明上河园景区推出的大型水上实景演出《大宋·东京梦华》就是通过挖掘整理借鉴当地图书馆馆藏古籍《东京梦华录》《宋东京考》《东京志略》《汴京遗迹志》

《如梦录》等文献资料，将历史文献古籍中描绘的宋徽宗崇宁到宣和（1102—1125）年间北宋都城东京汴梁上自王公贵族、下至庶民百姓的日常生活搬上了实景演出的舞台，作为景区的独特景观，为旅游景区注入了文化内涵，增添了文化魅力，吸引了国内外大量游客拥入开封观光旅游。

（三）重视体验性原则

近年来，旅游市场愈来愈重视旅游品质的提升，传统的旅游形式已经无法满足人们的需求，游客更看重旅游的主题性，更热衷体验本土文化的深度游，体验式旅游项目已成为游客选择旅游目的地的关键。如2020年河南省焦作市图书馆联合云台山景区开展的“快乐阅读·与先贤对话”主题系列读书活动，针对文化遗产自身内涵进行挖掘，充分发挥文化创意优势，通过融入体验、互动的文旅项目展现当地内隐文化，游客以古琴配乐，与先贤吟诗作画，彰显了地域文化特色旅游。在景区的百家岩竹林处，焦作市图书馆职工自编自导自演的《竹林七贤》，将魏晋时期七贤饮酒作诗、弹琴舞剑的场景展现给游客，从情景交融中再现了当年文人雅士的情怀，游客可以体验身着古代服饰，在山水间细数古人、诵读经典，与古人神交，这种让游客身临其境的“游中学”形式，将景区变成“文化网红”地，使图书馆品牌服务与旅游开发地相得益彰。

六、公共图书馆文旅融合探索实践

各地公共图书馆根据自身情况，广泛与景区、旅行社等社会机构合作，探索各具特色的文化旅游，推动了公共图书馆事业发展。

（一）网红图书馆

近年来，随着国家对图书馆事业的重视和投入的不断加大，一大批设计新颖独到的图书馆建筑不断出现，随着社交媒体的推动及社会的关注，成为“网红图书馆”。如位于秦皇岛北戴河新区海边沙滩的秦皇岛三联书店海边公益图书馆，方圆十几里只有它一栋灰色建筑，每天与大海为伴，“面朝大海，春暖花开”，建成4年来吸引了近10万读者慕名而来。网红图书馆的产生，吸引了大量游客参观，既丰富了市民精神生活，同时也成为城市的文化地标，为公共图书馆文旅融合发展带来了契机。

（二）民宿图书馆

文化是旅游的灵魂，旅游是文化的载体。各地公共图书馆纷纷结合自身实际，探索文旅融合模式，将公共图书服务送进景区、民宿，搭建文化交流平台。佛山市图书馆的“旅图·晓读夜宿”项目，已建成10家民宿图书馆，各具特色，一民宿一主题，将公共图书馆资源和文化服务送到游客房间，让游客在轻松享受游玩的同时，还能增长见识。该项目作为文旅融合创新模式，打通公共图书馆阅读服务的“最后一公里”。台州公共图书馆的“图书馆+民宿”模式，也是促进文旅加大融合的一次有益尝试，游客在出门游山玩水时也能体验阅读，不仅让公共图书馆的藏书得到了更好的流通和利用，也增加了民宿的文化气质，让游客有更深刻的旅行体验。

（三）主题图书馆

近年来，主题图书馆建设的探索和实践各有特色。如：上海静安区图书馆积极打造海关主题馆，以馆藏丰富的海关文献资源为基础，通过举办海关文化展览及各类读书活动，为市民、游客提供特色优质服务。普陀区图书馆的玩具图书馆不仅拥有大量适合低幼儿童阅读、体验的书籍，还设有滑梯、摇摇椅等游乐设施，打造寓教于乐的少儿“悦读”天地。此外，五彩梦剧场、亲子故事屋、动漫影院，也不定期开展活动。黄山市图书馆徽文化主题分馆暨 24 小时城市书房，馆藏徽州地方文献 2000 余册，把书香梦与徽州古韵结合在一起，让书香浸润休闲旅游，领略徽州生活，为更多的读者、游客打造理想中的“书香圣地”。24 小时提供服务的城市书房的建设旨在响应全民阅读号召，为市民和游客提供更便捷的服务。

（四）图书馆研学旅行

近年来，公共图书馆开始接待各类中小学团体参观、学习，提供研学旅行服务，成为中小学生素质教育的重要场所。如：国家图书馆主办的“文旅·融合·创新——海淀区研学旅游季”系列活动，与多家优质研学教育机构合作，开发设计出四条适合少年儿童科教旅游的研学线路，让少年儿童走出校园，亲近自然，走进历史，加深与自然和文化的亲近感，开阔眼界，增长知识。该活动成为素质教育典范，锻炼了孩子们的实践能力和创新能力。

七、公共图书馆文旅融合发展路径

（一）树立文旅融合理念

将“行万里路”与“读万卷书”结合起来是践行文旅融合理念、丰富人们精神内涵的重要途径。为了在文旅融合背景下实现服务创新，公共图书馆必须树立并优化全新的文旅融合理念，明确发展目标。公共图书馆管理层要主动学习国家政策，并组织工作人员进行市场调研，了解本馆情况、地区文化特点和人们需求，在此基础上树立正确的融合理念；加大宣传力度，组织研讨会、分享会等活动，帮助工作人员了解文旅融合知识，明确公共图书馆创新服务的重要性与必要性，转变工作理念，为服务创新奠定思想基础。在顺应文旅融合发展趋势下不断调整融合途径，提高我国旅游业、文化业以及图书馆的发展水平，为图书馆的管理提供更多的发展方向和机会。

公共图书馆要在不影响原有服务的同时，推进文旅融合。要厘清社会对公共图书馆的需求，明确定位和工作使命，丰富服务和管理方式。公共图书馆人要敢于思考，在地方财政有限的情况下，充分利用第三方资源，正如《中华人民共和国公共图书馆法》中所提及的“鼓励公民、法人和其他组织自筹资金设立公共图书馆”“国家鼓励公民、法人和其组织依法向公共图书馆捐赠，并依法给予税收优惠”，要在文旅融合的背景下开发旅游资源，与民宿融合、与景区景点融合、与乡村旅游融合、与文创产品融合，促进地方公共图书馆和旅游的结合，创新文旅融合的切入方式，实现载体创新、功能的拓展。在公共图书馆平台上宣传当地的旅游资源，将地方旅游资源融入图书馆中，可将当地有特色的旅游资源（景区景点、文创产品、导视图、全景游）在数字图书馆中进行展示，也可融入图书馆的展厅进行展示，还可在公共图书馆氛围营造中融入当地的旅游特色，要少而精，以更好地在图书馆平台中推荐、推广属地的旅游资源，但不能喧宾夺主。

另外，也可在图书馆总分馆制建设中与旅游融合发展。《中华人民共和国公共图书馆法》中明确指出了“公共图书馆是社会主义公共文化服务体系的重要组成部分，应当将推动、引导、服务全民阅读作为重要任务”。以立法的方式明确了公共图书馆的重要任务——全民阅读。作为公共图书馆人，我们要充分发挥使命担当，在公共图书馆发展中突出“文旅融合”，有条件的地方，还可以建立公共图书馆分馆的实现公共图书馆文旅融合发展，建在景区景点、机场或火车站等；有资金的可由政府建造，没有资金就引入社会资金指导企业建造，也可充分利用社会资源，鼓励公民、法人和其他组织参与公共图书馆总分馆制建设；也可引导有条件的民宿、景区景点、星级酒店等结合自身的特色文化、发展历程、文化传承等来建设公共图书馆。

例如，成都新津梨花溪景区，可将新津梨花的相关书籍、故事、地方文献等收集整理在一起建成“文献厅”，将梨花溪的蜕变、发展的历程等通过图文展示、小视频等建成“感受厅”，将文创产品建成“观展厅”，还可将梨花创造出来的菜系等整成“美食展厅”，并可实时更新，让各展厅内容更丰富、更饱满。这样若干个厅联合在一起就成了图书馆的分馆，更好地实现了文旅的融合，让游客在体验中增强认知，激发出一览新津梨花美景、一品新津梨花美食的欲望。新津区的天府农博小镇——兴义镇、古蜀宝墩文博小镇——宝墩镇、以鱼头火锅闻名的渔博小镇——安西镇，各个小镇结合自身的特色旅游品牌分别打造“渔文化、农博文化、宝墩文化”等特色文化，发展特色文化产业，有条件的还可创建特色文化场馆。这样成都市新津区的旅游会越来越有生命、越来越有特色、越来越有血有肉，从而吸引越来越多的人到新津游玩。地铁 10 号线的开通，让新津有更多发展机会，游客到新津后有吃、有玩、有看、有乐，能体验地方特色旅游、感受地方的特色文化，增加成都市新津区公园城市、全域旅游的感官和体验感。

（二）提高公共图书馆的旅游公共服务质量

在文旅融合发展新时代下，公共图书馆要不断创新提升旅游公共服务效能。一方面，在旅游行业旺季期间适当将景区内公共图书馆的开放时间进行延长，并且充分结合游客的具体实际需求，提供全方位、针对性服务，以提高图书馆在旅游景区的服务效能。另一方面，以旅游景区公共图书馆的服务空间为基础，创新符合游客心理需求取向的公共图书馆服务资源，增强旅游景区公共图书馆的地方文化特色和趣味性，优化公共图书馆阅读区域环境的舒适度。另外，还可以适当增加部分文化娱乐活动空间，以陶冶游客的情操，提高游客的兴趣，促进文旅融合的发展。

从不同层面将公共图书馆的文化元素渗透到旅游行业当中，游客在旅游过程当中对于文化的体验和感悟不仅仅局限于某一个景点艺术形式的设计或者布局，而需要从多视角、全方位去渗透公共图书馆中的文化元素，在旅游服务的各个环节，包括衣食住行等都可以体现丰富多彩、风格独特的文化元素，让游客在旅游的全过程都能够感受到浓厚的文化气息和优良的文化传承精神。随着人们经济生活水平的提高，人们对文化精神的追求也越来越高，这就在很大程度上推进了我国旅游事业的快速发展，很多旅游景区纷纷建立了文化色彩浓厚的酒店和休闲娱乐场所，这是我国文旅融合发展的一个重要体现，同时也是公共图书馆文化元素渗透到旅游行业的一个重要途径。

（三）创新公共图书馆文创产品

公共图书馆担负着为科学研究服务和为大众服务的双重职能，传统单一、被动的服务方式已不能满足当代读者服务需求，图书馆文化创意产品开发正是对图书馆传统服务方式的补充，让传统图书馆焕发生机与创意。2016 年 5 月，国务院办公厅转发《关于推动文化文物单位文化创意产品开发若干意见》的通知，各级公共图书馆高度重视文创工作，积极探索和创新。2017 年 9 月，“全国图书馆文化创意产品开发联盟”在北京正式成立，37 家副省级以上文创开发试点图书馆全部加入，正式拉开了图书馆抱团进行文创探索的序幕。2019 年 5 月，文化和旅游部提出了要“推动新时代旅游景区发展和文创产品开发工作，更好地推进文化和旅游深度融合，更好地促进文化和旅游高质量发展”。公共图书馆要顺势而为，大胆尝试，以文化创意产品开发作为文旅融合的突破口。

公共图书馆做文创最大的优势在于其馆藏。作为传统文化的宝库，图书馆的馆藏不缺审美趣味，在产品设计和创意上，图书馆要充分利用好丰富的馆藏资源为文创产品提供创作元素，通过挖掘图书馆文物史料和地域文化资源，加上文化创意，结合当地的旅游特色资源，可以设计成极具纪念和实用价值的特色旅游商品，既能满足顾客的体验需求和购买欲望，也能延伸图书馆旅游产品链条。截至 2016 年，全国共有 12274 部古籍入选珍贵古籍名录，堪称中华民族重要的文化财富和精神家园。图书馆做文创的重点就在于挖深度、讲故事。图书馆可以将馆藏古籍原文或原图印制在各类型文创产品上，让书写在古籍里的文字都“活”起来。如上海图书馆推出的《缥缃流彩》线装笔记本体验套装，甘肃省图书馆文化创意产品以馆藏名人书画为素材开发的衍生品——甘图珍藏笔记本和蝶恋花系列文化创意产品等，让游客、读者在参与和体验中更加深入地感受了公共图书馆传播文化的无穷魅力。图书馆要把握好图书馆事业与文化创意之间的关系，使两者相互促进，相互支持，共同开创文化产品新局面。

（四）加强文化和旅游在宣传方面的融合

宣传工作在文旅融合发展过程中发挥着重要的促进作用。在文化事业与旅游行业深度融合发展的新形势下，公共图书馆要充分利用新时代下的多种途径，比如互联网、移动终端等，不断促进旅游行业与公共图书馆的交流、沟通与合作，做好充分的文旅融合发展宣传工作，构建一套优质、高效的文旅融合发展宣传体系，不断提升人们对文旅融合发展的认知、理解、参与以及支持程度，有效促进全民文化素养的综合提升。

公共图书馆与旅游行业的融合发展是社会时代发展的必然趋势，同时也是人类文明发展的精神需求。在当前文旅融合发展的新形势下，公共图书馆要不断加强与旅游行业融合发展的重视程度，充分结合自身优势和区域文化特色，不断加大文旅融合发展资源的开发与利用，有效促进文旅融合新模式的高质量发展，满足人们精神生活的高质量追求。

（五）加强与文化旅游部门的合作

公共图书馆可以和旅游场所合作，根据景点特色从图书馆里有针对性地选取文献资料，然后在景区内部建立分馆，增加对游客的吸引力；根据地区文化特点，图书馆可以和旅游部门沟通，共同举办历史文化节，打造文化旅游商业街，或者生产具有地区特色的文化产品，将经济效益与社会效益融合，同时，公共图书馆可利用 App、网站等搜集游客信息，为他们提供差异化旅游服务，如文章推送、多样化体验活动等，提升游客体验感，扩大地区文化的影响力；与文化和旅游部门沟通协调，开展地区、国家间的研学旅行活动，如公益活动、夏令营、交换生等，将学习与旅行紧密联系起来，推动文化传播；在飞机场、地铁、高铁站等旅客密集处，建立借阅台，帮助游客快速了解地区文化特色；在公共图书馆内部开设讲解专区，帮助读者了解图书馆发展历程、图书文献资料种类、特色书籍等，也可以利用图书馆网站向各地游客提供文化服务，多元化文化传播渠道。公共图书馆管理层要具备品牌意识，利用高质量的文化服务建立特色文化品牌，增强传统优秀文化的生命力。

（六）强化公共图书馆的文旅公共服务属性

第一，通过空间场所的互联互通，公共文化机构可以成为全国旅游的重要节点，实现公共图书馆由传统提供公共文化服务的阵地向文旅融合发展的多功能空间场所的转型。公共图书馆应注重馆舍建设、空间布局、文化服务等方面的旅游资源开发，逐步打破传统单一的借阅服务模式，重视图书馆空间服务的延伸与拓展，建成城市新的文化地标。

第二，增强公共图书馆的旅游服务意识。首先，要结合区域发展特点、本地文化特色，探索与之相适应的发展方向和具体办法；其次，要与其他产业协同发展，充分利用各自优势，联合开发文化资源，建设融入旅游产业发展的创新路径，促进公共图书馆向旅游业的延伸服务。

第三，重视品牌产品的开发。公共图书馆应结合自身的馆藏资源，联系当地的历史典故、名人逸事等，开发、打造具有一定规模和影响力的主题系列活动，建立彰显地方特色与优势的品牌。同时，在打造服务品牌中，应突出图书馆文化价值的内涵，展示自身的价值观，通过优质的服务和读者感知价值提升公共图书馆的声誉。

第四，主动参与文旅融合的项目。文化产业与旅游业之间存在一定的交叉性，旅游为文化的传承与传播提供了重要的途径，而文化又为旅游提供了丰富的内容，充实了旅游的内在价值。同时，当前的政策背景和体制环境，以及科学技术的创新与应用，为文旅融合型产品的开放创造了更加丰沃的土壤。图书馆应以积极主动的姿态参与文旅融合项目，围绕“住、食、行、游、购、娱”6个旅游要素，与相关企业、机构合作，创新、有效地提升自身的文化形象，借势提升图书馆的文化影响力。

第五，融合文旅服务。例如，山东省图书馆以文旅融合为契机，提出一系列服务创新策略。一是提高文献资源的优化配置，无论是实体文献还是数字资源，不断丰富文旅类资源的建设，同时，全面梳理整合馆内数字资源，对接“好客山东”文旅专栏，合力打造线上文旅服务品牌；二是提升文旅融合服务，加强尼山书院与大明湖景区的深度融合，开发形式多样的文化活动如国学讲堂，推出国乐杏坛丝竹雅集夜间演出，利用自身优势，探索“文化+旅游”模式，提升服务水平，助推文旅融合发展；三是开发系列文创产品，建成并开放了3000平方米的文创空间，围绕馆藏资源、传统文化和民间技艺，开展传统文化公益体验活动，打造线下读者创意体验平台，吸引读者到馆，提升公共文化服务水平；四是整合文旅资源，提升文化影响力。为增进文旅融合，让文化人了解旅游，让旅游人认识文化，2020年，山东省图书馆编辑《文化旅游融合参考》资料，编选有关国外先进的文旅工作经验，对公共文化、传统文化、产业融合、文化旅游等重点领域的工作进行深入探讨，找到融合的创新点，以促进文化和旅游工作深度融合。

（七）立足地域优势和大众需求

文旅融合下的公共图书馆发展，需打造较为突出的文化特色，能以独特的文化魅力，给广大游客留下深刻印象。而要形成地区特色，就要借助传统文化底蕴，立足地区的优势特点，在文化发展中，能具备兼容、创新发展能力，将公共图书馆作为地区文化特色彰显的重要窗口。因此，要对地区的特色优势全面挖掘，分析可进一步优化发展的路径，在地区的发展过程中，能提升文化建设价值，获得更加到位的文化建设优势，突出文化建设效果，保障在文化建设发展层面上能发挥良好的地域优势，在地域文化底蕴的基础上创新，并整合地区资源，开创地区公共图书馆建设的特色化、现代化服务体系。

公共图书馆最终的目的是服务大众，获得大众的认可。因此，要做好大众需求调研，引入公共图书馆建设发展机制，在大众需求管控层面上，在服务模式的探索中，获得大众的可靠评价，提升公共图书馆服务升级模式的管控力，提升服务水平，发挥较高的服务价值，避免存在服务发展模式建设上的资源浪费问题。

（八）拓宽公共图书馆发展的新路径，实现内容的融合

文旅融合，关键在创新，要将公共图书馆的活动和旅游的活动有机地融合起来，挖掘每个地方的历史文化故事，将地方的非物质文化遗产名录、非遗传承人、文化经济、人文故事、优秀典型人物等文献编成情景剧，以经典诵读的方式定时定点地在景区景点小舞台上进行展演，让游客在观看中进一步了解旅游地的历史文化、风土人情，丰富旅游地的精神文化生活。例如可以将新津的民间传说和民俗文化，如罗老二修吕仙祠、天地精灵梨花魂、新津黄辣丁的传说、聂龙的传说、宝资山的传说等编成情景剧，以经典诵读的方式定期在成都市新津区梨花溪风景旅游区、斑竹林等景区景点进行展演，让游客在观看中增强感知，进一步加深对新津的了解；也可将这些情景剧录制成小视频，在数字图书馆中展示、在图书馆其他“互联网+”上展示，有条件的可投入景区景点、民宿、绿道等人口集中地方，让更多群众或游客在观看中去感受、去体验，从而加深对旅游地的文化感官认知。

成都市新津区图书馆主数字资源中建立了新津地方特色文化库，设立了“新津文化、新津景观”板块，可以充分利用这一平台推广新津的旅游资源，展示新津的地方文献、非物质文化遗产目录及其保护和传承。在新冠肺炎疫情防控期间，新津区推出了“花漾新津——梨花溪全景游”“花漾新津——观音寺全景游”“花漾新津——花舞人间全景游”“花漾新津——老君山全景游”等，游客足不出户就能体验新津区景区景点场景游，不但有图有文字，在老君山全景游中还配了实景语音解说，给游客一个全实景体验。总之，在文旅融合新时代背景下，公共图书馆既要注重全民阅读推广，又要注意与旅游融合，促进公共图书馆和旅游共同发展。

（九）建立高素质人才队伍

公共图书馆工作人员的专业素质影响文旅融合的实际效果和服务质量，所以，公共图书馆管理层要加强人才队伍建设，以此推动服务创新。根据地区情况，建立健全人才聘用选拔制度，可统一测评并进行洽谈交流，科学评估工作人员的专业素质，对于达标的人员，按照个人需求调整工作岗位，以此激发员工工作热情，提高服务质量；与开设图书馆学的高校建立合作关系，可提供实习机会，帮助学生熟悉工作流程，积累经验，通过这种方式增加人才储备；加强与其他图书馆的沟通交流，开展线上线下活动，如实地调研、经验分享会，学习先进的工作经验，拓展员工的思路，促进服务创新；选拔一批高素质人才，建立监督考核部门，不定期抽查，对员工的服务质量和工作效率打分，按照考核结果调整相关人员的薪资待遇。

为保证人才输送渠道的顺畅，当地政府应当制定高校合作处理办法，与高校间建立人才输送机制，从源头上解决行业人才紧缺的现状。依据文化建设所需的专业知识，适当调节高校课程内容，增加公共文化基础知识的学习，通过理论知识的讲授，从知识层面促进后期管理工作的顺利开展。聘请国内专业的文旅建设管理团队，为高校课程的开展作指导工作，帮助高校尽快熟悉公共文化系统的有关知识。在管理过程中，加大工作人员学习有关知识的培训力度，提升工作人员的管理能力。定期对人员的工作内容进行考察，了解薄弱领域，对掌握程度不同的人员采取分配在各自擅长的项目的措施，方便定向管理。

学习国内外优秀经验，制订工作计划，有选择性地挑选景点管理人员，定期考核各试点区域的进程。以文化馆为例，可以在文化馆中展示具有当地民族特色的壁画、书法作品、绘画作品等，利用图像化的形式，给游客以具象化的感官感受，按照历史发展顺序，游客犹如置身历史长河中，观赏当地文化艺术的发展历程。通过展示的图像信息，结合历史时期，精准定位时期特点，结合时期景点的设计，感受历史发展进程中的人群特点。可以在文化馆中表演非物质文化遗产演变过程，还可以利用商业化的形式，在文化馆内设置体验馆，体验特有的交通工具和手工操作形式，观赏非物质文化遗产，充分发挥文化馆的权威优势，打通文化与旅游间的壁垒。

（十）优化系统机制

国家为文旅融合提供了政策扶持，建立了优质的法律保护环境，免去了发展中的后顾之忧。政策指引融合的大方向，而公共文化服务体系如何在此技术上扩大影响力是值得细化的内容。首先，对公共文化管理机制进行创新的前提是资金充足和基础设施完备；其次，系统优化先优化人，引进具有双方面管理能力的人才，管理人员要充分了解文化的宣传机制，明确不同文化内涵的具体内容；最后，配备硬件文化设施，方便前期宣传工作的开展，保障执行内容的实施。在设立管理系统的过程中，利用不同的分支管理，将文旅工作的不同领域建设成具有独特行业内容的系统，充分体现景区结构的不同，管理办法和文化内涵的差别。尤其重视城乡文旅体制的建设，面对有些景点集中在农村，开展文化建设有众多阻碍，因此要加大对农村公共文化体系的建设。充分发挥本区域内的自治作用，给民众提供表达空间和反馈渠道，及时对居民反映的建设问题提供可行性建议，掌握群众对于当前文旅融合的基本意见，结合文化需求，完善文化目录。

（十一）鼓励社会参与和技术创新

在服务工作的开展过程中，应能突出社会参与能力，在文旅融合发展前提下，将社会参与作用发挥出来，引入社会力量，在公共图书馆运营服务创新、个性化元素加入等方面，在文化服务过程中，整合大众智慧，激发大众对文化的认可力，利于在建设公共图书馆的过程中，能获得更加到位的发展管控优势，提升服务发展效果，保障地区发展科学稳定。

在公共图书馆的发展过程中，需要始终紧跟时代发展的步伐，在技术创新方面体现较高的服务效果，获得较高的服务优势，突出服务能力，发挥较高的服务水平，利用技术创新科学应用，打造多样化文化传播服务路径，探索个性化服务模式，提升服务效果。

文旅融合背景下，公共图书馆作为文化旅游建设的一大亮点，是对地区服务水平提升、提升城市文化内涵的重要建设模式，应积极探索科学发展路径，发挥出公共图书馆应有价值。

（十二）公共图书馆深入到景区中进行发展

公共图书馆在文旅融合时代锲而不舍地找寻着文化与旅游相结合发展的关键点，在文旅融合时代，公共图书馆已经不再只为旅游行业提供单一的信息资源开发、建设以及服务等工作，而是需要有效地打破场地、设施设备以及工作人员方面的限制，立足于市场来探索发展目标，以便突破两者融合之间存在的局限。2019 年，我国黑龙江省建设了一座森林书房，这座森林书房不仅拥有丰富的书籍，还配备有公共文化服务一体机、计算机以及网络等设施设备及资源，森林书房的建设投入使用，为景区中的游客提供了另一个文化旅游的选项，极好地提升了景区的服务质量，并促使公共图书馆中的资源利用效率得以提升。为了有效推进文化与旅游的融合发展，金陵图书馆也与南京的玄武湖景区建立了合作关系，在玄武湖景区中设置了信用智能书籍借阅柜、文旅数字阅读机以及室外朗读亭等先进的阅读设备，同时还在景区各处设置了雕塑，其上有对应的二维码，游客只需要使用手机扫码就能进行阅读，免费获得景区中的数字文化资源。

公共图书馆深入到景区中进行发展是相关人员在文旅融合时代找寻到的一条创新发展道路，在这一方式中，旅游景点能够为前来参观的游客提供对应的文化服务，这一举措能够有效提升旅游景点的文化内涵及服务质量，使旅游更具深度及广度。另外，公共图书馆在将纸质书籍、数字文化资源以及文化设施设备投放到景点之后，也能够促使公共图书馆的服务得以有效扩展。

（十三）建立健全文旅融合体制

目前，我国在文旅融合时代背景下构建的公共图书馆还处在初期阶段，为了能够在文旅融合时代背景下发挥出公共图书馆自身的功能，需要从国家层面上强化文旅融合机制。对此，公共图书馆的创新发展需要严格遵守我国出台的公共图书馆法，强化文旅融合理念，并以此为创新发展基点。在对公共图书馆进行规划研究的过程中，政府需要做好对应的公共图书馆基础设施建设工作，并将不同方面的文旅元素渗透其中。为了能够促使公共图书馆得以创新发展，政府需要对公共图书馆的整体布局进行重新考量，并对公共图书馆的人员岗位进行科学合理的设置。另外，公共图书馆需要注重建立安全管理条例、探索文旅融合体制等，以便能够完善公共图书馆的创新发展机制。

参考文献

[1] 刘炜，陈晨，张磊 . 5G 与智慧图书馆建设 [J]. 北京：中国图书馆学报，2019，45（5）：42-50.

[2] 柯平，邹金汇 . 后知识服务时代的图书馆转型 [J]. 北京：中国图书馆学报，2019，45（1）：4-17.

[3] 张晓林 . 颠覆性变革与后图书馆时代——推动知识服务的供给侧结构性改革 [J]. 北京：中国图书馆学报，2018，44（1）：4-16.

[4] 夏立新，白阳，张心怡 . 融合与重构：智慧图书馆发展新形态 [J]. 北京：中国图书馆学报，2018，44（1）：35-49.

[5] 李国新 .《中华人民共和国公共图书馆法》的历史贡献 [J]. 北京：中国图书馆学报，2017，43（6）：4-15.

[6] 吴建中 . 再议图书馆发展的十个热门话题 [J]. 北京：中国图书馆学报，2017，43（4）：4-17.

[7] 顾立平 . 数据治理——图书馆事业的发展机遇 [J]. 北京：中国图书馆学报，2016，42（5）：40-56.

[8] 李艳，吕鹏，李珑 . 基于大数据挖掘与决策分析体系的高校图书馆个性化服务研究 [J]. 北京：图书情报知识，2016（2）：60-68.

[9] 郭顺利，张向先，李中梅 . 高校图书馆微信公众平台传播影响力评价体系研究 [J]. 北京：图书情报工作，2016，60（4）：29-36+43.

[10] 李月琳，梁娜，齐雪 . 从交互维度到交互功能：构建数字图书馆交互评估理论模型 [J]. 北京：中国图书馆学报，2016，42（1）：66-82.

[11] 苏新宁 . 大数据时代数字图书馆面临的机遇和挑战 [J]. 北京：中国图书馆学报，2015，41（6）：4-12.

[12] 谢蓉，刘炜，赵珊珊 . 试论图书馆阅读推广理论的构建 [J]. 北京：中国图书馆学报，2015，41（5）：87-98. DOI：10.

[13] 张兴旺，李晨晖．当图书馆遇上“互联网+”［J］．北京：图书与情报，2015（4）：63-70.
[14] 储节旺，李安．智慧图书馆的建设及其对技术和馆员的要求［J］．北京：图书情报工作，2015，59（15）：27-34.
[15] 吴汉华，张芳．对我国高校图书馆人力资源现状的分析［J］．北京：大学图书馆学报，2015，33（3）：43-50.
[16] 贺伟，李贺．移动图书馆用户使用意愿实证研究［J］．北京：图书情报工作，2015，59（7）：39-47.
[17] 金武刚．论县域公共图书馆总分馆制的构建与实现［J］．北京：中国图书馆学报，2015，41（3）：42-57.
[18] 李国新．现代公共文化服务体系建设与公共图书馆发展——《关于加快构建现代公共文化服务体系的意见》解析［J］．北京：中国图书馆学报，2015，41（3）：4-12.
[19] 杜辉，刘晓，袁百成．基于微信公众平台的高校图书馆学科服务创新［J］．北京：图书情报工作，2015，59（6）：41-45.
[20] 魏大威，李春明，温泉，薛尧予．万物互联背景下我国公共图书馆新业态发展思考［J］．北京：中国图书馆学报，2014，40（6）：22-32.
[21] 王子舟．田野调查：人类学方法在图书馆学中的应用［J］．北京：中国图书馆学报，2014，40（6）：12-21.
[22] 史梅，翟晓娟．高校图书馆官方微信经营策略研究——以南京大学图书馆为例［J］．北京：大学图书馆学报，2014，32（5）：79-85+116.
[23] 雷菊霞，乔婧，袁玉敏．新环境下图书馆阅读推广工作探析——北京师范大学阅读推广实践与思考［J］．北京：大学图书馆学报，2014，32（5）：86-91.
[24] 肖雪．国外图书馆协会老年服务指南的性质研究及对我国的启示［J］．北京：中国图书馆学报，2014，40（5）：82-97.
[25] 束漫，孙蓓．图书馆“阅读障碍症”群体服务的理论与实践［J］．北京：中国图书馆学报，2014，40（4）：92-99.
[26] 胡昌平，胡媛．高校图书馆信息共享空间用户交互学习行为分析［J］．北京：中国图书馆学报，2014，40（4）：16-29.
[27] 孟祥保，李爱国．国外高校图书馆科学数据素养教育研究［J］．北京：大学图书馆学报，2014，32（3）：11-16.
[28] 魏群义，袁芳，贾欢，霍然，侯桂楠，杨新涯．我国移动图书馆服务现状调查——以国家图书馆和省级公共图书馆为对象［J］．北京：中国图书馆学报，2014，40（3）：50-63.

[29] 王素芳，孙云倩，王波．图书馆儿童阅读推广活动评估指标体系构建研究［J］．北京：中国图书馆学报，2013，39（6）：41-52.

[30] 曹树金，陈忆金，杨涛．基于用户需求的图书馆用户满意实证研究［J］．北京：中国图书馆学报，2013，39（5）：60-75.